1993

Oleg Tumanow
Geständnisse eines KGB–Agenten

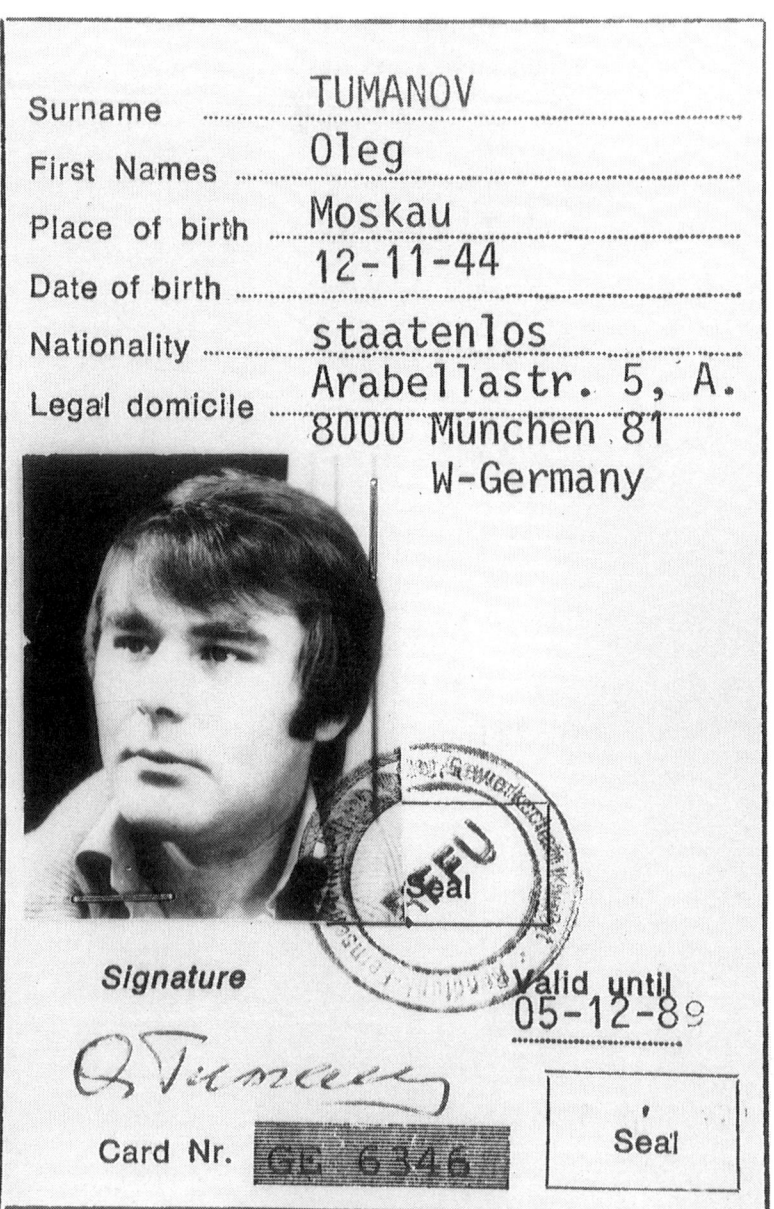

Surname	TUMANOV
First Names	Oleg
Place of birth	Moskau
Date of birth	12-11-44
Nationality	staatenlos
Legal domicile	Arabellastr. 5, A. 8000 München 81 W-Germany

Signature

Valid until 05-12-89

Card Nr. 66 6 846

Seal

Der internationale Presseausweis
des Mitarbeiters von „Radio Liberty" München.

Oleg Tumanow

GESTÄNDNISSE EINES KGB-AGENTEN

Aus dem Russischen
von
Barbara und Lothar Lehnhardt

Mit 22 Fotos und Dokumenten

edition q

Die Deutsche Bibliothek – CIP-Einheitsaufnahme

Tumanov, Oleg I.:
Geständnisse eines KGB-Agenten / Oleg Tumanov. Aus dem
Russ. von Barbara und Lothar Lehnhardt. – Berlin: Ed q, 1993
ISBN 3-86124-255-7

Deutsche Originalausgabe
© 1993 by edition q Verlags-GmbH, Berlin

Sämtliche Abbildungen stammen aus dem persönlichen Archiv des Autors, mit
Ausnahme des Fotos von Alexander Galitsch, das Dr. Katja Lebedewa
freundlicherweise zur Verfügung stellte.

Lektorat: Dr. Jürgen Schebera
Umschlaggestaltung: Atelier Höpfner-Thoma, München

Gesamtherstellung: Ebner Ulm
Printed in Germany

ISBN 3-86124-225-7

Inhalt

ERSTER TEIL

Aufgewachsen
im „real existierenden Sozialismus"
oder
„Wir haben andere Pläne mit dir . . ."

Es war an einem Freitagabend in München, im November 1969. Wie üblich ging ich in das gemütliche jugoslawische Restaurant, von dem ich nur etwa zehn Minuten Fußweg bis zu meiner Wohnung hatte, um noch etwas zu essen. Ich setzte mich an meinen Stammtisch und bestellte mir ein scharf gewürztes Steak, Rotwein und ein Glas Slivovitz. Der Pflaumenschnaps war hier besonders gut – aromatisch und so stark, daß er den Atem verschlug. Er wurde nach einem Hausrezept gebrannt und war den Stammgästen vorbehalten. Die Wirtin hinter der Theke lächelte mir freundlich zu. Sie kannte seit langem den jungen russischen Emigranten, der häufig hierher kam, um sich ein, zwei Gläschen zu genehmigen und beim Kaffee eingehend die Abendzeitung zu lesen.

Gewöhnlich war hier nicht viel Betrieb. Ein altes bayerisches Ehepaar im hinteren Teil der kleinen Gaststube beendete gerade sein bescheidenes Abendbrot. Am Tisch direkt beim Eingang trank ein Mann mit krausem Haar, der eine Tweedjacke trug, gelangweilt einen Krug Bier. Ich hatte ihn schon das letzte Mal hier gesehen. Er saß wieder mit dem Rücken zum Fenster da und war in Gedanken versunken. Diesmal trafen sich unsere Blicke und mir schien, daß ich den Mann kannte und er mich auch. Doch sein Mienenspiel blieb ausdruckslos und seine Augen, die kurz aufgeleuchtet hatten, kehrten erneut zu dem Bierschaum auf seinem Krug zurück.

Seltsam, dachte ich, wir haben uns doch bestimmt schon einmal gesehen. Aber wo?

Nachdem der Unbekannte mit dem krausen Haar bei der Wirtin seine Rechnung bezahlt hatte, stand er auf und wandte sich zum Gehen, wobei er vergeblich in seinen Taschen nach Streichhölzern suchte, um sich eine Zigarette anzuzünden. Er trat an meinen Tisch und bat mich in gebrochenem Deutsch höflich um Feuer. Ich reichte ihm eine Schachtel Streichhölzer. Während sich unsere Blicke erneut trafen, nickte er mir kaum merklich zu. Da fiel mir wieder ein, wer dieser Unbekannte in der Tweedjacke war. Er zündete sich bedächtig eine Zigarette an und legte die Streichhölzer auf den Tisch zurück. Doch das war nicht meine Schachtel, sondern einer jener Reklame-Zündholzbriefe, die gewöhnlich auf den Tischen in Restaurants und Hotels liegen. „Vielen Dank", sagte er, drehte sich um und ging zur Tür. Wir haben uns nie wieder getroffen.

Ich erinnerte mich, woher ich ihn kannte. Vor fünf oder sechs Jahren hatte ich in Moskau als junger Komsomolze an vom KGB organisierten Einsätzen gegen Spekulanten und Schwarzhändler teilgenommen. Dieser Mann leitete damals die Gruppe, welche die Aufgabe hatte, Hotels für ausländische Touristen von fragwürdigen Leuten „zu säubern".

Ich nahm den mir zugespielten Zündholzbrief auf und betrachtete ihn. Es war eine der üblichen Briefpackungen, mit der eine Gaststätte in Westberlin mit Telefonnummer und Adresse für sich Werbung machte. Doch an den unteren Rand waren mit Kugelschreiber akkurat zwei Daten geschrieben. Mein Herz pochte vor Erregung. Endlich war es soweit. Ich hatte die Adresse und das Datum für den langerwarteten Treff.

Ich zahlte schnell und ging nach Hause. Ich mußte allein sein, alles abwägen und überdenken. Offensichtlich kam es nun in meinem Leben zu einer einschneidenden Wende. Ich war schon lange nicht mehr so aufgeregt gewesen wie jetzt, als ich diesen foliebeschichteten Zündholzbrief in meiner Tasche spürte. Diese Streichhölzer konnten die Zündschnur der Mine in Brand setzen, die mich letztendlich in Stücke zerreißen würde.

Genau vier Jahre hatte ich nun erfolgreich den Flüchtling

aus der Sowjetunion gespielt. Der KGB hatte mir den Auftrag erteilt, in das Milieu unserer Emigranten einzudringen, dort Fuß zu fassen, ein gewisses Ansehen zu erwerben und dann zu versuchen, Kontakten zwischen Emigranten und Geheimdiensten auf die Spur zu kommen. Die Offiziere des KGB, die mich ausbildeten, instruierten mich, daß es vor allem darum ging, sich in einem westlichen Land zu integrieren, Verbindungen zu knüpfen und Arbeit zu finden. Erst dann sollte ich das vereinbarte Signal geben. Man würde mich dann schon finden. In Moskau gab man mir auch zu verstehen, daß man mich vielleicht nicht gleich finden werde und bei mir das Gefühl aufkommen könnte, vergessen oder von der Liste gestrichen zu sein. Ich sollte nicht in Panik geraten. Wenn ich gebraucht würde, werde man zu mir Kontakt aufnehmen. Ich sollte mir nur merken: Die erste Kontaktperson wird für mich kein Unbekannter sein. Über alles andere sollte ich mir keine Gedanken machen.

Ich machte mir auch keine Gedanken. In allen diesen Jahren hatte ich gewissenhaft den Befehl ausgeführt, mich zu akklimatisieren und einzuleben, so daß ich mich in Deutschland nunmehr wie zu Hause fühlte.

Auch die Verbindungen zu den Emigranten hatten sich bestens gestaltet. Ich unterhielt gute Kontakte zum NTS (Volksarbeitsbund russischer Solidaristen, der im Jahr 1930 zum Sturz des kommunistischen Regimes in der UdSSR und zur Bildung eines „unabhängigen russischen Nationalstaats" gegründet wurde) hergestellt und arbeitete beim Sender „Radio Liberty", der von der CIA finanziert wurde. Die Sprecher des Senders waren sowjetische Emigranten. Ich hatte dort Ansehen erworben, und mir boten sich Chancen für eine großartige Karriere. Der Sender stellte mir kostenlos eine möblierte Wohnung in einem Neubau zur Verfügung und zahlte mir ein fürstliches Gehalt. Ich konnte die ganze Welt bereisen. Ich hatte interessante Bekanntschaften geschlossen und mich schon völlig der westlichen Lebensweise angepaßt.

Nun erinnerte mich plötzlich Moskau daran, daß ich in erster Linie Kundschafter und alles andere zweitrangig war. Das war natürlich eine Gewissensfrage für jemand, der gerade mal fünfundzwanzig Jahre alt ist.

Man hatte sich also meiner erinnert und es für angemessen gehalten, mich als Kundschafter zu aktivieren. Das bedeutete, von dem sorglosen und unbeschwerten Emigrantenleben Abschied zu nehmen. Der KGB hatte Wort gehalten: Nach vier Jahren hatte man mich in München aufgespürt, und auch die erste Kontaktperson war für mich kein Unbekannter. Alles war wie versprochen. Doch was erwartete mich?

Als ich an den hell erleuchteten Fenstern des Senders „Radio Liberty" in der Arabellastraße vorüberging, verlangsamte ich unwillkürlich meine Schritte. Noch heute morgen hatte ich als einer von vielen hundert einfachen Mitarbeitern des Senders die Schwelle dieses Hauses überschritten. Morgen würde ich als „reaktivierter" Agent des KGB das Gebäude betreten.

Das Leben mit „doppeltem Boden" begann.

. . . Die beiden auf dem Zündholzbrief vermerkten Daten fielen auf zwei aufeinanderfolgende Sonntage. Am Morgen des ersten flog ich nach Berlin. Die Friedrichstraße, in der sich das betreffende Restaurant befand, war nicht weit vom Flugplatz Tempelhof entfernt. Ich fand in der Nähe eine preiswerte Pension, stellte dort mein Gepäck ab und unternahm einen Bummel durch die Stadt, in der ich bisher noch nie gewesen war. Zum Mittagessen kehrte ich in das Restaurant in der Friedrichstraße zurück.

Die Gaststätte erwies sich als eine kleine Kneipe mit dem für diese Einrichtungen typischen Angebot: Bratwurst mit Sauerkraut, Gulasch, Erbsensuppe, Bier und billiger Schnaps. Niemand achtet auf den anderen. Die Gäste an den kleinen Tischen wollten ihren Appetit stillen, nahmen schnell ihre Mahlzeit ein und machten dann für die nächsten Platz . . .

Um die Wartezeit zu überbrücken, aß ich ein einfaches

Gericht und trank langsam ein Bier. Doch niemand kam an meinen Tisch und bekundete Interesse für mich. Es war bereits peinlich, noch länger sitzen zu bleiben. Deshalb wollte ich es am Abend noch einmal versuchen.

Auf dem Weg zur Pension blieb ich an einem Zeitungskiosk stehen, um mich umzuschauen. Ich gab vor, die Auslagen zu betrachten. Doch ich konnte nichts Verdächtiges bemerken. Wenn mich wirklich jemand beobachtete, dann tat er das sehr geschickt.

Ich kaufte mir Berliner Zeitungen und eine Flasche Whisky. Um etwas ruhiger zu werden, trank ich in der Pension einige Schlucke gleich aus der Flasche. Doch die innere Erregung ließ sich dadurch auch nicht bekämpfen.

Wie es in solchen Fällen immer ist, wollte die Zeit nicht vergehen. Ich versuchte zu lesen, schaltete den Fernseher ein, doch nichts konnte meine innere Unruhe dämpfen.

Die Kontaktaufnahme ist in der Aufklärung immer der gefährlichste Vorgang. Jede solche Operation ist mit einem doppelten Risiko verbunden, denn jeder Teilnehmer eines geheimen Treffs kann beschattet werden und dadurch alles gefährden. Ich hatte diesbezüglich nicht viel zu befürchten. Die Amerikaner hatten mich sehr lange „durchleuchtet". Sie stellten ihre Überwachung bereits vor drei Jahren ein, seitdem hatte ich weder Beschattung noch irgendwelches Interesse der Abwehr für meine Person festgestellt. Doch wie stand die Sache mit dem mir noch unbekannten Treffpartner vom KGB? Kann man überhaupt hundertprozentig sicher sein? Wenn er nun plötzlich unauffällig observiert wird?

Um sieben Uhr abends setzte ich mich erneut an einen der blanken Holztische in der Kneipe in der Friedrichstraße. Nachdem ich mir etwas bestellt hatte, blickte ich in die Runde. Ich dachte, mich rührt der Schlag! In einer Ecke saß mein Freund Serjoscha und blickte mich aufmerksam an. „Freund" ist vielleicht nicht das richtige Wort, er war eigentlich mein Betreuer beim KGB gewesen. Er war die letzte Kontaktperson, mit der ich vor meiner Übersiedlung in den

13

Westen zu tun gehabt hatte. Damals versicherte er mir, daß man mich früher oder später suchen und mit mir Kontakt aufnehmen werde. Nun war er selbst gekommen ...

Wahrscheinlich muß ich sehr konsterniert ausgesehen haben, denn Serjoscha in seiner Ecke konnte ein zufriedenes und breites Grinsen nicht verbergen. Er machte auch keine Anstalten, es zu unterdrücken. Dann stand er auf und ging an mir vorbei zur Toilette. Ich folgte ihm wie hypnotisiert. Außer uns war niemand in der Toilette. Wir standen nebeneinander und Sergej sagte zu mir: „Folge mir in Sichtweite, aber verlier mich nicht aus den Augen."

Wir gingen eine lange, vollkommen leere und schwach beleuchtete Straße entlang. Aus den Augenwinkeln beobachtete ich, daß sich ein einfach gekleideter, scheinbar betrunkener Arbeiter an meine Fersen heftete. Das war wahrscheinlich ein Kollege Sergejs, der uns als Tiefensicherung den Rücken deckte. Wir bogen in eine dunkle Seitenstraße ein und traten unter das Vordach eines sehr alten Hauses, wo es völlig dunkel war. Der „Arbeiter" ging an uns vorbei und trällerte dabei ein Liedchen. Sergej umarmte mich kurz: „Grüß dich, Oleg. Wie geht es dir? Du bist ein Prachtkerl!"

Innerhalb von zwei Minuten gelang es ihm, mich bezüglich unseres nächsten Treffens zu instruieren: „Im Januar nimmst du dir eine Woche Urlaub und kommst wieder in dieses Restaurant. Beim Mittag- oder Abendessen wirst du mich sehen. Wir begeben uns gemeinsam nach Ostberlin." Er gab mir einen neuen Zündholzbrief, auf dem die Daten des nächsten Treffs vermerkt waren, und verschwand im Dunkel des Winterabends. Auf meinem Weg zur Pension begleitete mich dann noch der „Arbeiter" in einem gewissen Abstand.

... Ich hatte keinerlei Schwierigkeiten, im Januar zehn Tage Urlaub zu nehmen. Am zweiten Sonntag des neuen Jahres 1970 steckte ich einen Freizeitanzug, einige Hemden und meinen Rasierapparat in die Reisetasche und nahm die Morgenmaschine nach Tempelhof. Sergej erwartete mich um 12 Uhr. Etwa anderthalb Stunden gingen wir mit sicherem

Abstand zueinander spazieren, fuhren mit der U-Bahn hin und her und machten einen Abstecher auf einen Friedhof. Als sich Sergej endgültig sicher war, daß wir nicht verfolgt wurden, fuhren wir zum Bahnhof Friedrichstraße, wo sich ein Übergang von West- nach Ostberlin befand. Wir begaben uns nach unten. Doch Sergej ging nicht in Richtung des offiziellen Einreiseschalters, vor dem sich die Menschen drängten. Er nahm mich beiseite, steuerte auf eine unauffällige Seitentür zu und zeigte einem Grenzoffizier seinen Ausweis. Dieser ließ uns wortlos durch eine andere Tür das Territorium der DDR betreten.

Das kommunistische Berlin schockierte mich durch seinen heruntergekommenen und tristen Anblick. Der Kontrast war zu groß. Binnen einer Minute war ich aus dem Reich der hellerleuchteten Schaufenster, lebensfroher und offener Gesichter, schicker Autos und gepflegter Fassaden in die düstere Welt des „realen Sozialismus" übergewechselt. Ich hatte den Eindruck, als sei hier erst gestern der Krieg zu Ende gegangen, die Verdunkelung aber noch nicht entfernt worden.

Wir nahmen in einem in der Nähe des Bahnhofs geparkten Volkswagen Platz. Erst ließen wir unseren Emotionen freien Lauf. Wir umarmten uns und Sergej sagte, daß ich mich nun wie zu Hause fühlen könne.

Aus der ortskundigen Fahrweise Sergejs schloß ich, daß er schon länger in Berlin war. Offensichtlich lebte er damals ständig hier.

Wir fuhren zum Stadtteil Karlshorst, wo sich die sowjetischen Militärstäbe, die militärische Aufklärung und die Vertretung des KGB befanden. In der Dreizimmerwohnung, die speziell für solche Gäste wie mich unterhalten wurde, war der Tisch bereits mit allem gedeckt, was die russische Küche zu bieten hatte. Die für diese Wohnung zuständige Quartierwirtin Soja (eine Mitarbeiterin des KGB) hatte sich nach besten Kräften bemüht. Es roch verführerisch nach kräftigem Borstsch. Der Wodka war eisgekühlt, die Flasche beschlagen.

Der schwarze Kaviar glänzte taufrisch. Auf dem Tisch dampften die von mir so geliebten sibirischen Pelmeni, die Sülze war mit georgischen Kräutern angerichtet. Außerdem standen da noch Salzheringe, Salzgurken, Krabben, marinierte Pilze und Quarkspeisen. Solch einen reich gedeckten russischen Tisch hatte ich schon lange nicht mehr gesehen.

Das Abendbrot nahmen wir zu viert ein. Außer uns beiden waren Soja und ein junger Mann namens Shenja von der Abteilung Personenschutz zugegen.

Natürlich fiel während des ganzen Abends kein einziges Wort über den Auftrag, obwohl Soja und Shenja eindeutig wußten, daß ich von „drüben" kam.

Als Sergej nach dem Abendessen ging, sagte er zu mir: „Ich komme morgen um 9 Uhr, dann beginnen wir mit der Arbeit. Zunächst mußt du dich an alles erinnern, was mit dir in diesen vier Jahren geschehen ist – an jeden einzelnen Tag. Für uns sind auch ganz unbedeutende Einzelheiten wichtig. Wir werden uns zwei oder drei Tage unterhalten, solange wie erforderlich. Jetzt ruhe dich erst einmal aus."

Dann ging er. An diesem Abend hatte ich das ungewöhnliche Gefühl absoluter Geborgenheit und völliger Ruhe. Es war das seit langem vermißte Gefühl, zu Hause zu sein, die seit der Kindheit gewohnte Atmosphäre zu verspüren. Als ich mich in der Wohnung näher umsah, entdeckte ich alle für eine sowjetische Wohnung typischen Merkmale – verrostete Rohre in der Toilette und im Badezimmer, geschmacklose Tapeten, altmodische Möbel, welliges Linoleum in der Küche und knarrenden Parkettfußboden in den Zimmern. Doch das regte mich nicht auf, sondern verstärkte vielmehr meine innere Ruhe. Ich machte mich mit der neuen Umgebung vertraut und dachte an Moskau, meine Eltern und meine so unerwartet zu Ende gegangene Jugend zurück.

Ich wurde als Glückskind geboren. Dies jedenfalls versicherten mir alle Verwandten in meiner Kindheit. Ich kam bereits mit einem „Gewand" zur Welt, was nach Volksglauben eine

16

Oleg Tumanow im Alter von 8 Monaten, mit seiner Tante.
Aufnahme von 1945.

glückliche Zukunft verspricht. Als ich dann schließlich als Jugendlicher erfuhr, daß dieses Gewand lediglich aus Resten der
Fruchtblase besteht, die das Neugeborene umhüllt, war ich
einfach enttäuscht.

Über mein Schicksal konnte ich mich wirklich nicht be-
klagen. Es war immerhin schon ein großes Glück, fast im
Zentrum Moskaus, in der Nähe des Belorussischen Bahnhofs, geboren worden zu sein, dort die Kindheit verbracht
zu haben, und die Härten der Nachkriegszeit, die die meisten meiner Altersgenossen durchleben mußten, nicht erfahren zu haben.

Das Haus, in dem ich 1944 das Licht der Welt erblickte, steht noch immer an seinem Platz am Leningradski Prospekt, allerdings lebt keiner der alten Bewohner mehr. Unsere Wohnung war, wie die meisten anderen, eine Gemeinschaftswohnung. Eigentlich war sie nur für eine Familie vorgesehen, doch wegen der großen Wohnungsnot mußten hier mehrere Familien untergebracht werden. Unsere Familie, die Tumanows, d. h. meine Eltern, mein älterer Bruder Igor, die Großmutter Pelageja und ich, bewohnten zwei Zimmer. Die Simonows waren in zwei weiteren, allerdings kleineren Zimmern untergebracht. Die sehr armen Wolkows wohnten zu fünft in nur einem Zimmer. Das Oberhaupt dieser Familie, der Invalide Onkel Stjopa, war ein Spieler und hielt sich meistens auf der Rennbahn auf. Er wurde nur dann ins Haus gelassen, wenn ihm auf der Rennbahn das Glück hold gewesen war und er auf dem Nachhauseweg nicht das ganze Geld durch die Gurgel gejagt hatte. Die Mutter von Onkel Stjopa, Großmutter Matrena, schlief aus Platzmangel in unserer gemeinsamen Küche, wo auch ihre Truhe mit den persönlichen Sachen stand. Sie legte sich schlafen, wenn die letzte Hausfrau die Küche verlassen hatte, und stand bereits wieder auf, wenn es noch ganz dunkel war. Großmutter Matrena verdiente sich etwas zum Lebensunterhalt dazu, indem sie sich so früh wie möglich vor Geschäften anstellte, in denen Mangelware verkauft wurde. Dann gab sie ihren Platz in der Schlange für Geld ab. Sie selbst konnte sich diese Mangelware natürlich nicht leisten. Außer ihrer Truhe mit altem Kram besaß sie nichts.

Es mag unwahrscheinlich klingen, doch fast keiner unserer Nachbarn in der Gemeinschaftswohnung schämte sich seiner Armut. Einige von ihnen schliefen wirklich auf dem Fußboden und darbten. Der einzige „Luxusgegenstand" für alle war der Drahtfunklautsprecher, der im Korridor hing und aus dem von früh bis abends flotte Märsche und aufmunternde Lieder klangen. Uns Tumanows ging es etwas besser. Wir bereiteten unsere Mahlzeiten beispielsweise nicht mit übelrie-

Der Vater Alexander Wassiljewitsch Tumanow. Aufnahme aus der Mitte der 30er Jahre.

chendem Öl, sondern mit Butter oder Margarine zu, die sich die anderen nicht immer leisten konnten. Doch weder wir noch unsere Nachbarn machten sich Gedanken über unser bescheidenes Leben, weil wir ja nichts anderes kannten. Es gab keine Vergleichsmöglichkeiten. Die Lebensbedingungen in der Sowjetunion wurden als die besten und gerechtesten empfunden. Das verkündete uns der Rundfunk feierlich Tag für Tag, das schrieben die Zeitungen und erklärten uns die Lehrer in der Schule. Wer daran zweifelte, der wurde unverzüglich von den Organen abgeholt und durch langjährigen Gefängnis- oder Lageraufenthalt eines Besseren belehrt. Als ich geboren wurde, waren offensichtlich alle Zweifler bereits erschossen oder nach Sibirien verbannt worden, denn ich bin in meiner Kindheit keinem von ihnen begegnet.

Uns hämmerte der Rundfunk ein, daß die Menschen in den kapitalistischen Ländern von einer kleinen Gruppe habgieriger Kapitalisten ausgebeutet werden, ein elendes Leben führen, rechtlos und unglücklich sind. Wir empfanden aufrichtiges Mitleid mit den „einfachen Menschen" in den kapitalistischen Ländern, vor allem mit den Negern, die nach unseren Propagandameldungen besonders ausgebeutet und unterdrückt wurden. Die Neger waren für uns „Klassenbrüder". Als einmal eine Delegation aus den USA Moskau besuchte, der auch ein Neger angehörte, konnte der arme Mann nicht verstehen, warum einfach Moskauer ihn so mitleidsvoll ansahen und alle ihm etwas zu essen schenken wollten. Der Neger war nämlich Millionär.

Wissen macht nicht immer glücklich. Vielleicht war es auch gut so, daß wir nicht wußten, wie ärmlich wir lebten.

Mein Vater diente während des Kriegs im NKWD. Ich weiß nicht, welche Funktion er hatte und was er tat. Er sprach niemals darüber. Ich kann nur vermuten, daß er bei der Abwehr tätig war. 1948 verließ er aus mir unbekannten Gründen die Lubjanka und arbeitete seitdem in verschiedenen Betrieben als Kaderleiter. Meine Mutter erhielt ihr Gehalt ebenfalls von der Staatssicherheit und hatte den Dienstgrad eines Oberleutnants, obwohl sie nach außen hin in einem Wehrkreiskommando arbeitete, das für die Registrierung und Einberufung von Wehrpflichtigen zuständig war. Mein zwölf Jahre älterer Bruder studierte an der geologischen Fakultät der Moskauer Universität und arbeitete danach viele Jahre engagiert auf seinem Fachgebiet.

Ich hätte mich durch nichts von den anderen Jungen der Knabenschule Nr. 155, die sich neben dem Sportpalast „Krylja Sowjetow" befand, unterschieden, wenn da nicht ein Abenteuer gewesen wäre, durch das ich neunjähriger Bengel plötzlich bekannt und für gewisse Zeit sogar berühmt wurde. Ich hatte zwei Freunde überredet, mit mir nach Afrika zu gehen.

Die Mutter Jewdokija Andrianowna Tumanowa mit dem älteren Bruder
Igor. Aufnahme von 1932.

Im Februar 1954 setzten wir uns, nachdem wir uns zuvor der
nicht mehr benötigten Lehrbücher, Tagebücher und Hefte
entledigt und den Eltern eine Nachricht überlassen hatten
(„Sucht uns nicht – wir sind für immer weggegangen"), in die
Vorortbahn und fuhren in südliche Richtung. Mein Nachbar
aus der Gemeinschaftswohnung, Saschka Simonow, hatte aus
irgendeinem Grund warme Filzstiefel mit auf die Reise nach
Afrika genommen und hielt sie die ganze Zeit über fest unter
dem Arm. Übrigens war unsere Reise schnell zu Ende. Am

nächsten Morgen griff uns die Miliz in der Nähe von Kaluga auf und brachte uns zu den besorgten Eltern zurück.

Saschka, dessen Mutter als Aufseherin im Butyrka-Gefängnis arbeitete, bekam von ihr eine gehörige Tracht Prügel. Er schrie so laut, daß es in allen Etagen des Hauses zu hören war. Meine Eltern aber waren so froh über die „Rückkehr des verlorenen Sohns", daß sie mir Piroggen vorsetzten, an denen ich mich satt essen durfte.

Der Empfang in der Schule war weniger herzlich. Die Direktorin fand schnell heraus, wer der Initiator dieses „Verbrechens" war und drohte, mich von der Schule zu verweisen. Seitdem war ich bei ihr nicht gut angeschrieben. „Solche Schüler brauchen wir nicht", sagte sie drohend und durchbohrte mich mit ihren kalten Augen.

Nachdem ein Klassenkamerad auch noch den Sohn des Kommentators der „Prawda", Viktor Majewski, verprügelt hatte, war ich bei der Direktorin völlig unten durch. Dieser Journalist gehörte nämlich zur höchsten Parteinomenklatura und zu dem sehr begrenzten Kreis der Auslandsreisekader. Wie alle, die der Macht nahe standen, litten natürlich er und seine Familie keine Not. Unser Mitschüler brachte als Pausenfrühstück Schinken- und Wurstbrote mit und verspeiste sie in der Pause demonstrativ vor unseren Augen. Das erregte natürlich den Neid aller übrigen Schüler, die bestenfalls nur eine Pirogge mit Krautfüllung mitbringen konnten.

Deshalb hat einmal ein armer Mitschüler den „Bourgeois" Shenka verprügelt. Offensichtlich konnte er dessen satte und selbstgefällige Visage nicht mehr sehen. Die Direktorin kam zwangsläufig zu dem Schluß, daß auch ich hieran schuld war. Die mißglückte Flucht nach Afrika hatte den Schüler Tumanow aus der dritten Klasse für sie ein für allemal zum Verbrecher abgestempelt.

„Wißt ihr, wer der Vater dieses Jungen ist?" fragte sie drohend unsere Klasse und schaute ausgerechnet mich dabei an. „Seinen Vater begrüßt selbst Genosse Stalin mit Handschlag. Ja, Genosse Stalin! Und ihr habt es gewagt, euch an diesem

Kind zu vergreifen. Wir werden euch ins Gefängnis, in Straf-
kolonien stecken. Ihr gehört nach Sibirien, nach Kolyma, hinter den Polarkreis!"

Nein, diese Frau würde mir niemals meinen unüberlegten
Ausflug nach Afrika verzeihen. Wahrscheinlich gehört sie zu
jenen Menschen, für die jeder, der aus der grauen uniformier-
ten Masse ausscherte, sich automatisch verdächtig machte.
Leute wie sie waren das Rückgrat des stalinistischen Regimes.
Zum Glück wurde ich im folgenden Jahr an eine andere
Schule versetzt, die ich 1961 erfolgreich abschloß.

Dort lernte ich meinen besten Freund Tolik Jessiawa kennen. Sein Vater war gerade erst aus der Haft entlassen worden.
Als Opfer der stalinistischen Repression hatte er sechs Jahre
lang auf der Baustelle des Weißmeerkanals gearbeitet. Eigentlich war Toljas Vater kein Opfer der Repression im engen
Sinne des Wortes, sondern eher ein Opfer der Umstände. Seit
der Vorkriegszeit hatte er eine hohe Funktion in der Umgebung des „Führers der Völker" ausgeübt. Er war Leiter der
Transportverwaltung des Regierungsschutzes gewesen. Ihm
unterstanden alle Transportmittel, mit denen Stalin Reisen
unternahm – Autos, Reisezüge, Schiffe und Flugzeuge. Man
kann sich vorstellen, daß dieser Mann als General der Staatssicherheit sehr mächtig war und Tolik eigentlich eine unbe-
schwerte Kindheit zu erwarten hatte.

Doch alles brach plötzlich zusammen. Eines Tages hatte der
Vater meines Freundes in Gesellschaft anderer hochrangiger
Tschekisten in einem Restaurant auf dem Berg Achun bei Sotschi ordentlich gezecht. Er, der jedes Transportmittel mit Ausnahme von Flugzeugen hervorragend führen konnte, setzte
sich ans Steuer eines Geländewagens vom Typ „Packard" und
fuhr mit der ganzen Gesellschaft die Bergserpentinen hinunter. Das Fahrzeug stürzte über einen Abhang. Einer der Zech-
brüder kam ums Leben, ein anderer wurde zum Krüppel. Stalins Liebling aber, der heil und unversehrt geblieben war,
wurde zu Zwangsarbeit verurteilt. Als der Diktator von dem
Vorkommnis am Achun erfuhr, soll er gesagt haben: „Wenn

23

Jessiawa schuldig ist, muß er bestraft werden." Noch in der
gleichen Nacht wurde die Familie des Generals aus der Luxuswohnung im Zentrum Moskaus ausquartiert. Alle Wertge-
genstände wurden beschlagnahmt. Als ich Tolik kennenlernte
und mich mit ihm befreundete, wohnte er mit seinem gerade
erst aus der Haft entlassenen Vater in einer solchen Gemeinschaftswohnung wie wir. Der alte Tschekist verstarb 1956.

Seit meiner Kindheit ist die Fotografie mein Hobby. Ich
trennte mich weder zu Hause noch in der Schule vom Fotoapparat und hatte mir mit 15 Jahren bereits den Ruf des offiziellen Schulfotografen erworben. Als dann der Direktor erlaubte, in einer Toilette im vierten Stock ein Fotolabor
einzurichten, wurde mein Status noch mehr aufgewertet. Nun
besaß ich, ein Schüler, den Schlüssel zu einem eigenen Raum.
Das Fotografieren und die Gestaltung der Schulwandzeitun-
gen bereitete mir nicht nur inneres Vergnügen, sondern verschaffte mir auch bestimmte Vorteile, deren Wert ich sehr
schnell begriff. Unter dem Vorwand dringender Arbeit im
Labor konnte ich unbehelligt solche Nebenfächer wie Sport,
Zeichnen und Wehrkunde schwänzen. Wenn alle an einem
Geländelauf teilnahmen, stand ich mit wichtiger Miene am
Ziel und machte Fotoaufnahmen.

Die Sommerferien verbrachte ich auf dem Land bei Großmutter Domna, der Mutter meines Vaters. Vor dem Krieg bestand das Dorf bei Smolensk aus etwa 50 Häusern. Nur sechs
waren davon übrig geblieben, die anderen hatten die Deutschen beim Rückzug angezündet. Trotz dieser traurigen Tatsache sprach Großmutter Domna zu meiner Verwunderung
stets achtungsvoll von den Okkupanten, mit denen sie mehr
als zwei Jahre unter einem Dach gelebt hatte. In Großmutters
Haus hatten die Deutschen ein Lazarett und einen Opera-
tionssaal eingerichtet. Domnas Aufgabe war es, Wasser vom
Brunnen zu holen und auf dem Ofen kochendes Wasser zu
bereiten. Dafür gab der Chirurg ihr Lebensmittel. „Wenn der
gute Fritz nicht gewesen wäre", sagte sie immer wieder,
„wären wir vor Hunger gestorben."

Als 1943 die große Offensive der sowjetischen Truppen an der ganzen Front begann, wurde versucht, die Deutschen hier einzukesseln. Es kam zu erbitterten Kämpfen. Das Dorf, in dem sich außer dem Lazarett noch der Stab befand, wurde von unseren Flugzeugen bombardiert. Ein Bombensplitter traf meinen Großvater am Bein. Und wieder war es jener „gute Fritz", der ihn behandelte. Während meine Verwandten daher von der Wehrmacht eine gute Meinung hatten, verfluchten sie die Gestapo und die Sonderkommandos: Diese haben beim Rückzug alles angezündet. Unser Haus blieb nur deshalb verschont, weil darin bis zum letzten Moment Verwundete operiert wurden. Die SS-Leute hatten keine Zeit mehr, es in Brand zu stecken.

Anderthalb Jahre vor Abschluß der zehnten Klasse fand Tolja Jessiawa für mich eine neue Beschäftigung. Er war damals in einer operativen Komsomolabteilung tätig, die es sich zur Aufgabe gemacht hatte, gegen jugendliche Verbrecher und Rowdys vorzugehen. Er überredete auch mich, Mitglied dieser Gruppe zu werden, indem er behauptete, daß man einen guten Fotografen brauchte.

Das Schicksal nahm seinen Lauf. An diesem Tag begann mein Weg als Kundschafter an der unsichtbaren Front.

Wenn ich mich nicht irre, entstand die operative Komsomolabteilung in Zusammenhang mit den Weltfestspielen der Jugend und Studenten in Moskau 1957. Bis dahin hatten die meisten Moskauer Ausländer nur auf Fotos in Zeitungen und in Filmen gesehen. Das Sowjetland hatte lange hinter dem undurchdringlichen „eisernen Vorhang" gelebt. Damals wurde jeder, der so unvorsichtig war, sich Post aus dem Ausland schicken zu lassen, „wegen Spionage" verhaftet und sogar erschossen.

Auf den Gedanken, sich um die Weltfestspiele zu bewerben, kam Nikita Chrustschow, der ein Jahr zuvor auf dem XX. Parteitag der KPdSU erstmals das verbrecherische Regime Stalins angeprangert hatte und daran interessiert war, das Ansehen des Bolschewismus in den Augen der Weltöffentlichkeit zu verbessern. Doch ich kann mir gut vorstellen, in welche Panik die verantwortlichen Funktionäre fielen, die das Festival in allen Einzelheiten organisieren mußten. Das betraf besonders die Mitarbeiter der Organe der Staatssicherheit. Während zuvor jeder (!) Ausländer von ihnen ständig observiert wurde, erwartete man nun in Moskau mehrere tausend Gäste aus aller Welt. Wie sollte man herausfinden, wer von ihnen für Geheimdienste arbeitete? Wie sollte die Observation organisiert werden? Wie ließen sich mögliche unerwünschte Kontakte zu den Moskauern verhindern?

Selbst wenn die Organe der Hauptstadt durch operative Mitarbeiter von außerhalb unterstützt werden würden, konnte man nicht jeden Teilnehmer des Festivals observieren. Chrustschow hatte außerdem angewiesen, nicht offensiv zu arbeiten und die Gäste nicht vor den Kopf zu stoßen, sondern „wahre russische Gastfreundschaft" zu demonstrieren.

Kurz gesagt, die für ihr brutales Vorgehen bekannten Mitarbeiter der Lubjanka am Dshershinskiplatz mußten sich etwas einfallen lassen. Da kam einer von ihnen auf folgenden Gedanken: Warum sollte man nicht den bewußten Teil der sowjetischen Jugend, also die am Festival teilnehmenden Moskauer Studenten, Schüler und jungen Arbeiter, als Helfer gewinnen? Man müßte nur die zuverlässigsten auswählen, ihnen die Aufgabe erklären, Gruppen bilden und die Leiter dieser Gruppe direkt durch den KGB anleiten. Sollen sich die jungen Leute während der Festtage doch amüsieren und gleichzeitig auf die eigenen Leute und die Ausländer achten. Und wenn sie etwas Verdächtiges bemerken, geben sie den Organen sofort einen Hinweis.

Diese Idee gefiel der sowjetischen Führung so gut, daß sie nach dem erfolgreichen Abschluß der Weltfestspiele verfügte, sie nunmehr im ganzen Land nach Moskauer Vorbild zu verwirklichen. Die Begeisterung der Jugend wurde geschickt genutzt, um das Land von kriminellen Elementen zu säubern. Die operativen Komsomolabteilungen wurden beauftragt, Rowdytum, Schwarzhandel und Prostitution zu bekämpfen. Sie wurden bei Razzien (zur Kesselbildung) und bei großen politischen Veranstaltungen, wie z. B. den Festtagsdemonstrationen auf dem Roten Platz, als Ordner eingesetzt.

In größeren Städten, besonders wenn sie von Ausländern besucht wurden, leitete die Staatssicherheit diese Abteilungen an, während sonst die Miliz oder die Kriminalpolizei für sie zuständig waren. Natürlich dienten diese operativen Abteilungen auch als zuverlässige Kaderreserve für diese Organe. Die Tschekisten und die Offiziere der Miliz konnten ihre jungen Helfer in aller Ruhe prüfen und die besten für eine Ausbildung an den entsprechenden Lehranstalten des KGB und des MWD empfehlen. Die meisten heutigen Generale und Oberste waren in ihrer Jugend aus Abenteuerlust in solchen operativen Abteilungen tätig, die Ende der fünfziger und Anfang der sechziger Jahre gegen die Banden kämpften.

Ich sage das wirklich nicht ironisch.

Auch wenn einige ehemalige Mitglieder von operativen Abteilungen sich schuldig gemacht haben (in jeder Herde gibt es ein schwarzes Schaf), brauche ich mich meiner frühen Jugend nicht zu schämen. Wir haben, Gott sei Dank, weder ausländischen Bürgern noch unseren eigenen Dissidenten nachspioniert. Die Hauptaufgabe meiner Gruppe bestand darin, im Zentrum Moskaus auf Ordnung zu achten und Rowdys aus Cafés, Restaurants und Hotels herauszuholen. Außerdem sollten wir ausländische Gäste der Hauptstadt vor zudringlichen Prostituierten schützen, Schwarzhandel sowie Handel und Genuß von Rauschgiften verhindern. Es gehörte nicht zu unseren Aufgaben, „Bearbeitungen", Verhaftungen und Verhöre durchzuführen. Das war Sache der hauptamtlichen Mitarbeiter der Miliz und des KGB. Wir waren für sie nur eine Art „leichte Kavallerie".

Als Schüler der Oberstufe fand ich Gefallen daran, an dieser wichtigen und fast schon geheimen Aufgabe mitzuwirken. Ich verspürte eine gewisse Aufwertung gegenüber meinen Schulkameraden, die nicht diesem „Geheimbund"

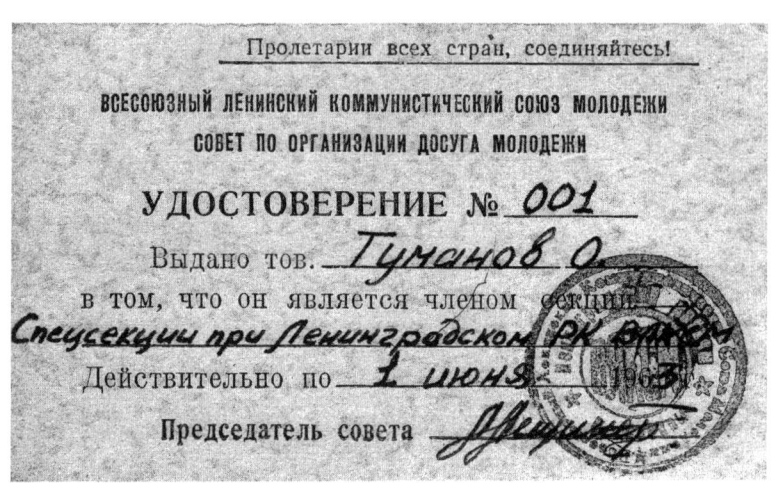

Mitgliedsausweis Tumanows in der „Operativen Abteilung" des Moskauer Komsomol.

angehörten. Wir erhielten einen Ausweis und einen Passierschein, der uns überall freien Zugang gewährte. Nach einer besonders erfolgreichen Razzia gegen Schwarzhändler erhielten wir als Auszeichnung einige der bei ihnen beschlagnahmten Sachen. Für mich fielen dabei ein Hemd und ein Binder ab – das blieb die einzige Prämie für drei Jahre Einsatz.

Heute könnte man mir natürlich zum Vorwurf machen, daß ich mich noch damit brüste, gegen meine Altersgenossen vorgegangen zu sein. Darauf möchte ich nur antworten, daß das zwar stimmt, ich aber nur gegen solche gekämpft habe, die ich auch heute noch für Dreckskerle halte.

Übrigens gehörte es auch zu unseren Aufgaben, junge Straftäter umzuerziehen und die Gestrauchelten in den „aktiven Aufbau des Kommunismus" einzubeziehen. Ich erinnere mich noch, daß unsere Abteilung die Patenschaft über zwei junge Mädchen mit leichtem Lebenswandel übernommen hatte. Stella und Ella, gutgebaute und lebensfrohe Zwillinge,

28

mußten sich nach der Arbeit in der Fabrik in unserem Stab in der Gorkistraße, wo heute das INTOURIST-Hotel steht, melden und der operativen Abteilung bei den schriftlichen Arbeiten helfen. Soviel ich weiß, haben die energischen Komsomolzen in der operativen Abteilung die Pausen während dieser langweiligen Beschäftigung genutzt, um mit den Schwestern das zu treiben, wofür diese in den Hotels von den Freiern bezahlt wurden.

Übrigens haben Stella und Ella dagegen keine Einwände erhoben. Schließlich sagte ihnen diese „Umerziehung" mehr zu als die Ausweisung aus Moskau an einen wenigstens 100 Kilometer entfernten Ort. Das war die damals übliche Strafe für Prostituierte, Alkoholiker und kleine Gauner.

Manchmal wurde die „Umerziehung" auch so praktiziert, daß sie körperlich zu spüren war. Ich erinnere mich, wie wir einmal im Sommer zwei junge Rowdys aufgegriffen hatten. Wir stopften ihnen Brennesseln in die Hosen, setzten sie in die Metro und rieten ihnen zum Abschied, sich hier nicht wieder blicken zu lassen.

Vieleicht entsprach das alles nicht ganz den Prinzipien der Demokratie und der Deklaration der Menschenrechte. Aber jeder wird bestätigen, daß damals in Moskau weitaus mehr Ordnung herrschte als heute. Mit Rowdys sind wir in jenen Jahren wirklich nicht sanft umgegangen. Doch dafür konnte man von früh bis abends unbehelligt durch Moskau gehen. Heute sollte man sich nach 21 Uhr ohne Waffe lieber nicht mehr auf die Straße wagen. Die „kommunistische Musterstadt", wie Moskau noch bis vor kurzem genannt wurde, ist zum Sammelbecken von Spekulanten, Rauschgiftsüchtigen, Prostituierten und des organisierten Verbrechens geworden.

Da ich Ende Mai 1961 kurz vor der Abschlußprüfung in der Schule stand, beteiligte ich mich nicht mehr an den Einsätzen der operativen Komsomolabteilung. Ich beschäftigte mich damals ernsthaft mit den Lehrbüchern und rechnete sogar damit, für die guten Ergebnisse bei der Prüfung eine Silbermedaille zu erhalten, was meine Aufnahme an der Hochschule erheblich erleichtert hätte. Für die Zukunft hatte ich schon ganz konkrete Pläne: Ich wollte zur Filmhochschule, zur Fakultät für Kameraleute.

Als die Prüfungen noch im vollen Gange waren, erhielt ich einen Anruf aus dem Stab der operativen Abteilung: „Laß dich bei uns sehen, Iwan Iwanowitsch will mit dir sprechen."

Ich wußte, um wen es sich handelte. Iwan Iwanowitsch Saizew hatte niemandem gesagt, welche Funktion er bekleidete. Doch jeder in der Abteilung wußte, daß er vom KGB war, und deshalb erübrigten sich alle Fragen. Dieser Nimbus des Geheimnisvollen wurde noch dadurch verstärkt, daß er nicht mit jedem in der Abteilung Kontakte hatte und sprach. Saizew verkörperte die Institution, über die man nicht laut redete. Selbst ihre Bezeichnung wurde gewöhnlich vermieden, indem sie mit „Büro" oder „Komitee" umschrieben wurde oder man sich nur vielsagend auf die Schulter klopfte, um Schulterstücke anzudeuten.

Und dieser Mann wollte mit mir sprechen. Warum so plötzlich? Vielleicht interessierte es ihn, warum ich nicht mehr mitarbeitete?

Gespannt begab ich mich in den Stab. Unser Gespräch fand unter vier Augen statt. Einem Außenstehenden wäre es wahrscheinlich sehr seltsam vorgekommen.

Iwan Iwanowitsch bat mich höflich, Platz zu nehmen. Er stand auf und vergewisserte sich, daß die Tür auch wirklich geschlossen war. Dann nahm er die Papiere vom Tisch und legte sie in eine altmodische Aktentasche mit Metallverschlüssen. Auf dieser Aktentasche war ein Schild mit der Inschrift befestigt: „I. I. Saizew für seine Arbeit mit der Jugend". Diese Aktentasche soll er vom KGB-Chef Semitschastni persönlich als Auszeichnung erhalten haben. Auf mich machte dieser nicht mehr junge und abgehärmte Iwan Iwanowitsch eher den Eindruck eines Buchhalters aus der Provinz als eines kämpferischen Tschekisten.

„Nun, was machen die Prüfungen?" holte er weit aus. „Hast du dich gut vorbereitet?"

„Meiner Meinung nach nicht schlecht."

„Du bist überhaupt ein Prachtkerl, meistert alles. Übrigens, Oleg, was willst du nach der Schule anfangen? Welche Pläne hast du?"

Ich sagte ihm, daß ich gern Kameramann beim Film werden wollte.

„Sehr gut!" Er gab sich wieder den Anschein, als würde er sich aufrichtig für mich freuen. „Aber bedenke, daß sich sehr viele für die Filmhochschule bewerben. Wenn du die Schule mit einer Medaille abschließt, hast du Chancen, ansonsten . . . Aber warum soll es denn unbedingt die Filmhochschule sein?"

Ich erinnerte ihn daran, daß die Fotografie schon lange mein Hobby war und ich einen Amateurfilm gedreht hatte.

„Ja, die Fotografie ist gut", pflichtete mir Iwan Iwanowitsch bei. „Und an einen anderen Beruf hast du noch nicht gedacht?"

„An welchen denn?" fragte ich.

„Nun vielleicht an einen, der mit Arbeit im Ausland verbunden ist?"

„Nein", gestand ich ehrlich, „daran habe ich noch nie gedacht."

„Siehst du", freute er sich, „daran hast du nicht gedacht, hättest es aber tun sollen. Übereile nichts, überlege gut und entscheide dich erst dann."

. . . Doch ich hatte mich bereits entschieden. Sofort nach dem Abschluß der Prüfungen (zu einer Medaille hatte es leider nicht gereicht) bewarb ich mich an der Filmhochschule. Meiner Bewerbung legte ich Fotoaufnahmen, die ich für besonders gelungen hielt, und einen kurzen Amateurfilm bei, den ich mit einer 8-mm-Kamera „Admira" aufgenommen hatte. Das alles sollte die Aufnahmekommission von meiner offensichtlichen Begabung überzeugen. Aus irgendeinem Grund war ich nahezu sicher, daß ich im künstlerischen Wettbewerb bestehen und die Aufnahmeprüfung schaffen würde.

Aber ausgerechnet in diesem Jahr erließ der unermüdliche Reformator Nikita Chrustschow eine neue Weisung, nach der für die Aufnahme an die meisten Hochschulen zwei Jahre praktischer Arbeit oder der Dienst in den Streitkräften zur Vorbedingung wurde. Unser Führer war der naiven Ansicht, daß junge Menschen, die vor dem Studium in einem Kolchos oder einem Betrieb gearbeitet oder das Soldatenleben kennengelernt haben, die Wissenschaft besser meistern können. Außerdem sollte damit, was ja auch nur zu begrüßen war, der in der Sowjetunion verbreiteten Unsitte des „Ausnutzens guter Beziehungen" ein Riegel vorgeschoben werden. Die Kinder hochgestellter Personen gelangten damals mit Hilfe ihrer einflußreichen Eltern ohne Mühe an die namhaftesten Hochschulen und verbauten so anderen den Weg. Nun schickte Chrustschow alle „in die Produktion", auch mich. Die Aufnahmekommission der Hochschule gab mir meine Unterlagen zurück und empfahl mir, frühestens in zwei Jahren mit dem Nachweis meiner praktischen Arbeit wieder vorzusprechen. Meine Tätigkeit sollte möglichst etwas mit meinem künftigen Beruf zu tun haben.

Ich überlegte nicht lange und ging zum Filmstudio „Mosfilm", wo ich sofort als Kameraassistent eingestellt wurde. Meine Aufgaben verlangten nicht viel Können. Ich mußte dem Kameramann Kamera und Stativ hinterherschleppen und andere kleine Aufträge erfüllen. Ich hatte mich schon fast mit dieser wenig Begabung verlangenden und mit 60 Rubel monatlich entlohnten Rolle abgefunden, als sich plötzlich meine Eltern einmischten.

„Eine Arbeit ohne feste Arbeitszeit?" erkundigte sich meine Mutter mißtrauisch. „Demnach kommst du nach Hause, wann es dir paßt? Und das mit 17? Nein, diese Arbeit gefällt mir nicht."

„Beim Film ...", unterstützte sie mein Vater. „Das ist gleichzusetzen mit Halbwelt, Saufgelagen, Weibern und Laster."

Möglicherweise war dem altgedienten Funktionär die

Wahl seines Sohns wirklich gegen den Strich gegangen. Manchmal denke ich jedoch, daß er wahrscheinlich über die mir zugedachte Zukunft informiert war und der Film da absolut nicht ins Konzept paßte. Vielleicht hatte man ihn, den ehemaligen Offizier aus der Lubjanka, teilweise in das eingeweiht, was man mit mir vorhatte, sich mit ihm über mich beraten oder ihm einfach einen Wink gegeben. Auf alle Fälle flog ich eine Woche später bei „Mosfilm" raus. Die Leute im Studio hatten einen Brief von meinen Eltern erhalten und trennten sich für immer von mir. Damit war mein Traum von einer Karriere als Kameramann ausgeträumt.

Im Stab der operativen Abteilung übermittelte man mir die Bitte von Iwan Iwanowitsch, mich im Hotel „Sowjetskaja" in einem (vom KGB gemieteten) Zimmer in der dritten Etage einzufinden. In den meisten Moskauer Hotels gab es derartige „Zimmer für konspirative Zwecke". Sie waren für Treffs von Mitarbeitern des Komitees mit Agenten und Vertrauensleuten, für die Werbung neuer inoffizieller Mitarbeiter und andere geheime Maßnahmen bestimmt.

In dem Raum, der wie ein normales Hotelzimmer eingerichtet war (es ist fast sicher, daß dort eine Abhöranlage installiert war), begrüßte mich wieder unser Betreuer vom KGB.

„Setz dich, Oleg, reden wir miteinander. Du kannst ruhig rauchen."

Iwan Iwanowitsch war wie immer einfach gekleidet, alle seine Sachen stammten aus einheimischer Produktion. Er rauchte nicht und trank auch nichts Hochprozentiges, was ich bei späteren Treffs feststellen konnte.

„Nun, mein Freund, aus dem Kameramann ist also nichts geworden?"

Damit zeigte er sofort, daß er über alles informiert war. „Aber nimm es nicht allzu tragisch. Der Film taugt nichts, er ist für einen richtigen Kerl keine passende Tätigkeit. Wir (dies sagte er mit großem Nachdruck) interessieren uns für dich schon lange. Du bist Judokämpfer, Sportschütze und ein ausgezeichneter Fotograf. In der operativen Abteilung hat man von dir eine hohe Meinung. Nein Oleg, dich erwartet eine andere Zukunft, nicht der Film ..."

Nach diesen Worten dachte ich, offen gesagt, daß man mich auf eine Kundschafterschule schicken wollte. Doch zu meiner Überraschung erklärte er mir:

„Mein Freund, du läßt dich an der Hochschule der GWF immatrikulieren."

„Wo?" fragte ich verblüfft.

„An der Hochschule der zivilen Luftfahrt", erklärte er mir und betonte jedes Wort.

Ich schüttelte nur verständnislos den Kopf.

„Laß dir Zeit mit deiner Entscheidung", sagte Iwan Iwanowitsch zu mir mit gutmütigem Lächeln. „Bei der Filmhochschule kommst du sowieso nicht an. Ich hoffe, daß dir das klar ist ..."

Ich nickte, denn inzwischen hatte ich begriffen, daß mein Studium an der Filmhochschule irgendwie nicht in IHRE Pläne paßte und alle Bemühungen demzufolge vergebens waren.

„Du hast also verstanden", sagte er befriedigt. „Aber warum willst du die Zeit totschlagen und nur so tun, als ob du irgendwo arbeitest? Nein, mein Freund, so geht das nicht. An der Hochschule der zivilen Luftfahrt kann man ohne praktische Jahre studieren. Du mußt dich lediglich einer medizinischen Untersuchung unterziehen und die Aufnahmeprüfung ablegen. Du wirst dich für die Fachrichtung ‚Funkausrüstung für die Luftfahrt' bewerben. Wenn du das Studium beendet hast, bieten wir (und dies sprach er erneut mit starker Betonung aus) dir interessante Perspektiven."

... Ich möchte einen siebzehnjährigen Burschen sehen, der es damals gewagt hätte, gegen jemand „von den Organen" aufzubegehren. Wenn sie es so wollen, dann muß man es halt tun. Sie haben den Überblick. Aber warum gerade Funkausrüstungen? Ich hatte in Physik nur eine Drei ... Vielleicht will man mich zum Funker ausbilden oder zum Chiffreur? In meiner Vorstellung tauchten verworrene Bilder auf, wie ich sie in Spionagefilmen gesehen hatte: Ein Mann mit Kopfhörern, piepsende Morsezeichen, Halbdunkel . . .

„Einverstanden", sagte ich. „Wo habe ich meine Unterlagen einzureichen?"

Er diktierte mir die Adresse der Aufnahmekommission und sagte, daß die medizinische Untersuchung in einem geheimen Militärobjekt neben dem „Dynamo"-Stadion stattfinden würde.

„Dort werden alle Piloten untersucht", erklärte er mir. „Auch Eignungstests werden dort vorgenommen."

Zu meiner großen Verwunderung war die medizinische Untersuchung das Schwerste von allem, was mir weiter bevorstand. Fünf Tage lang jagte man mich von einem Arzt zum anderen. Ich wurde abgeklopft, durchleuchtet, auf irgendwelchen Simulatoren gequält, in Kammern eingesperrt und in einer Zentrifuge herumgewirbelt, als sollte ich zu den Kosmonauten und nicht zur Zivilluftfahrt. Schließlich hielt ich den ersehnten Befund in der Hand: „Uneingeschränkt flugtauglich".

Die Hochschule, für die ich mich beworben hatte, befand sich in Kiew. Doch die Aufnahmekommission hatte damals ihren Sitz im Moskauer Zentralflughafen. Um dorthin zu gelangen, brauchte ich nicht weit zu fahren. Von unserer Wohnung waren es nur fünf Haltestellen mit dem Trolleybus. Bei der Prüfung erhielt ich zwei Einsen und eine Drei – in Mathematik. Die Gesamtpunktzahl war völlig ausreichend, und ich fühlte mich bereits als angehender Student. Doch als am schwarzen Brett die Liste der erfolgreichen Bewerber ausgehängt wurde, fehlte mein Name. Ich las die Liste immer wieder durch und dachte anfangs, daß es sich um ein Mißverständnis handeln mußte und mein Name versehentlich vergessen worden war. Immerhin waren einige, die schlechter abgeschnitten hatten, auf der Liste verzeichnet, ich aber nicht.

Ich ging langsam auf dem Leningrader Prospekt nach

Hause und überlegte, was das zu bedeuten hatte. Ehrlich gesagt, besonders traurig war ich nicht. Für den Himmel hatte ich mich noch nie sonderlich interessiert, und für Funkgeräte erst recht nicht. Deshalb bedrückte mich der Mißerfolg nicht allzu sehr. Doch ärgerlich blieb die Sache trotzdem, und unklar zugleich.

Seit einiger Zeit kam ich mir manchmal wie ein Spielball in der Hand mächtiger Leute vor. Daran mußte ich mich noch gewöhnen.

Zu Hause warf ich demonstrativ mein Mathematiklehrbuch in die Ecke und sagte:

„Ich gehe trotzdem zur Filmhochschule. Aus mir wird nie ein Ingenieur . . .“

Doch mein Vater ließ sich durch diesen Gefühlsausbruch nicht aus der Ruhe bringen.

Am folgenden Tag tauchte Iwan Iwanowitsch auf. Ich versuchte, ihm mit hängendem Kopf zu erklären, daß aus seinem Plan leider nichts geworden sei. Die Mathematik hat mir ein Bein gestellt, es tut mir leid. Aber er gab nicht einmal vor, verärgert zu sein.

„Laß den Kopf nicht hängen, junger Freund. Das ist kein Grund, um traurig zu sein. Natürlich ist die Fliegerei interessant und schön. Aber für dich ist noch nicht alles verloren.“

Ich starrte ihn an wie einen Zauberkünstler im Zirkus. Welche Nummer wird er jetzt bieten? Ohne weitere Trostworte wies er mich an:

„Oleg, mein Lieber, du gehst jetzt arbeiten, und zwar bei der ‚Postfachnummer 1303‘. (Mit Postfachnummern wurden in der Sowjetunion geheime Industriebetriebe, Forschungsinstitute und Konstruktionsbüros bezeichnet.) Dieser Betrieb ist übrigens in der Nähe eurer Wohnung und hat auch etwas mit der Fliegerei zu tun. Du arbeitest dort und kannst dich bewähren. Wir werden dann weitersehen.“

Iwan Iwanowitsch verstand es hervorragend, die Fassungslosigkeit seines Gesprächspartners zu ignorieren. Auch diesmal hatte er mich, ohne mit der Wimper zu zucken, wieder überrumpelt. Völlig ungerührt erklärte er mir, wo sich die „Postfachnummer" befand, an wen ich mich zu wenden hätte und als was ich dort arbeiten würde – als technischer Zeichner ...

Es war einfach nicht zu fassen! Da hatte ich bei „Mosfilm" eine passable Anstellung als Kameraassistent und die Chance, an der ersehnten Eliteschule angenommen zu werden, aber man wollte mich unbedingt in einem verlausten „Postfach" einsperren, hinter ein Reißbrett setzen und zwingen, brav Bürostunden abzuarbeiten. Das war zuviel!

Ich sah ihn an:

„Ich habe immer noch den Wunsch, zum Film zu gehen."

„Ja?" Er tat verwundert, als sei ihm das völlig neu. Doch dann wurde er plötzlich offiziell:

„Also, Oleg Alexandrowitsch, bei uns hat jeder das Recht, seinen Beruf nach eigenem Ermessen zu wählen. Sie bilden natürlich keine Ausnahme. Doch ich empfehle Ihnen, Ihre realen Chancen nüchtern einzuschätzen. Nüchtern! Ich denke, Sie wissen, was ich damit meine!"

Um noch deutlicher zu werden, gab er mir unmißverständlich zu verstehen:

„An der Filmhochschule werden Sie *nie* aufgenommen. Ist das klar?"

Danach unterhielten wir uns erneut wie zwei langjährige Freunde unterschiedlichen Alters. Ich als junger Mensch hörte aufmerksam den Worten des erfahrenen Veteranen zu. Iwan Iwanowitsch gab mir den Rat, weiter Sport zu treiben und an den Einsätzen der operativen Abteilung teilzunehmen. Abschließend sagte er mir, daß wir uns wahrscheinlich bald erneut treffen würden.

„Du hast doch nichts gegen unsere Treffen einzuwenden?" fragte er und klopfte mir zum Abschied auf die Schulter. „Doch vergiß bitte nicht: Keine Menschenseele darf etwas von diesen Treffs erfahren."

Für mich blieb es immer ein Rätsel, warum dieser Umweg über meine Bewerbung an der Hochschule der zivilen Luftfahrt gewählt worden war. Die einzig vernünftige Erklärung sehe ich lediglich darin, daß man meinen Gesundheitszustand eingehend prüfen wollte, bevor man mich für ein operatives Spiel einsetzte. Dafür hatte man diesen aufwendigen Weg gewählt. Ich bin überzeugt, daß die geheime medizinische Einrichtung beim „Dynamo"-Stadion ein ausführliches mehrseitiges Gutachten über meinen Gesundheitszustand, einschließlich der psychischen Belastbarkeit, geliefert hatte.

Und wenn dies so war, dann kann man den Leuten einen gewissen Einfallsreichtum nicht absprechen.

Zu dieser Zeit tauchte plötzlich nach langer Abwesenheit in unserer Familie ein Onkel wieder auf. Er hatte in der Neunten Verwaltung des KGB als Oberst gedient und war als General in den Ruhestand versetzt worden. Die Neunte Verwaltung des KGB war für den Personenschutz der höchsten Partei- und Staatsführung zuständig. Durch seine Nähe zur Führungsebene dieser Verwaltung hatte er stets eine Sonderstellung inne und blickte auf die anderen herab. Das blieb übrigens bis August 1991 so, als nach dem versuchten Sturz Michail Gorbatschows die Neunte Abteilung reorganisiert und aus der Struktur der Staatssicherheitsorgane ausgegliedert wurde.

Mein Onkel befürwortete gleichfalls das Angebot, für das „Postfach Nr. 1303" zu arbeiten, und zeigte erstaunliche Sachkenntnis über meinen künftigen Arbeitsplatz. Es handelte sich um das Flugzeugkonstruktionsbüro A. Jakowlews, zu dem auch ein Versuchsbetrieb gehörte, in dem die Ideen der Konstrukteure erprobt wurden. Ich sollte im Bereich für Tragflächenkonstruktionen arbeiten.

Eines Tages im August 1961 bewarb ich mich in der Kaderabteilung des Konstruktionsbüros um eine Arbeitsstelle und gab einen ausführlichen Fragebogen ab, in dem alle Verwandten bis zur Urgroßmutter angeführt waren. „Sie kommen von Sergej Iljitsch?" fragte mich freundlich die schon ältere Kaderleiterin und nahm meine Unterlagen entgegen. „Ja", antwortete ich darauf weisungsgemäß, ohne die geringste Vorstellung zu haben, wer dieser Sergej Iljitsch war. Drei Tage später händigte man mir einen Betriebsausweis aus und erklärte mir, worin meine Tätigkeit bestand. Der Lohn war übrigens noch geringer als bei „Mosfilm" – ganze 50 Rubel im Monat.

So begann meine monotone Tätigkeit im Konstruktionsbüro ...

Das Büro Jakowlews durchlebte damals übrigens schwere Zeiten. Seit Jahren hatte die Flugzeugindustrie von dort nichts Neues erhalten. Der in der Vergangenheit berühmte Konstrukteur und Günstling Stalins, Jakowlew, der in den 30er und 40er Jahren eine Serie ausgezeichneter Jagdflugzeuge entwickelt hatte, sowie sein viele tausend Mitarbeiter umfassendes Kollektiv waren in eine schwere Krise geraten. Das fühlte selbst ich als Lehrling, der zum technischen Zeichner ausgebildet werden sollte. Die Mitarbeiter arbeiteten nachlässig, alles war von Stagnation und Routine geprägt.

Ich kann nicht sagen, daß ich mir darüber ernste Gedanken gemacht habe. Das Konstruktionsbüro war lediglich eine Zwischenstation auf meinem Weg, der noch viele Überraschungen bereithalten sollte, wie ich bereits ahnte. Ich wurde nicht sonderlich mit Arbeit überlastet. Unter dem Vorwand, daß ich zum Dienst in der operativen Abteilung mußte, konnte ich bereits lange vor Ende des Arbeitstags gehen. Womit ich mich beschäftigte, war allen egal.

Iwan Iwanowitsch meldete sich erst nach einem halben Jahr. Wir trafen uns im gleichen schlichten Zimmer in der dritten Etage des Hotels „Sowjetskaja".

Er musterte mich von Kopf bis Fuß.

„Oleg, erinnerst du dich noch an die Gespräche, die wir geführt haben?"

„Natürlich, nur muß ich mir jetzt Gedanken über den Dienst in der Armee machen. Ich werde bald einberufen."

„Richtig, auch du wirst einmal deine heilige Pflicht zur Verteidigung der Heimat erfüllen", lobte mich mein Betreuer vom KGB. Ohne die Wirkung seiner Worte abzuwarten, fügte er sogleich hinzu: „Vorher wirst du aber Vorbereitungskurse an einer Hochschule absolvieren."

Welche Überraschung hatte sich mein alter Freund nun wieder für mich ausgedacht? Ich versuchte, meine Verwunderung zu unterdrücken, doch unwillkürlich entfuhr mir die Frage:

„An welcher Hochschule denn nun?"

„An der angesehensten Bildungsstätte", erklärte mir der Tschekist gelassen, „am Moskauer Staatlichen Institut für Internationale Beziehungen, der Kaderschmiede für Diplomaten und Spezialisten für Weltwirtschaft. Hast du schon einmal davon gehört?"

„Gehört schon, aber ich habe niemals daran gedacht, daß ich dort studieren könnte."

„Das wirst du", versprach er mir. „Du wirst auch im Ausland arbeiten. Zunächst aber wirst du die Vorbereitungslehrgänge besuchen, die speziell für junge Leute aus der Produktion bestimmt sind. Du kannst deine Kenntnisse in Englisch und in anderen Wissenschaften auffrischen und erweitern. Wahrscheinlich hast du seit der Schule vieles schon wieder vergessen?"

„Ja, die Kenntnisse geraten in Vergessenheit. Doch diese Lehrgänge und das Studium am Institut für Internationale Beziehungen kommen für mich ziemlich überraschend ..."

„Daran wirst du dich gewöhnen müssen, mein Freund. Es wird noch viele Überraschungen geben."

... Dieses Treffen war für mich sehr lehrreich gewesen. Iwan Iwanowitsch hatte mir indirekt zu verstehen gegeben, daß er über alle meine Handlungen Bescheid wußte. Ich bin überzeugt, daß er auch den Namen meiner damaligen Freundin kannte. Selbst aus seinen anerkennenden Worten ging hervor, wie erstaunlich gut er über alles informiert war: „Du bist ein Prachtkerl, auf der Arbeit ist man mit dir zufrieden. Und auch deine Freunde sind zuverlässig."

Bald darauf wurden einige junge Leute aus unserem Konstruktionsbüro, darunter auch ich, zu Vorbereitungslehrgän-

40

gen an diesem Institut geschickt. Ich bereitete mich intensiv auf ein Studium an der Fakultät für Weltwirtschaft vor. Die Träume von der Filmhochschule hatte ich endgültig begraben. Die Hochschule für zivile Luftfahrt kam mir wie ein ferner Traum vor. Jetzt baute ich gewissenhaft an meiner Karriere im Auslandsdienst.

Der Unterricht fand abends nach der Arbeit im Hauptgebäude des Instituts, am Krimski Most statt. (Dort hat heute die Diplomatenakademie ihren Sitz.) Auf dem Lehrplan standen Englisch, Geographie, Mathematik und Grundlagen der Wirtschaftswissenschaften. Ich strengte mich an und war nicht schlechter als die anderen. Allerdings hatte ich, ehrlich gesagt, keine rechte Vorstellung von meiner Zukunft. Vielleicht fühlte ich im Unterbewußtsein, daß ich meine Zukunft nicht selbst bestimmten konnte. Ich wurde gleichsam von einer Strömung getragen, ohne zu wissen, wohin sie mich trieb. Doch ich war mir sicher, daß ich nicht untergehen würde.

Im Sommer 1963 hörte ich das nächste Mal von Iwan Iwanowitsch. Diesmal war das Treffen in dem Café mit den großen Glasscheiben gegenüber der Uhrenfabrik am Belorussischen Bahnhof arrangiert worden. Offensichtlich hatten die Vorgesetzten meines Betreuers vom KGB mit mir bereits etwas Konkretes im Sinn, denn Saizew durfte sich diesmal auf Staatskosten ein Mittagessen für drei Personen leisten. Der dritte am Tisch war ein Kollege von ihm – ein schlanker, modisch gekleideter junger Mann. Er hieß Sergej. Nachdem Iwan Iwanowitsch uns miteinander bekannt gemacht hatte, ließ er durchblicken, daß Sergej möglicherweise künftig ständig die Verbindung zu mir halten würde. Diesmal verhielt er sich noch sehr schweigsam, doch musterte mich von oben bis unten. Ich hatte die ganze Zeit das Gefühl, daß er mich gleich auffordern würde, den Mund zu öffnen und die Zähne zu zeigen, wie das früher beim Sklavenkauf üblich war.

Iwan Iwanowitsch bestellte uns zwei Kognak und sich

einen georgischen Wein. (Damals konnte man in Moskau wirklich noch gute trockene Weine für Kopeken im freien Handel kaufen.) Wir tranken und unterhielten uns ungezwungen. Seit unserem letzten Treffen war zwar viel Zeit vergangen, doch ich empfand es als müßig, ihm von meinem Leben zu erzählen, da er ja doch alles wußte. Jedenfalls fragte mein „Betreuer" mich nicht aus. Eingedenk unserer früheren Gespräche nahm ich mir fest vor, mich über nichts zu wundern und durch nichts aus der Ruhe bringen zu lassen, wie es sich für einen erfahrenen Kundschafter gehörte. Doch Iwan Iwanowitsch brachte mich erneut aus der Fassung.

„Sag mal, Oleg, was hast du eigentlich in diesem Institut für Internationale Beziehungen verloren? Findest du es nicht auch langsam an der Zeit, dort Schluß zu machen?"

„Was sagen Sie da?" Mein ganzer Mut war mit einem Schlag dahin. „Ich stehe kurz vor den Aufnahmeprüfungen. Anderthalb Jahre habe ich dafür gelernt. Selbst Mathematik habe ich gebüffelt."

Doch mein Gefühlsausbruch machte auf sie keinen Eindruck.

„Vergiß es", sagte mein Betreuer ungerührt, als handelte es sich nur um eine Nebensächlichkeit. „Trink lieber deinen Kognak und hör mir zu. Nehmen wir einmal an, du würdest dieses Institut für Internationale Beziehungen abschließen. Meinst du wirklich, man würde dich gleich ins Ausland, nach Paris, London oder New York schicken? Nein, mein Freund, das sind nur Illusionen. Ins Ausland fahren nur ganz wenige — dafür braucht man Glück oder Beziehungen. Der Rest arbeitet dann als Lehrer. Willst du Lehrer werden?"

Ich schüttelte ablehnend den Kopf.

„Das willst du also nicht. Du hast ganz recht. Wir haben andere Pläne mit dir . . ."

„Aber Sie haben mir doch selbst das Studium am Institut für Internationale Beziehungen empfohlen."

„Vergiß es", wiederholte er, nun schon etwas ungeduldiger, und ließ meinen Vorwurf nicht gelten. „Du gehst zur Armee, genauer gesagt zur Flotte. Du hast doch Mumm in den Knochen. Nachdem du deinen Wehrdienst abgeleistet hast und erwachsen geworden bist, sehen wir weiter. Auf dich wartet eine interessante Tätigkeit, du wirst es nicht bereuen. Und du dachtest an eine Karriere als Diplomat oder Wirtschaftswissenschaftler ... Wir haben mit dir anderes im Sinn ..."

Ich wiederholte nicht noch einmal, daß dies alles seine Idee gewesen war, konnte mir aber doch eine Frage nicht verkneifen:

„Welche Arbeit erwartet mich nun?"

Damit brachte ich zum Ausdruck, daß ich erneut kapituliert hatte.

Er lächelte und goß mir einen Kognak nach.

„Alles zu seiner Zeit. Du wirst es schon noch erfahren. Warte erst mal den Einberufungsbescheid vom Wehrkreiskommando ab und bereite dich auf den Dienst vor."

Noch einmal unternahm ich einen schwachen Versuch, mich herauszuwinden. Ich murmelte etwas von guten Aussichten, am Institut für Internationale Beziehungen angenommen zu werden, und der hohen Meinung, die die Lehrkräfte von mir hatten. Doch das alles war bereits sinnlos. Ich war zu einem Spielball in den Händen anderer geworden, war willen- und machtlos.

Ich weiß noch, daß man mich für verrückt hielt, als ich von der Aufnahmekommission des Instituts für Internationale Beziehungen meine Unterlagen zurückverlangte. Ich war dort schon so gut wie immatrikuliert, denn die Aufnahmeprüfungen für die Teilnehmer der Vorbereitungskurse waren lediglich eine Formsache.

Die Sekretärin, die mir meine Unterlagen aushändigte, fragte mich völlig entgeistert: „Wissen Sie, was Sie tun? Sie werden nie wieder eine solche Chance haben."

Ich antwortete ihr darauf mit einer Notlüge. Dann schlossen sich die Türen des Eliteinstituts für immer hinter mir.

Zuerst hatte man verhindert, daß ich die Filmhochschule

besuchte. Dann holte man mich von der Fliegerei weg. Und nun wurde mir nachdrücklich das so gut wie sichere Studium an einem Institut verwehrt, von dem der Weg direkt zur Diplomatenlaufbahn führte. Wofür das alles? Welche geheimnisvolle Tätigkeit hatte der KGB für mich vorgesehen? Und welchen Sinn hatten all diese seltsamen Umwege?

Anfang September erhielt ich die Benachrichtigung, daß der „Bürger Oleg Alexandrowitsch Tumanow gemäß Wehrgesetz der UdSSR zum aktiven Wehrdienst einberufen wird". Darin war vermerkt, daß ich der Marineeinheit Nr. 141 zugeteilt werde. Meine Mutter versuchte, über ihre alten Verbindungen im Wehrkreiskommando in Erfahrung zu bringen, um welche Einheit es sich handelte und wohin man mich schickte. Doch sie erfuhr nichts.

Am 5. September verabschiedete ich mich von meinen Freunden und Verwandten. Mit anderen Einberufenen wurde ich im Autobus von der Begowaja-Straße, wo sich der Sammelpunkt befand, in den Stadtbezirk Krasnaja Presnja, ins . . . Durchgangsgefängnis gebracht. Ich weiß nicht, wie die Situation heute ist, doch damals wurden dort die Einberufenen für den Transport in die einzelnen Einsatzorte erfaßt.

Wir wurden kahlgeschoren. Unsere Kleidung wurde in Spezialkammern desinfiziert. Man verlud uns in einen Militärzug, den Matrosen mit MPi begleiteten. Schon bald nach der Abfahrt drang das Gerücht von Wagen zu Wagen: „Wir fahren ins Gebiet Kaliningrad, ins ehemalige Ostpreußen, zur Baltischen Flotte."

In Pionersk, neben einem Stützpunkt der Marinefliegerkräfte, teilte man uns auf Diensteinheiten auf. Ein Teil kam an die Grenze, die übrigen wurden in Matrosenuniformen gesteckt. Mir wurde erklärt, daß ich bei der Schiffsartillerie dienen werde.

Gut, dann werde ich eben Artillerist. Mir war alles egal. Das zivile Leben gehörte nunmehr der Vergangenheit an, vor mir lagen vier lange Jahre Dienst. Ich mußte mich an die neuen Verhältnisse erst gewöhnen. Deshalb nahm ich mir

44

fest vor, mir nichts zu Herzen zu nehmen und alles mit stoischer Ruhe zu ertragen, egal was kommen sollte. Man hätte mir auch befehlen können, auf einem U-Boot zu dienen und im stickigen Maschinenraum Dieselmotoren zu warten – auch das hätte ich als Erfüllung des Wunschtraums meines Lebens akzeptieren müssen . . .

Einige Monate später wurde unser Kommando künftiger Minenleger und Artilleristen in einen Zug verladen und näher zur polnischen Grenze in das Städtchen Mumanowo, das frühere Heiligenbeil, gebracht. Das ganze Gebiet dort war Sperrzone, überall stieß man auf Tore mit dem roten Armeestern, hinter denen sich militärische Objekte, Truppenübungsplätze, Ausbildungsstützpunkte, Raketenstellungen usw. befanden. Wahrscheinlich gab es nirgends in der Welt eine größere Konzentration militärischer Einrichtungen.

Im Ausbildungszentrum wurde ich für die Artilleriefeuerleitgruppe ausgebildet, die auf den Schiffen als Elitegruppe galt. Ich sollte es also künftig mit komplizierten Berechnungen zu tun haben, darunter auch mit Elektronik, die sich damals in der UdSSR noch in der Entwicklung befand.

Wir waren in alten Wehrmachtskasernen untergebracht, die noch aus der Zeit übriggeblieben waren, als dort Hitlers Elitepanzerdivision „Wiking" stationiert war. Nie werde ich die langen Korridore vergessen, die ich manchmal nachts scheuern mußte – eine in der sowjetischen Armee und Flotte damals übliche Strafe für disziplinarische Vergehen. Eine andere Strafe bestand darin, als Küchendienst Kartoffeln schälen zu müssen – immerhin für mehrere hundert Personen.

„Damit du merkst, daß der Dienst kein Honigschlecken ist", sagte der Hauptfeldwebel stets hämisch zu mir, wenn er mir wieder einmal für ein geringfügiges Vergehen einen Strafdienst aufbrummte.

Offensichtlich hatte der Hauptfeldwebel etwas gegen die Rekruten aus der Hauptstadt, die er für „neunmalklug" hielt. In der Ausbildungskompanie für „Feuerleitung" waren ganze drei Moskauer.

Als das Frühjahr näherrückte, machten wir uns Gedanken, wo man uns nach der Ausbildung einsetzen würde. Als Einsatzort kamen die Baltische, die Schwarzmeer- und sogar die Nordmeerflotte in Frage. Unter den Matrosen galt der Dienst auf dem Kreuzer „Swerdlow" als das Schlimmste, was einem passieren konnte. Er galt als ein schwimmendes Gefängnis, das nur stoische Sibirier aushalten können, und von denen auch nicht alle. Übrigens bestand die Besatzung dieses Kreuzers wirklich hauptsächlich aus Sibiriern. Als Maskottchen erhielt das Schiff alle zwei Jahre von Sibirien ein Bärenjunges geschenkt. Wenn der kleine Bär nach zwei Jahren herangewachsen war, durfte er wieder an Land und kam für den Rest seines Lebens in einen Tierpark.

Nachdem wir den Ausbildungslehrgang beendet hatten, mußten wir frischgebackenen Artilleristen und Minenleger zu einem Appell auf dem Übungsplatz antreten. Während der Befehlsverlesung wurden die zukünftigen Einsatzorte verkündet.

„Matrose Tumanow – in die 165. Brigade der Raketenschiffe."

Mein Gott! Das war doch der Verband mit dem Kreuzer „Swerdlow" als Flaggschiff. Sollte ich etwa in das schwimmende Gefängnis? Doch ich hatte Glück. Ich wurde vom Brigadestab in Baltiisk zum Zerstörer „Sprawedliwy" kommandiert.

Nachdem ich mich auf dem Schiff eingelebt hatte, merkte ich schnell, daß mir dort einige meiner Fertigkeiten aus dem Zivilleben sehr von Nutzen sein konnten, beispielsweise mein fotografisches Talent. Ich freundete mich mit Waleri Schulgin, dem Schiffsfotografen, an, der nur noch ein Jahr bis zu seiner Entlassung hatte. Waleri stellte mich dem stellvertretenden Politoffizier vor:

„Genosse Korvettenkapitän, ich habe einen Ersatz für mich gefunden. Ich werde bald entlassen, da wäre es angebracht, wenn er sich einarbeitet."

Seit diesem Zeitpunkt genoß ich erhebliche Diensterleich-

Als Matrose der Baltischen Flotte, 1964.

terungen. Während sich alle im Politunterricht langweilten, entwickelte ich im Fotolabor meine Filme oder gestaltete die Wandzeitung. An Bord war ich allgemein beliebt, auch bei den Längerdienenden. Jeder wollte ein Bild von sich nach Hause schicken, auf dem zu sehen war, was er für ein wackerer Seemann ist.

Der Navigationsoffizier hatte voller Freude erfahren, daß ich eine Lehre als technischer Zeichner durchlaufen hatte.

„Matrose Tumanow", sagte er zu mir, „du bist ein wahrer Schatz für mich. Von nun an wirst du die Karten und die Navigationspläne zeichnen."

Er hatte das Arbeiten nicht erfunden und freute sich über jede Möglichkeit, seine Aufgaben anderen zu übertragen.

Ich war ein gefragter Mann. Meinen unmittelbaren Vorgesetzten bat ich um Freistellung von der nächsten Wache, weil ich vom stellvertretenden Politoffizier des Zerstörers den

Befehl erhalten hätte, möglichst schnell den Schaukasten „Unsere Besten in der Gefechts- und politischen Ausbildung" zu gestalten. Dem stellvertretenden Politoffizier meldete ich, daß ich einen dringenden Auftrag des Navigationsoffiziers auszuführen hätte. Und beim Navigationsoffizier schützte ich dringende Arbeiten im Fotolabor vor.

Es hatte schon etwas für sich, auf einem engen Schiff, wo alle aufeinander hocken, eine eigene Nische zu haben, in der man sich verkriechen und kurz einmal aufs Ohr legen konnte. Ich besaß nämlich einen eigenen Schlüssel zu einer als Fotolabor eingerichteten winzigen Kammer. Das war ungeahnter Luxus für einen Matrosen im ersten Dienstjahr.

Natürlich habe ich diese „Privilegien" nicht überstrapaziert. Ich war bemüht, sowohl dem stellvertretenden Politoffizier als auch dem Navigationsoffizier und dem Kommandeur zu Diensten zu sein, aber auch vor meinen Kameraden nicht als Drückeberger dazustehen.

Ich stieg in der Achtung meiner Vorgesetzten noch mehr, als in der Flottenzeitung „Strash Baltiki" kurze Artikel mit der Unterschrift „Matrose O. Tumanow" erschienen. Natürlich war darin von den Erfolgen unseres Zerstörers die Rede. Wenn das Schiff im Stützpunkt lag, konnte ich nun, da ich ja Volkskorrespondent war, fast jeden Tag an Land gehen. Ich brauchte nur zu sagen, daß ich wieder einen Artikel in die Redaktion bringen wollte.

Aufgrund meiner Verdienste wurde ich von meinen Vorgesetzten als Kandidat für die Kommunistische Partei vorgeschlagen. Ich willigte ein, denn die Mitgliedschaft in der KPdSU konnte im weiteren zivilen Leben stets von Nutzen sein. Ohne Parteibuch hatte man es schwer, eine gute Arbeitsstelle zu finden. So wurde ich Kandidat der Partei.

Im Frühjahr 1965 riet mir der stellvertretende Chefredakteur der Zeitung, mich an der Militärpolitischen Hochschule in Lwow zu bewerben, wo Kulturfunktionäre für die Streitkräfte und Militärjournalisten ausgebildet wurden. Der Redakteur der „Strash Baltiki" legte mir anschaulich dar, welche

Vorteile dieser Schritt hätte. Erstens würde durch das Direkt-
studium mein Dienst als Matrose beendet, der mir schon
langsam unerträglich wurde. Zweitens, so sagte er mir, ge-
nieße das Diplom eines Militärjounalisten hohe Wertschätzung und biete gute Chancen für das weitere Leben. Mich interessierte, offen gesagt, vor allem die Möglichkeit, zumindest vorübergehend eine Freistellung vom Dienst zu erreichen. Den Worten des Redakteurs hatte ich entnommen, daß
man für die Bewerbung einen Monat Urlaub und dann noch
einen weiteren Monat dafür frei bekommen konnte, sich auf
die Aufnahmeprüfung an dieser Sonderfakultät für Soldaten
und Matrosen vorzubereiten. Versuchen konnte ich es ja.
Zwei Monate an Land ... Nahezu ungebunden ... Alles weitere würde sich finden. Ehrlich gesagt, ich hatte nicht die Absicht, Militärjounalist zu werden, d. h. mein ganzes Leben mit
den Streitkräften zu verbinden.

Nachdem der Zerstörer an der Maiparade teilgenommen
hatte, erfuhren wir, daß er in Liepaja im Trockendock über-
holt werden sollte. Viele von uns, darunter auch ich, wurden
in Urlaub geschickt. Ich besorgte mir ein Militärflugticket,
kaufte Geschenke für meine Eltern und war am Abend bereits
in Moskau.

Drei Tage später wurde ich angerufen.

„Ich grüße dich, Seemann. Hier spricht Iwan Iwanowitsch.“

„Guten Tag“, antwortete ich leicht verwirrt, denn über
zwei Jahre hatte mein Betreuer nichts von sich hören lassen.
„Ich weiß, daß du deinen Dienst ordentlich machst. Du bist
Volkskorrespondent und Kandidat der Partei ... Nun willst
du ein Studium anfangen ... Ein Prachtkerl bist du. Unser Gespräch hast du doch hoffentlich nicht vergessen. Wir treffen
uns morgen. Es gibt etwas zu besprechen.“

Zur vereinbarten Zeit erschien ich in dem mir bereits bekannten Hotel „Sowjetskaja“. Diesmal fand die Begegnung in
einem gut eingerichteten Doppelzimmer mit Teppichen und
Kristall statt. In einem Anflug von Eitelkeit dachte ich, daß ich
für SIE offenbar im Wert gestiegen sei.

Iwan Iwanowitsch war nicht allein.

„Macht euch bekannt." Er stellte mich einem jung aussehenden, tadellos gekleideten Mann vor:

„Oleg Maximowitsch."

So lernte ich einen der besten operativen Mitarbeiter der Auslandsaufklärung des KGB kennen. Wir trafen uns später noch mehrfach heimlich in verschiedenen Städten Europas. In den nachfolgenden Kapiteln wird noch Gelegenheit sein, dem Leser mehr über ihn zu berichten.

Dieser Oleg Maximowitsch, mittelgroß, von jugendlicher Statur und in einem teuren Importanzug, beeindruckte mich sehr. Die Leute von der Lubjanka hatten auf mich bisher fast immer einen stereotypen Eindruck gemacht – sie waren ausdruckslos und unauffällig. Doch dieser Mann war imposant und selbstsicher. Mit seinen dunklen Augen und dem gestutzten Bart glich er einem Ausländer eher als einem Sowjetbürger. Neben seinem Sessel stand ein eleganter Diplomatenkoffer (in Moskau damals noch eine Seltenheit). Während er sich mit mir unterhielt, hatte er ungezwungen ein Bein über das andere geschlagen.

„Ich denke, Sie wissen, daß ich Mitarbeiter des Komitees für Staatssicherheit bin", eröffnete er das Gespräch, nachdem er mich ziemlich unverfroren von Kopf bis Fuß gemustert hatte.

Ich nickte.

„Sehr gut, dann erzählen Sie doch zunächst erst einmal etwas über Ihren Dienst und Ihre Pläne."

Ich gab einen ausführlichen Bericht, obwohl ich genau wußte, daß ihnen ja doch schon alles bekannt war. Oleg Maximowitsch wollte sich offensichtlich ein Bild von mir machen.

„Vielleicht haben Sie dennoch Interesse an einer anderen Perspektive?" fragte er, als ich auf mein geplantes Studium an der Militärpolitischen Lehranstalt in Lwow zu sprechen kam.

Ich zuckte nur abwartend mit den Schultern, um erst einmal ihre Absichten zu erfahren.

„Wir wissen, daß Sie Komsomolgruppenorganisator und ein guter Fotograf sind. Außerdem wissen wir, daß der Kommandant des Schiffs Sie für den Posten des Chiffreurs vorschlagen will. Das ist das höchste Vertrauen, das einem Matrosen entgegengebracht werden kann. Sie hatten sich auf ein Studium am Institut für Internationale Beziehungen vorbereitet und beherrschen die englische Sprache."

„Nur schlecht", wandte ich ein.

„Sie treiben Sport und sind schwierigen Situationen gewachsen", zählte er, durch meinen Einwurf leicht verstimmt, weiter meine Vorzüge auf. „Sie sind kontaktfreudig und gesellig, haben einen Hang zu Abenteuern. Unverheiratet sind Sie auch, was ebenfalls von Vorteil ist. Also, Oleg, was halten Sie davon, im Ausland zu arbeiten?"

„Nachdem ich meinen Dienst abgeleistet und mein Studium abgeschlossen habe, bin ich zu jedem Einsatz bereit", antwortete ich, weil ich dachte, daß man mich als illegalen Kundschafter anwerben wollte.

„Sie müssen nicht unbedingt studieren", sagte Oleg Maximowitsch lachend, als habe er meine Gedanken erraten. „Ihre bisherige Ausbildung ist ausreichend. Außerdem reden wir nicht von einer Tätigkeit für die Aufklärung."

„Wo denn dann?"

„Sie sollen einfach im Ausland leben und sich umschauen. Einfach dort leben, ohne einen geheimen Spionageauftrag."

Ich war etwas verwirrt. Was haben SIE denn davon, daß ich im Ausland lebe? Und als was soll ich fungieren, als Matrose Tumanow?

Verständnislos fragte ich:

„Und was ist mit meinem Studium an der Militärpolitischen Lehranstalt?!"

„Das stört uns nicht. Alles soll seinen Gang gehen. Genießen Sie Ihren Urlaub und fahren Sie nach Lwow. Halten Sie sich fit. Unsere einzige Bitte besteht darin, daß wir während Ihres Urlaubs unsere Treffen und Gespräche fortsetzen. Sind Sie damit einverstanden?"

Wir trafen uns in diesem Monat etwa zehnmal – manchmal in einem Hotel und mitunter auch in einem Restaurant am reichlich gedeckten Tisch. In der Regel nahm Sergej an diesen Treffen teil. Er benahm sich seinem eleganten Vorgesetzten mit Bart gegenüber ehrfurchtsvoll.

Oleg Maximowitsch betonte jedes Mal, daß ich mich mehr für das Leben im Westen interessieren sollte. Manchmal ertappte ich mich sogar bei dem Gedanken, daß er mir suggerieren wollte, wie schlecht es uns doch eigentlich gehe und wie gut man im Ausland lebte. Letzteres kannte er allem Anschein nach zur Genüge.

Erst viel später verstand ich, was er damit beabsichtigte, und lernte die einfühlsame Arbeit dieses Offiziers der Auslandsaufklärung schätzen. Einmal fragte er mich, was ich über die Tätigkeit der antisowjetischen Emigrantenorganisationen wisse. Ich überlegte. In den Zeitungen hatte ich einiges darüber gelesen. In der Regel sparte unsere Presse nicht mit Schimpfworten, wenn es um diese Organisationen ging. Doch an konkrete Einzelheiten konnte ich mich nicht erinnern.

„Nun gut, nehmen wir an, daß Sie in den Westen gelangen. Wie würden Sie sich diesen Menschen, ehemaligen sowjetischen Bürgern, gegenüber verhalten, die sich an die Sender ‚Voice of America‘, ‚BBC‘ und ‚Radio Liberty‘ verkauft haben?"

„Ich würde ihnen einfach ins Gesicht spucken", sagte ich, um meinen politisch-ideologischen Standpunkt zu demonstrieren.

„Na wunderbar", sagte Oleg Maximowitsch. „Sie kommen doch ebenfalls als Emigrant in den Westen. Sie müssen dort mit diesen Leuten leben. Außerdem sind sie sehr verschieden, nicht alle von ihnen sind Feinde. Sie müssen sie genau kennenlernen, mit ihnen arbeiten."

Ich schwieg entmutigt, weil ich die Welt nicht mehr verstand.

Zum Abschied gab er mir eine Menge Zeitungsartikel und

Broschüren über russische Emigrantenorganisationen in Europa und Amerika. Sergej trug er auf, zum nächsten Treffen weitere Literatur dieser Richtung mitzubringen.

Ein anderes Mal fragte mich der Offizier:

„Wissen Sie, was die Verfassung ist?"

„Ja, das weiß ich."

„Und was ist unter Schutz der verfassungsmäßigen Ordnung zu verstehen?"

„Nun, auf meinem Zerstörer schütze ich diese Ordnung..."

„Richtig, doch es bestehen verschiedene Möglichkeiten, unsere Ordnung zu schützen. Die Feinde sind überall. Voriges Mal sprachen wir über Emigrantenorganisationen. Davon gibt es viele – NTS, die Organisation ukrainischer Nationalisten OUN, den Kampfbund für die Befreiung Rußlands, Radio Liberty... Sie träumen davon, uns zu zertreten, und verunglimpfen die Sowjetunion. Deshalb müssen wir wachsam sein, den Feind genau kennen, seinen Absichten zuvorkommen und Präventivschläge führen."

... Und er gab mir wieder einen Packen langweiliger Bücher, mit deren „spannender Lektüre" ich meinen ganzen Urlaub verbrachte.

Nachdem ich Anfang Juni auf dem Schiff alle notwendigen Dokumente und in der Redaktion der „Strash Baltiki" eine Empfehlung für die Aufnahme in die Militärpolitische Lehranstalt erhalten hatte, fuhr ich nach Lwow. Auf dem Bahnhof stellte ich mein Gepäck in der Gepäckaufbewahrung ab und begab mich unbeschwert in die Lehranstalt, die sich neben einem malerischen Park befand. Wie es sich gehörte, machte ich dem Kommandeur Meldung: „Matrose Tumanow meldet sich zur Aufnahmeprüfung für die Journalistenfakultät."

Doch ich hatte gar nicht die Absicht, die Prüfung abzulegen. Mir stand nicht der Sinn danach, Offizier zu werden. Außerdem fühlte ich, daß sehr bald die Macht des Schicksals wieder über meine Zukunft entscheiden würde.

53

Am Vorbereitungslehrgang nahmen hauptsächlich Soldaten teil. Wir von der Flotte sonderten uns ab und nannten die Soldaten abfällig „Landser". Da mir die Prüfungen egal waren, machte ich mir ein schönes Leben. Im Unterricht döste ich vor mich hin. Die Abendstunden verbrachte ich nicht strebsam in der Bibliothek, sondern kletterte über den Zaun und bummelte durch Lwow. Übrigens war es den Studienbewerbern streng verboten, sich außerhalb des Wohnheims in der Stadt aufzuhalten.

Bald lernte ich einen anderen Matrosen mit Namen Valentin kennen. Er war von der Pazifikflotte und ebenfalls nur mit dem einzigen Ziel nach Lwow gekommen, sich eine Abwechslung vom verhaßten vierjährigen Dienst auf dem Schiff zu verschaffen. Wir beide trieben nur noch Unfug. Sobald es Abend wurde, kletterten wir über den Zaun und entfernten uns unerlaubt. Wir tranken Bier und Wein und gingen mit Mädchen spazieren. Lwow ist eine alte, schöne Stadt. Dort läßt sich die Zeit angenehm verbringen.

Als das Geld ausgegangen war, ließ sich Valentin etwas einfallen, wie wir unser Etat leicht aufbessern konnten. Seine Methode berücksichtigte die psychologische Wesensart von Seeoffizieren, die mit ihren Damen spazieren gingen. Wenn er ein solches Paar ausgemacht hatte, ging er auf dieses zu, stellte sich kühn vor und erklärte, daß ihm für die Rückreise aus dem Urlaub zum Standort zwei, drei Rubel fehlten, weil nur Fahrkarten für Liegewagen verkauft würden, der Militärtransportschein aber lediglich für die Platzkartenwagen gelte. Welcher Offizier, noch dazu in Damenbegleitung, vermochte es da, einem armen Matrosen nicht zu helfen? Natürlich kam das einer Erpressung gleich und gereichte uns nicht zur Ehre.

Unser ungebundenes Leben dauerte ziemlich lange und begann schon, uns zu langweilen. Noch dazu standen die Prüfungen bevor, auf die wir uns nicht vorbereitet hatten. Wir hatten das Gefühl, daß wir hier schnell verschwinden und zu unseren Schiffen zurückkehren sollten. Nachdem wir unsere Freiheit genossen hatten, sollten wir nun Schluß machen.

„Am besten, wir gehen zur Leitung", schlug ich vor. „Wir sagen offen, daß wir es uns anders überlegt haben, uns nicht mehr um einen Studienplatz bewerben und unseren Dienst fortsetzen wollen. Man wird uns schon nicht gleich erschießen."

„Erschießen zwar nicht", stimmte mein Kumpel Valentin zu. „Aber für alle unsere Verfehlungen wird man uns sicher nicht ungeschoren davon kommen lassen."

Was glauben Sie, wer unsere düsteren Überlegungen unterbrach und uns aus der Patsche half? Es war der junge Tschekist Sergej. Irgendwie, auf unbegreifliche Weise, tauchte er in Lwow in unserer Lehranstalt auf, noch dazu in der Uniform eines Kapitänleutnants.

Er nahm mich beiseite und gebot mir zu schweigen.

„Hör zu, ich bin Stabsoffizier der Brigade, in der du dienst, und speziell hierher geschickt worden, um zu prüfen, wie unsere Jungs von der Baltischen Flotte ihre Prüfungen ablegen. Ist das klar? Und nun zur Sache. Ja, Matrose Tumanow, wir sind etwas bestürzt über deine Abenteuer in Lwow."

„Was für Abenteuer?" versuchte ich, den Unschuldigen zu spielen.

„Denk mal an den Bahnhof", nagelte er mich fest. „Du und dein Freund haben das Talent zum Schauspieler."

Ich senkte betreten meinen Blick. Leugnen war zwecklos.

„Doch wir sind mit dir zufrieden. Du hast uns erneut gezeigt, daß du dir zu helfen weißt. Und das ist wichtig."

Ich sah Sergej noch immer ungläubig an. Sollte das Donnerwetter schon vorüber sein? Es hatte den Anschein. Er war offensichtlich nicht nach Lwow gekommen, um mir Verhaltensvorschriften zu machen.

„Es geht jetzt um folgendes, Oleg. Aus der Lehranstalt wird man dich rauswerfen, damit mußt du dich abfinden."

„Ich wollte sowieso schon selbst Schluß machen . . ."

„Man wird dir natürlich eine entsprechende Beurteilung

geben. Auf das Schiff wirst du mit etwas lädiertem Ruf zurückkehren ..."

„Mir ist das alles egal."

„Das ist sogar gut für UNSERE weiteren Pläne. Aber über diese Pläne sprechen wir morgen. Ich werde dich aufsuchen. Über Nacht überdenke noch einmal alle früheren Treffen mit Iwan Iwanowitsch, Oleg Maximowitsch und mir. Und erinnere dich daran, worüber wir gesprochen und worauf wir dich vorbereitet haben."

Wir verabschiedeten uns bis zum nächsten Morgen, wobei er mir wie einem Ebenbürtigen die Hand drückte.

Am nächsten Tag erfuhr ich endlich, was mich erwartete.

Alles lief vollkommen prosaisch, ohne hochtrabende Worte und besondere Instruktionen ab.

Das entsprach übrigens der Methodik, nach der meine Werbung erfolgte, wie ich erst später gebührend einschätzen konnte.

Sergej fragte mich ganz ungezwungen:

„Was hältst du davon, im Ausland zu leben?"

„Ich kann es mir vorstellen", antwortete ich vorsichtig. Ich hatte mir fest vorgenommen, keine überflüssigen Fragen zu stellen.

„Dann höre aufmerksam zu. Im September nimmt dein Schiff Kurs auf das Mittelmeer. Ihr werdet dort länger als ein Monat bleiben. Folgendes präge dir sorgfältig ein. Der Zerstörer wird auch einmal unweit der Grenze zwischen Libyen und Ägypten vor Anker gehen, und zwar gegenüber dem Städtchen Es Salum. Dort verläßt du das Schiff, schlägst dich nach Libyen durch und bittest die Engländer oder Amerikaner um Asyl. Du sagst, daß du schon immer von der Freiheit, von einem Leben im Westen geträumt hast. Schimpfe auf die Sowjetmacht. Dir wird schon selbst einfallen, was du sagen mußt.

Wie du das Schiff verlassen wirst, mußt du ebenfalls nach der Sachlage entscheiden. Du mußt berücksichtigen, daß auf dem Zerstörer niemand in diesen Plan eingeweiht wird. Auf keinen Fall darfst du dich verirren. Wenn du bei den Ägyptern landest, werden sie dich sofort ausliefern. Dann gibt es einen Skandal."

„Und was passiert dann?"

Er sagte lachend: „Dann wirst du wahrscheinlich als Vaterlandsverräter einige Zeit in einer Einzelzelle in Gesellschaft von Flöhen verbringen müssen. Wir werden dich später rausholen. Doch sieh zu, daß dir das nicht passiert. Wir setzen zu viele Hoffnungen auf dich.

Nun höre weiter zu. In Libyen versuche, dich dort nicht lange aufzuhalten. Das ist ebenfalls gefährlich, weil unsere dortige Botschaft wahrscheinlich von den Libyern deine Auslieferung verlangen wird. Du mußt so schnell wie möglich in den Westen gelangen, dort seßhaft werden und Verbindung zu Emigrantenkreisen aufnehmen."

„Aber die Engländer oder Amerikaner werden mich doch wahrscheinlich nach meiner Vergangenheit befragen. Was soll ich ihnen sagen und was nicht?"

„Von Befragen kann keine Rede sein", lachte Sergej. „Sie werden versuchen, dir bei ihren Verhören Würmer aus der Nase zu ziehen. Sie werden dich monatelang überprüfen, alle deine Großmütter und Großväter, selbst deine früheren Freundinnen unter die Lupe nehmen."

„Und was soll ich ihnen dann sagen?" fragte ich verwirrt.

Sergej genoß offensichtlich meine Verwirrung. Nachdem er sich über mich amüsiert hatte, wurde er wieder ernst.

„Hör zu, Oleg. Du hast doch das Schiff verlassen, weil du dich nach der Freiheit und dem angenehmen Leben im Westen sehnst. Oder ist es nicht so? Du hast doch immer davon geträumt, die Welt kennenzulernen? Auch das stimmt. Weiter. In deinem Lebenslauf gibt es nichts, was DORT Argwohn erregen oder dich daran hindern könnte, im Westen zu bleiben. Du hast die Schule besucht, als freiwilliger Ordnungshelfer gegen Rowdys gekämpft. Mit dem Studium beim Film hat es nicht geklappt. Dann hast du in einem Rüstungsbetrieb gearbeitet, Vorbereitungskurse am Institut für

Internationale Beziehungen besucht und in der Flotte gedient. Über alles, ich wiederhole, alles, mußt du dort ganz offen sprechen. Über die Eltern, deinen Onkel beim KGB, den Dienst auf dem Zerstörer. Verheimliche nichts und versuche nicht, sie zu betrügen. Wenn sie dich bei einer Lüge ertappen, ist alles verdorben. Lügen hat auch keinen Sinn. Dein Trumpf ist ja gerade die Ehrlichkeit. Wenn sie dich nach der Arbeit in Jakowlews Konstruktionsbüro fragen, dann erzähle alles, was du gesehen hast. In Geheimnisse bist du sowieso nicht eingeweiht. Wenn sie Einzelheiten über deinen Zerstörer wissen wollen, beschreibe ihnen alles – die Bewaffnung, die Namen der Kommandeure, das Feuerleitsystem . . . Dieser Kahn wird sowieso bald verschrottet."

„Aber das ist doch dann richtiggehender Verrat?"

„Exakt! Genau das ist beabsichtigt", freute sich mein Instrukteur vom KGB. „Du mußt richtiggehend Verrat begehen, damit nichts schiefläuft. Du brauchst nichts zu erfinden oder zu verbergen, mußt nur die Wahrheit sagen. Nur so erreichen wir unser Ziel."

„Welches Ziel denn?"

„Ich wiederhole noch einmal: Du bleibst in irgendeinem westlichen Land und faßt im Emigrantenmilieu Fuß. Du sollst dort ganz normal einfach ein bis zwei Jahre leben und heimisch werden, dir einen Bekanntenkreis schaffen und dich umsehen. Wenn du dann das Gefühl hast, integriert zu sein, schreibst du deinen Eltern einen Brief, in dem du ihnen mitteilst, wie es dir geht. Über diesen Brief werden wir dich finden. Ein Mann, den du kennst, wird zu dir Kontakt aufnehmen. Doch darüber mache dir vorläufig keine Gedanken."

„Und was wird mit meinen Eltern?"

„Ihnen wird nichts geschehen. Sie werden zum Schein zum KGB geholt, dort befragt und können dann wieder gehen. Wir werden uns um sie kümmern . . ."

Dann wurde Sergej ernst: „Etwas mußt du allerdings vollkommen aus deinem Gedächtnis streichen – deine Treffen mit uns. Es hat sie nie gegeben. Du kanntest zwar einige Mitarbeiter des KGB durch deine Tätigkeit in der operativen Abteilung. In diesem Zusammenhang kannst du dich an Iwan Iwanowitsch erinnern, wie er euch anleitete. Doch dann ist Schluß. Mehr nicht. Alles andere vergiß. Streiche aus deiner Erinnerung auch mich und Oleg Maximowitsch.

Wenn du bei den Amerikanern landest, wird man dich wahrscheinlich mit dem Lügendetektor testen. Die Antwort auf alle Fragen lautet immer nur ‚ja‘ oder ‚nein‘. Der Lügendetektor ist natürlich unangenehm und heikel, doch man kann ihn betrügen. Wenn man dir abends sagt, daß du gut ausschlafen sollst, weil dir tags darauf eine schwierige Prüfung bevorsteht, dann trink am anderen Morgen zur Beruhigung ein Glas Whisky oder Wodka. Dann läßt sich jeder Lügendetektor täuschen.“

... Sergej gab mir damals noch viele andere Ratschläge. Beispielsweise sollte ich, wenn ich vom Schiff wegschwimme, keine Angst vor Haien haben, weil es dort keine gibt. Außerdem sei das Wasser warm genug, so daß ich ohne Unterkühlung ans Ufer gelangen könne. Er wies mich noch an, nichts mitzunehmen und von nun an jeglichen Briefwechsel mit Verwandten und Freunden einzustellen. Er betonte noch einmal:

„Wenn die Zeit gekommen ist, finden wir dich in jedem Winkel der Erde. Du mußt nur an deine Eltern schreiben.“

Plötzlich schoß mir ein schrecklicher Gedanke durch den Kopf.

„Bedeutet dies, daß ich für mein ganzes Leben von hier verschwinden werde?“

„Na ja ...“ Sergej fand nicht gleich die richtige Antwort. „Wenn dort irgend etwas nicht klappt, dann laß dir etwas einfallen, um zurückzukommen. Aber besser wäre es schon, wenn alles klappt.“

Gegen Ende unseres Gesprächs wurde Sergej wieder förmlich und spielte darauf an, daß ich Kandidat der Partei sei, unbedingt meine Pflicht zu erfüllen habe und SIE mir voll vertrauten.

„Du bist dort nicht der einzige. An dieser unsichtbaren Front gibt es noch viele andere Kämpfer. Niemand weiß etwas von ihnen und ihrem Kampf. Die Heimat wird ihre Heldentat nicht vergessen."

. . . Seinen weiteren Ausführungen hörte ich nur noch mit halbem Ohr zu. Dann verabschiedeten wir uns.

Am nächsten Tag wurde ich zum Leiter der Aufnahmekommission für die Militärpolitische Lehranstalt gerufen und ohne besondere Erklärung vom Lehrgang ausgeschlossen. Man übergab mir einen versiegelten Umschlag, in dem sich offensichtlich meine Beurteilung mit einer Auflistung aller meiner Vergehen befand. Den Umschlag sollte ich auf dem Schiff dem Kommandeur aushändigen.

Noch am gleichen Tag ging Valentin zum Leiter der Aufnahmekommission und erklärte, daß er den Lehrgang abbrechen möchte. Seltsamerweise ließ man auch ihn ohne besondere Probleme gehen. In Moskau trennten sich unsere Wege für immer. Er fuhr mit der Transsibirischen Eisenbahn in den Fernen Osten und ich mit dem Zug in Richtung Westen nach Kaliningrad.

Mitte September setzte auf dem Stützpunkt, auf dem unser Zerstörer vor Anker lag, lebhaftes Treiben ein. Das Schiff wurde voll aufgetankt, und die Kampfsätze wurden aufgefüllt. In den Laderäumen wurden Unmengen von Kartoffeln, Büchsenfleisch, Zucker, Kaffee und Tee gelagert. Die erfahrenen Seeleute merkten sofort, daß es für längere Zeit auf große Fahrt gehen sollte. Bis dahin hatten wir die Ostsee nicht verlassen.

Wahrscheinlich wußte ich als einziger von der Besatzung, wohin die „Sprawedliwy" fuhr. Doch ich schwieg.

Auf dem Schiff bezog ein Sonderoffizier vom Stützpunkt Quartier, was ebenfalls darauf schließen ließ, daß wir bald auf große Fahrt auslaufen würden. Diese Mitarbeiter der sogenannten Sonderabteilung in den Sowjetischen Streitkräften waren Offiziere der Dritten Verwaltung des KGB und mit

60

Abwehraufgaben betreut. Der Offizier verlor keine Zeit. Er ließ ständig Matrosen, die er für vertrauenswürdig hielt, in seine Kajüte kommen und führte mit ihnen geheime Gespräche. Auch ich gehörte zu diesem Kreis potentieller Informanten. Er erinnerte mich daran, daß ich als Komsomolgruppenorganisator und Kandidat der Partei verpflichtet sei, dem Abwehroffizier über alles Verdächtige Meldung zu machen. „Ich werde alles melden", versicherte ich ihm.

Drei Tage vor dem Auslaufen verlas der Kommandeur den Befehl: „Im Verband eines vereinten Geschwaders aus drei Flotten – der Baltischen Flotte, der Schwarzmeerflotte und der Nordflotte – laufen wir zur Erfüllung eines Gefechtsauftrags ins Mittelmeer aus."

Zu besagter Zeit begann die Sowjetische Kriegsflotte, die Doktrin von Admiral Gorschkow zu realisieren, die eine aktivere Konfrontation mit der US-Navy zum Inhalt hatte. Bis dahin beherrschten die Amerikaner uneingeschränkt die Weltmeere, während sich unsere Schiffe nur an der Küste in der Nähe ihrer Stützpunkte bewegten. Nachdem die Flotte nun erstarkt war, forderte sie die Armada der amerikanischen Flugzeugträger und Atom-U-Boote heraus.

Das Mittelmeer wurde eine der Regionen, in denen sich die Konfrontation besonders zuspitzte und das gefährliche „Katz-und-Maus-Spiel" keine Sekunde nachließ.

Im August 1965 mußten die Amerikaner erstmals feststellen, daß sie diese strategisch wichtige Region nicht mehr allein beherrschten. Im Kielwasser ihrer 6. Flotte befand sich unentwegt unser vereintes Geschwader: der Kreuzer „Swerdlow", zwei Zerstörer, zwei U-Boote und das Begleitschiff. Meiner Meinung nach bestand die Aufgabe des Geschwaders damals vor allem darin, Präsenz zu demonstrieren. Der Kreml wollte damit dem Weißen Haus und gleichzeitig allen anderen drohen, die es wagten, die militärische Stärke der Sowjetunion zu ignorieren.

Die Amerikaner waren offensichtlich durch diese für sie neue Situation etwas konsterniert, wie ihrem Verhalten zu

entnehmen war. Über uns kreisten ständig ihre Aufklärungs-
flugzeuge vom Typ „Neptun". Die Kommandeure ihrer
Schiffe waren sichtlich nervös. Unsere Kommandeure waren
ebenfalls gestreßt. Aber es kam auch zu kuriosen Vorfällen.

Ich weiß noch, daß einmal ein amerikanisches Flugzeug
eine Sonarboje für die U-Boot-Überwachung abwarf. Sie
fiel etwa hundertfünfzig Meter von unserem Zerstörer entfernt ins Meer. Das löste auf der Kommandobrücke eine heftige Diskussion aus. Der Kommandeur befahl seinem ersten
Gehilfen, unverzüglich ein Boot zu Wasser zu lassen und die
Boje zu bergen. Doch da äußerte einer der Offiziere die Befürchtung, daß die Boje vielleicht mit einem Annäherungs-
zünder versehen sei, der bei Berührung mit dem Boot hoch-
geht. Der erste Gehilfe wurde blaß, fürchtete das Risiko und
sah den Kommandeur flehend an. Doch unser Kommandeur
– ein stämmiger und sehr eigensinniger Seemann, der unter
Mißachtung aller Statuten und Dienstvorschriften gewöhnlich nur in kurzer Hose, Matrosenbluse und Käppi auf der
Brücke stand – fuhr den ersten Gehilfen kräftig an und befahl
ihm, seiner Weisung Folge zu leisten.

Die Boje wurde ohne Schwierigkeiten geborgen und auf
die Brücke gebracht. Da ich Englisch konnte, sollte ich die
Beschriftung übersetzen: „Eigentum der US-Army."

„Das war einmal", sagte der Kommandeur sarkastisch und
drohte dem Flugzeug, das hoch über uns kreiste, mit der
Faust. „Das ist jetzt Eigentum der ruhmreichen Seekriegsflotte der Sowjetunion."

Er fügte noch eine ganze Reihe nicht druckreifer Verwünschungen an die Adresse der Amerikaner hinzu, die selbst
den nicht gerade zartbesaiteten Seeleuten in den Ohren klangen.

Plötzlich kam einer aus der Funkzentrale völlig konfus an-
gerannt und meldete:

„Genosse Kommandeur, Ihre Stimme ist auf Sendung. Sie
sind weithin zu hören."

Die Boje war mit Unterwasserhorchgeräten ausgerüstet,

und ihr Sender übertrug die ganze Diskussion. Danach befahl der Kommandeur wütend, den Fund wieder über Bord zu werfen. Nachdem er sich wieder etwas beruhigt hatte, wies er jedoch an, die Boje in den untersten Laderaum zu schaffen.

Anfang November drifteten wir irgendwo im Mittelmeer. Der Kommandeur gab den Befehl, das Schiff zu streichen. Was hatte das nun wieder zu bedeuten? Paraden oder Überprüfungen standen nicht bevor. Die erfahrenen Seeleute vermuteten, daß wir in einen ausländischen Hafen einlaufen würden. Dieses Gerücht versetzte alle in Aufregung. Für einen Angehörigen der Sowjetischen Kriegsflotte konnte dies Landgang in einem ausländischen Hafen bedeuten. Das war gleichbedeutend mit einem Abenteuer für das ganze Leben, einer Möglichkeit, zumindest für einen Tag mit einer anderen Welt, die man nur aus Büchern und Zeitungen kannte, in Berührung zu kommen. Es handelte sich dabei um eine Welt, die unsere Propaganda in den krassesten Farben schilderte, die aber auf jeden Kommunisten und Komsomolzen trotzdem große Anziehung ausübte. Die Längerdienenden machten Andeutungen: „Wenn man uns an Land läßt, können wir auch Souvenirs besorgen – Feuerzeuge, Kugelschreiber und Abzeichen."

Das wäre natürlich die Krönung kühnster Erwartungen gewesen.

Wir strichen das Schiff mit drei Schichten Mennige und scheuerten alles blitzblank. Dann lichteten wir die Anker und fuhren scheinbar in Richtung Ägypten. „Nach Alexandria", flüsterten Kenner aufgeregt. Doch Ägypten paßte überhaupt nicht in meine Pläne. Sollte sich bei IHNEN etwas geändert haben?

Doch meine Befürchtungen waren umsonst. Wir hatten die Aufgabe, einige gemeinsame Übungen mit der ägyptischen Flotte durchzuführen, und sollten deshalb Ägypter an Bord nehmen.

Am nächsten Tag sahen wir ihr erstes Schiff. Es war ein englischer Zerstörer aus den dreißiger Jahren. Den Rauch, den er abgab, konnte man schon sehen, bevor das Schiff am Horizont auftauchte. Wir bereiteten den Freunden einen herzlichen Empfang. Das Bankett für die Offiziere wurde auf dem Kreuzer „Swerdlow" veranstaltet, während die „Sprawedliwy" die ägyptischen Matrosen empfing. Wir mußten die Paradeuniform tragen. Der Koch hatte ein Festmenü zubereitet. Allerdings ging es nicht ohne Mißverständnisse ab: Unsere Gäste lehnten das aus Schweinefleisch bestehende Hauptgericht kategorisch ab. Niemand von uns hatte gewußt, daß man Moslems schwer beleidigt, wenn man ihnen Schweinefleisch anbietet. Wir hatten große Mühe, dieses peinliche Mißverständnis wieder zu bereinigen.

Wir führten mit den Ägyptern gemeinsame Übungen durch. Dann übernahm ihr Zerstörer die Führung und nahm Kurs auf die Küste. Drei Meilen davor warfen wir die Anker aus. Ich nutzte meine freundschaftlichen Beziehungen zum Steuermann und erkundigte mich nach unserem Standort. Wir befanden uns vor der Festlandsgrenze zwischen Ägypten und Libyen. Die Ortschaft, die wir in der Ferne sahen, war Es Salum. Dort mußte ich hin.

In diesem Moment fuhr mir der Schreck durch die Glieder. Es war nicht die Tatsache der Flucht, die mich beunruhigte. An diesen Gedanken hatte ich mich bereits gewöhnt. Mich hatten bereits Übermut, Abenteuerlust und Sehnsucht nach dem Unbekannten gepackt. Was mir Angst machte, waren die drei Meilen zwischen dem Zerstörer und der Küste. Ich war ein guter und ziemlich ausdauernder Schwimmer, doch so weit vom Festland war ich noch nie geschwommen.

Ich schätzte diese Entfernung immer wieder ab. Klar war mir, daß ich nachts schwimmen mußte. Die Frage war nur, ob ich die Küste bis zum Morgengrauen erreichen würde. Und wenn man mich vorher faßte? Wenn man Alarm schlug und mir ein Schnellboot hinterherschickte? ...Während ich schwamm, könnten die Ägypter ihre Grenzer in Alarmbereitschaft versetzen. Diese würden mich aufgreifen, sobald ich den ersten Schritt auf das Festland setzte.

Nein, diese drei Meilen gefielen mir überhaupt nicht ...

Das Leben an Bord nahm derweil seinen Lauf. Die Offiziere tauschten weiter Besuche aus. Unser Kommandeur machte dem Kommandeur des ägyptischen Zerstörers ein prachtvolles Modell des „Sprawedliwy" zum Geschenk. Daran hatten die geschicktesten Bastler unseres Schiffes lange gearbeitet: Alles war maßgetreu dargestellt – jedes Geschütz, jedes Bullauge. Das Modell befand sich in einem speziell gefertigten Glaskasten mit einer Widmung. („Den Kampfgefährten der ägyptischen Marine zur Erinnerung ..." oder etwas in diesem Sinne.) Es wurde feierlich überreicht. Der Kommandeur erwartete natürlich ein gleichwertiges Geschenk und war sehr enttäuscht, als ihm der ägyptische Offizier nur eine winzige Schatulle aus Pappmaché überreichte. Unser grimmiger Kommandeur machte seinem Ärger noch lange mit kräftigen Worten Luft.

Plötzlich lichtete unser Verband die Anker und fuhr erneut ins offene Meer. Ein gemeinsames Zielschießen begann. Niemand konnte sagen, ob wir noch einmal zum Ausgangsort zurückkehren würden. Ich begann mir bereits wegen meiner Unentschlossenheit Vorwürfe zu machen, weil ich glaubte, damit meine Chance verpaßt zu haben. Doch nachdem unser Verband die Feuerkraft sowjetischer Waffen demonstriert hatte, kehrte er um. In der Nacht ankerten wir erneut an der alten Stelle. Wahrscheinlich hatte Gott im Himmel sich meiner erbarmt, denn am anderen Morgen erhielt unser Zerstörer (warum gerade unserer?) den Befehl, die Anker zu lichten und ganz dicht an die Küste heranzufahren.

Nun trennte mich nur noch eine knappe Meile vom Festland. Das Geschrei der Esel in Es Salum war auf unserem Schiff zu hören.

Offensichtlich war meine Stunde gekommen. Jetzt oder nie.

In der Schiffsbibliothek hatte ich alles Erreichbare über Libyen nachgelesen. Dann ging ich zur „offensiven Aufklärung" über. Ich fragte den Steuermann, wann wir nach Alexandria fahren würden. (In Wirklichkeit wollte ich nur wissen, wie lange wir noch vor Ort liegen würden.) Er antwortete mir offen und arglos:

„Alexandria werden wir nicht zu sehen bekommen. Übermorgen fahren wir von hier weg."

Demnach blieben mir noch zwei Nächte. Ich beschloß, die Flucht noch am selben Tag, in der Nacht vom 14. zum 15. November, zu wagen.

Ich traf alle Vorbereitungen und warf unbemerkt alle meine Briefe und Papiere über Bord. Ich legte mir einen leichten Trainingsanzug, Turnschuhe, eine Flasche mit Trinkwasser und einige Nadeln für den Fall zurecht, daß ich im Wasser Wadenkrämpfe bekommen würde. Das Meer schien zwar warm, aber Vorsorge war angebracht.

Abends ließ ich an einem festen Tau meine Sachen über Bord gehen. Auf diese Weise hatten wir immer heimlich unsere Kleidungsstücke gewaschen. Nun brauchte ich dieses Seil, um lautlos ins Wasser zu gelangen.

Nach dem Zapfenstreich legte ich mich wie alle anderen auf die schmale Pritsche auf dem Matrosenwohndeck und stellte mich schlafend. Ich mußte bis 2 Uhr nachts warten, denn zu dieser Zeit befand sich außer zwei Wachsignalgästen niemand sonst auf der Kommandobrücke. Wie ich mich wiederholt überzeugt hatte, waren zu dieser Zeit die Wachhabenden auch nicht besonders aufmerksam.

Drei Tage zuvor war ich 21 Jahre alt geworden. Meine Altersgenossen in der Heimat besuchten Hochschulen, gingen arbeiten, vergnügten sich beim Tanz, feierten Hochzeit, tranken billigen Wein, nahmen an Komsomolversammlungen teil, sparten für ein Tonbandgerät, sangen Wyssozkis Lieder, gingen auf Exkursion, lasen Ehrenburg, machten den amerikanischen Imperialismus nieder, träumten von amerikanischen Jeans, fuhren zu den „Großbaustellen des Kommunismus" nach Sibirien und deklamierten Verse von Jewtuschenko. Das war ihr Leben, welches die meisten von ihnen vorbehaltlos akzeptierten. Ein anderes kannten weder sie noch ihre nach 1917 geborenen Eltern. Ich war einer von ihnen – ein typischer junger Moskauer aus der Mitte der sechziger Jahre, nicht besser und nicht schlechter als die meisten. Ich hätte meinen Dienst beenden, nach Hause zurückkehren, eine Arbeit nach meinem Geschmack finden und ein geliebtes Mädchen heiraten können... Doch das Schicksal hatte anders entschieden. Nun mußte ich ganz schnell, von einer Minute zur anderen, mit meiner Vergangenheit brechen und sie faktisch verraten. Mit der Flucht vom Schiff würde ich mit allem, was 21 Jahre lang mein Leben ausmachte, brechen. In der Heimat würde man mich als feigen Verräter abstempeln, und das Militärgericht würde mich wahrscheinlich zum Tode verurteilen. Alle meine Verwandten und Freunde würden vom KGB verhört werden, einige von ihnen könnten sogar am Arbeitsplatz oder beim Studium wegen „Verbindungen zu einem Vaterlandsverräter" Schwierigkeiten bekommen. Wahrscheinlich würde niemand von ihnen jemals die Wahrheit über Oleg Tumanow erfahren...

Ich fragte mich, ob der Preis für das bevorstehende Abenteuer nicht doch zu hoch war?

Und wie wird sich mein neues Leben in der Fremde gestalten? Wer und was bin ich einen Tag, ein Jahr oder zehn Jahre später? Mir wurde bewußt, wie gering meine Chancen waren, mich dorthin durchzuschlagen, wo ich dem KGB auf irgendeine Weise nützlich sein konnte.

Je dunkler die südliche Nacht hinter dem Bullauge wurde, um so düsterer wurden meine Gedanken. Zum ersten Mal seit vielen Monaten empfand ich dieses nüchterne Matrosenwohndeck fast wie ein Zuhause. Bis dahin war es mir wie ein unerträglicher Metallkäfig vorgekommen. Nun ertappte ich mich bei dem Gedanken, daß ich meine Kameraden, die hier blieben, beneidete. Kurz vor zwei Uhr waren meine Nerven bis zum äußersten gespannt.

Ich ähnelte so gar nicht dem Superagenten James Bond.

Es war Zeit! Obwohl ich die Aufregung noch nicht überwunden hatte, stand ich leise auf, zog den leichten Anzug und

Turnschuhe an, und nahm vorsichtshalber auch Zigaretten und Streichhölzer mit. Wenn mich jemand an Deck trifft, könnte ich mich damit herausreden, daß ich rauchen will. Das war nicht verboten.

Die Nacht war still und warm. Die großen südlichen Sterne strahlten über der glatten Meeresoberfläche so hell, daß ich mich auf dem Weg zum Festland nicht verirren konnte.

Ich zog begierig an der Zigarette und schob den entscheidenden Moment noch hinaus. Leise begab ich mich zu der Stelle, an der das Tau herunterhing. Ich blieb stehen und lauschte in die Nacht. Da war nichts, was meinen Plan hätte stören können. Also los . . .

Als ich mich ins Wasser herabließ, stieß ich mit dem Fuß an die Verschlußkappe eines Bullauges. Sie fiel polternd herunter. Ich erstarrte. Doch niemand war wach geworden und schlug Alarm. Das Glück war mir in dieser Nacht eindeutig hold.

Nachdem ich im Wasser angelangt war, tauchte ich und versuchte, möglichst weit unter Wasser vom Schiff wegzukommen. In dem Maße, wie sich der Abstand zu unserem Schiff vergrößerte, gewann ich meine Sicherheit wieder. Es gab keinen Weg zurück. Ich hatte meine Entscheidung getroffen.

Ich bemühte mich, mit meiner Kraft hauszuhalten und nicht außer Atem zu kommen. So näherte ich mich allmählich der Küste. Auf halbem Weg geriet ich noch einmal in Panik, als ich Motorenlärm vernahm. War man etwa hinter mir her? Ich drehte mich um, doch von hinten verfolgte mich niemand. Das Motorengeräusch wurde trotzdem immer lauter. Ich sah das Boot, als es schon ganz in der Nähe war. Erneut holte ich tief Luft und tauchte unter. Aber ich hatte mich umsonst aufgeregt: Es war ein Boot vom Kreuzer „Swerdlow", das zum Schiff zurückkehrte und mit mir nichts zu tun hatte. Vielleicht brachte es Offiziere von einem Festmahl mit den Ägyptern zurück.

Schließlich berührten meine Füße dem Ufer vorgelagerte Steine. Ich kroch aufs Festland, ruhte mich etwas aus, wrang meine Kleidung aus und schaute mich um. Die Flasche mit dem Trinkwasser hatte ich unterwegs verloren. Die nun überflüssigen Nadeln warf ich weg. Meine Uhr lief noch.

Ich mußte etwas gegen die Morgenkühle tun. Die nassen Sachen klebten mir am Körper. Meine Aufregung hatte sich gelegt, aber meine Zähne klapperten vor Kälte. Ich orientierte mich, wo sich die ägyptisch-libyische Grenze befand, und lief schnell in diese Richtung los, weil ich ja genau wußte, daß es gefährlich war, in Ägypten zu bleiben.

Das Gelände war hügelig, jedoch ohne Hindernisse. Ich blieb erst bei Sonnenaufgang stehen. Mir schien, als hätte ich bereits eine gewaltige Strecke zurückgelegt. Doch als ich mich umschaute, sah ich zu meinem Verdruß den Zerstörer und den Kreuzer noch ganz in der Nähe. Aber die Grenze hatte ich offensichtlich hinter mir, deshalb fühlte ich mich in Sicherheit. In einem Hohlweg suchte ich mir als Rastplatz einen flachen, von der Sonne erwärmten kleinen Fels aus, auf dem ich mich ausstreckte und einschlief.

Einige Stunden später, als ich mich erholt hatte und wieder trocken geworden war, setzte ich meinen Weg ins Innere des Landes fort. Ich wußte, daß nur eine Straße in eine bewohnte Gegend führt, und die mußte ich nun suchen.

Gegen Mittag traf ich bei einem Hügel auf ein Nomadenlager. Die Menschen dort bewirteten mich mit starkem Tee sowie Makkaroni mit Tomatensauce und zeigten mir die Richtung, in der die Landstraße lag. „Inglis?" fragten sie mich. „Ja. Inglis-Engländer", antwortete ich. Ansonsten konnten wir uns nur durch Gesten verständigen.

Gegen Abend, als ich das Meer bereits nicht mehr sehen konnte, traf ich erneut auf einen Hirten. Er konnte einige Brocken Englisch, so daß wir uns einigermaßen verständigen konnten. Der Hirte gab dem ohne Ausrüstung wandernden „Engländer" reichlich zu essen und bot ihm ein sicheres Nachtlager an. Er setzte sich in die Nähe und spielte noch lange auf einer Rohrpfeife. Ich war von dieser herzlichen Gastfreundschaft so gerührt, daß ich ihm am anderen Morgen zum Abschied meine Uhr, den einzigen mir noch verbliebenen Wertgegenstand, schenkte.

Mit frischen Kräften erreichte ich schnell die Landstraße und fand dort einen Wegweiser nach Tobruk, der eine Entfernung von 100 Kilometern angab. Das war erfreulich. Sergej hatte von Tobruk gesprochen. Ich hatte Tobruk auch auf der Karte gefunden. Demnach verlief alles nach Plan.

Per Anhalter fuhr ich mit einem „Landrover" bis zum nächsten Militärposten, wo sich ein Telefon befand. Es war langsam an der Zeit, die „Fronten zu wechseln". Es gelang mir, dem libyischen Offizier in Englisch verständlich zu machen, wer ich war und woher ich kam. Er hörte mir zu, nickte verständnisvoll mit dem Kopf und sagte:

„Du bist von einem sowjetischen Schiff gefallen, also willst du nach Kairo."

„Ich bin nicht über Bord gefallen, sondern selbst gesprungen, geflohen, verstehst du?"

„Trotzdem ist es besser für dich, nach Kairo zu gehen."

Er wiederholte immer wieder den Namen der ägyptischen Hauptstadt.

Nun übergeben sie mich den Ägyptern, dachte ich. Das bedeutet das Ende des Unternehmens. Ich mobilisierte meinen ganzen Wortschatz und machte dem Offizier noch einmal klar, daß ich möglichst schnell zu den Amerikanern oder Engländern wollte – nur zu ihnen und keinen anderen. Der Libyer ging telefonieren. Man gab mir zu essen und sogar zwei Päckchen Zigaretten. Dann brachte man mich mit einem Militärjeep ins Innere des Landes.

Nachts hielten wir in einer kleinen Stadt hinter Tobruk. Dort erwartete mich eine angenehme Überraschung: Trotz der späten Stunde ging man mit mir in ein Kaufhaus und kleidete mich neu ein. Nachdem ich die alten Sachen losgeworden war, blickte ich in den Spiegel: Nur mein Dreitagebart erinnerte noch an die Flucht vom Schiff.

Die Woche in dem Garnisonsstädtchen bei Bengasi verlief ziemlich eintönig. Einige Libyer kamen, denen ich zum zehnten Mal ein und dasselbe erzählte. Drei Posten folgten mir auf Schritt und Tritt. Doch ich wurde höflich behandelt. Man beköstigte mich in einem vornehmen europäischen Restaurant und gab mir sogar ein Kofferradio, damit ich mich nicht langweilte. Doch wo blieben die Amerikaner oder Engländer? Sollte ich etwa doch nach Kairo überstellt werden?

Als ich mich schon fast mit diesem Gedanken abgefunden hatte, trafen neue Leute in dem Garnisonsstädtchen ein. Sie kamen von der britischen Botschaft. Unter ihnen war eine Dolmetscherin, die ziemlich gut Russisch sprach. Nun konnte ich erklären, wer ich war und was ich wollte.

„Ich bin der sowjetische Matrose Oleg Tumanow. Ich bin von dem Zerstörer ‚Sprawedliwy‘ desertiert, weil ich im Westen leben will. Ja, ich bin freiwillig vom Schiff gegangen. Ja, das kommunistische Regime ist mir zuwider. Nein, ich habe es mir nicht anders überlegt ..." Sie stellten mir noch eine Menge ähnlicher Fragen und wollten schließlich wissen, ob ich Probleme oder Wünsche hätte. Wünsche? Ich bat noch einmal darum, mich dabei zu unterstützen, eine Aufenthaltserlaubnis in Großbritannien oder einem anderen westlichen Land zu erlangen. Mit diesen Informationen reisten die Gäste wieder ab.

Seit diesem Tag kamen sie regelmäßig. Anstelle der englischen Dolmetscherin übersetzte nun ein ehemaliger Landsmann von mir, der bereits seit dem Ende des Zweiten Weltkriegs in Nordafrika lebte. Einen Monat später kam ein rothaariger Gentleman, der sich als Militärattaché der Britischen Botschaft vorstellte.

„Bereiten Sie sich für morgen auf eine weite Reise vor", sagte er mir. „Damit es keine Probleme mit den Libyern gibt, erklären wir ihnen, daß wir Sie zu einer Jagd einladen. Sie verstehen, zu einer Jagd."

Es gab keine Probleme. Außerhalb des Garnisonsstädtchens erwartete uns ein anderer Wagen mit einem englischen Dolmetscher. Wir fuhren in Richtung Tobruk.

„Ich hoffe doch, daß es nicht nach Ägypten geht?"

„Vergessen Sie Ägypten", sagte der Rothaarige lachend, als er meine Aufregung bemerkte. „Wir fahren zu einem Stützpunkt der Britischen Luftstreitkräfte. In der Sowjetischen Botschaft in Tripolis ist man bereits aktiv geworden und hat Ihre Auslieferung verlangt. Für Sie wird es gefährlich, weiter hier zu bleiben."

Viel später erfuhr ich, daß unser Flottenkommando die libyschen Behörden unter Druck gesetzt hatte und meine Auslieferung verlangte. Sie gaben sogar an, ich hätte bei meiner Flucht vom Schiff einen wachhabenden Matrosen ermordet. Sie forderten also nicht nur die Auslieferung eines flüchtigen Matrosen, sondern eines Kriminellen. Mich interessierte nur, ob diese „Ente" mit dem KGB abgestimmt war. Ich denke, daß dies nicht der Fall war. Sonst wäre etwas ins Spiel gekommen, was meine „Legende" nicht vorsah. Übrigens glaubten weder die Engländer noch die Amerikaner an diesen „Mord".

In der Heimat liefen dafür alle anderen Manöver wie geplant. Nur drei, vier Personen kannten die Wahrheit über Tumanow, alle anderen waren von meinem Verrat überzeugt. Der Ermittlungsapparat lief auf vollen Touren.

Zwanzig Jahre später erfuhr ich von meinem Jugendfreund Tolja Jessiawa, der inzwischen Leiter eines großen Baubetriebs geworden ist, welche Verwirrung meine Flucht vom Schiff ausgelöst hatte.

Im November 1965 diente er in den Nachrichtentruppen und wurde zum zuständigen Offizier für militärische Abwehr bestellt. Im Raum befanden sich außer dem bekannten Abwehroffizier zwei Offiziere in Marineuniform. Sie fragten Tolja über alles aus, was unsere Freundschaft betraf. Erst nach etwa zwei Stunden gaben sie widerwillig zu verstehen, daß sich ihr Interesse dafür aus meinem plötzlichen Verschwinden ergab. Jessiawa erklärte den Abwehroffizieren, wie er mir versicherte, daß er Fahnenflucht völlig ausschloß. „Es kann sich nur um einen Unglücksfall handeln", sagte er.

Tolja wurde von morgens bis abends befragt. In die Kaserne wurde speziell ein Offizier geschickt, der seinen Spind durchsuchte und alle Briefe mitnahm, die ich meinem Freund geschrieben hatte. Sie interessierten sich für alle Einzelheiten meines Freundes- und Bekanntenkreises. Ein Abwehroffizier unterhielt sich dann noch zweimal mit ihm, um Einzelheiten zu klären.

Nach seiner Entlassung aus der Armee wurde Tolja in die Stadtbezirksabteilung des KGB seines Wohnorts bestellt. Man spielte ihm den Mitschnitt einer Sendung von „Radio Liberty" vor, in der ein gewisser Schulgin mitwirkte. „Erkennen Sie die Stimme?" „Ja", antwortete mein Freund entmutigt. „Doch das ist nicht ein gewisser Schulgin, sondern Oleg Tumanow." „Können Sie Tumanow einen Brief schreiben?" wurde Tolja gefragt. „Natürlich." „Wäre es vielleicht besser, wenn Tatjana Bawykina schreibt?" Ich war in Tatjana verliebt gewesen, offensichtlich wollte der zuständige operative Mitarbeiter diesen Umstand nutzen, um mich zurückzuholen. Tolja stimmte zu. „Ja, es wird wahrscheinlich besser sein, wenn sie Oleg schreibt."

Danach wurde er in Ruhe gelassen. Auch die Idee mit dem Brief ließ man fallen.

Tolja Jessiawa sagte mir, daß ihn mein Verschwinden und noch mehr mein Auftauchen bei „Radio Liberty" anfangs sehr bedrückt hatte. Er glaubte einfach nicht an meinen Verrat und war im Innern zu folgenden Schluß gekommen: „Oleg handelte wahrscheinlich im Auftrag der Auslandsaufklärung, als er sich absetzte. Der KGB schafft ihm nun eine Legende, um mögliche Nachforschungen des Feindes abzublocken." Damit lag er genau richtig. Auch meine Eltern wurden verhört. Tolja hat sie mehrmals besucht. Er erinnerte sich, wie schwer es meine Mutter getroffen hatte, die glaubte, mich für immer verloren zu haben. Mein Vater war da zurückhaltender. Tolja ist der Meinung, daß er möglicherweise die wirklichen Gründe meiner langen Abwesenheit ahnte oder sogar als einziger eingeweiht war.

Wie dem auch sei, es belastete mich jedenfalls stark, daran zu denken, was meine Eltern in dieser Zeit durchmachen mußten.

Doch zurück nach Libyen, zu meiner Fahrt mit den Engländern zu ihrem Luftstützpunkt.

Während des Zweiten Weltkriegs war Nordafrika Schauplatz erbitterter Gefechte zwischen faschistischen deutschen Divisionen und den Alliierten gewesen. Als ich durch die Dünen der Wüste gelaufen war, hatte ich die Spuren der damaligen Kämpfe gesehen: Jede Menge verrostete Patronenhülsen, eingestürzte Schützengräben und Reste von Stacheldrahtsperren. Während der Fahrt sah ich auf beiden Seiten der Landstraße alte Soldatenfriedhöfe, die Gräber englischer, italienischer und deutscher Soldaten. Der Militärattaché legte Blumen an den Gräbern seiner Landsleute nieder.

Nachdem wir diese Zone der traurigen Erinnerungen hinter uns gelassen hatten, machten wir Rast. Direkt am Straßenrand bereiteten die Engländer auf dem Rasen alles für einen Imbiß vor und öffneten Mineralwasserflaschen. Plötzlich sah ich, wie das Gesicht des Militärattachés schrekkensbleich wurde, als hätte er in unserer Nähe eine Giftschlange bemerkt. Als ich nach dem Grund fragte, zeigte er auf eine schwarze Limousine, die an uns vorbeipreschte. „Das war ein ‚Wolga‘ der russischen Botschaft. Ich habe das Diplomatenzeichen erkannt. Was hat er hier zu suchen?"

Aus unserem Picknick wurde nichts. Wir verpackten schnell alles wieder im Wagen und fuhren weiter.

Vor der Einfahrt des Luftstützpunkts El Adam machte mich der Dolmetscher auf alte Kanonen zu beiden Seiten des Tors aufmerksam.

„Erkennen Sie diese?"

Ich zuckte mit den Schultern, hatte keine Ahnung.

„Das sind sowjetische 45-mm-Panzerabwehrkanonen,

die von den Deutschen vor Moskau erbeutet und hierher gebracht wurden, um sie gegen uns einzusetzen."

Auf dem Stützpunkt, wo ein Bombengeschwader „Vulcan" stationiert war, blieb ich knapp 24 Stunden. Mit Vergnügen genoß ich ein Wannenbad. In dem libyschen Garnisonsstädtchen war wegen des Wassermangels selbst das Waschen ein Problem gewesen. Das Abendessen nahm ich in Gesellschaft des kommandierenden Generals des Luftstützpunkts ein. Ich lernte den Komfort kennen, mit dem die Engländer ihr Leben inmitten dieser Wüste zu gestalten vermochten. Vom General erhielt ich sogar ein unerwartetes Geschenk – einen Koffer und einen richtigen englischen Sweater, den ich dann noch viele Jahre trug. Man begegnete mir mit Achtung und verständlicher Neugier, ohne jedoch aufdringlich zu sein.

Ich entdeckte eine völlig unbekannte neue Welt. In ihr war alles, buchstäblich alles, anders als bei uns. Es bereitete wenig Mühe, sich mit den Shampoos und unterschiedlichen Zigarettensorten vertraut zu machen. Viel schwieriger war es schon, sich im System der hier geltenden menschlichen Werte sowie moralischer und rechtlicher Normen zurechtzufinden. Ich brauchte lange, um mich einzuleben und das westliche Leben zu verstehen. Dabei lernte ich aus Fehlern und Fehlschlägen, die mitunter sehr schmerzlich waren.

Außer den genannten Schwierigkeiten brachte dieses neue Leben auch eine Menge interessanter Entdeckungen mit sich. Da wäre beispielsweise der Bereich russischer Kultur zu nennen, den die sowjetische Zensur den Bürgern unseres Landes strikt vorenthielt. Die Bücher Nabokows, Pasternaks und Solshenizyns sowie die Lieder Galitschs – alles das erschloß sich mir erst jetzt. Ich hatte nun Zugang dazu wie jeder andere, der hier im Westen lebt.

Von Natur aus war ich nicht schüchtern. Ich hatte genug Energie, um alles Neue und Unbekannte begierig aufzunehmen. Ich scheute mich nicht zu fragen, wenn ich etwas nicht verstand. Nach drei bis vier Monaten hatte ich mich schon ausreichend eingelebt, um fast nicht mehr an Moskau zu denken. Gegen Ende des ersten Jahres war aus mir bereits ein typischer russischer Emigrant im Westen geworden.

... Am Morgen nach meiner Ankunft auf dem Luftstützpunkt kam der Dolmetscher mit besorgter Miene zu mir ins Zimmer.

„Oleg, es gibt unerwartete Schwierigkeiten."

Erschrocken dachte ich, man würde mich nach Kairo abschieben.

„Der britische Außenminister beabsichtigt, dem Kreml einen Besuch abzustatten. Und London will jetzt alle Komplikationen mit Moskau vermeiden. Verstehst du? Eure Botschaft in Tripolis hat bereits wissen lassen, daß sie über deinen Aufenthalt auf dem Territorium des Stützpunkts El Adam informiert ist. Sie verlangt, mit dir ein Treffen zu vereinbaren."

Ich wehrte heftig ab, denn ein Treffen mit Landsleuten paßte nicht in meine Pläne.

„Deshalb", fuhr der Dolmetscher fort, „mußt du am besten so schnell wie möglich von hier verschwinden."

„Ich habe nichts dagegen."

„Doch es gibt ein Problem. Wir können dich nicht nach Großbritannien bringen."

Vielleicht haben sie beschlossen, daß ich nach Südamerika oder Australien gehen soll, dachte ich.

„Wir Engländer haben treue Verbündete in den Vereinigten Staaten von Amerika. Sie haben im Prinzip nichts zu befürchten und können dich aufnehmen, natürlich wenn du damit einverstanden bist ..."

„Ich bin einverstanden", entfuhr es mir wahrscheinlich zu schnell und übereilt.

„Na wunderbar", freute sich der Dolmetscher, als habe er Einwände meinerseits befürchtet. „Das amerikanische Flugzeug steht schon bereit. Du mußt dich beeilen."

Der General selbst begleitete mich bis zur Gangway. Vor dem Abflug dankte ich ihm (und in seiner Person auch Ihrer

Majestät der Königin von Großbritannien, wie mich der Dolmetscher instruiert hatte), aufrichtig für die erwiesene Gastfreundschaft. Den Engländern war ich wirklich zu Dank verpflichtet, denn sie hatten mich nach den Libyern fürsorglich aufgenommen und nicht ausgeliefert.

Mit einer alten zweimotorigen „Dakota" ging es nach Griechenland. Im Handumdrehen setzte man mich dort in ein großes Düsenflugzeug, das mit elektronischen Geräten gespickt war und ... Apfelsinen transportierte. Nachts landeten wir in Frankfurt am Main. Der neue Dolmetscher stellte sich als Alex vor. Er sollte mich noch viele Monate lang begleiten. Später erfuhr ich, daß es sich bei Alex um einen Oberst der militärischen Aufklärung der USA handelte.

Am 5. Dezember 1965 betrat ich den Boden Westdeutschlands, ohne zu ahnen, daß dieses Land für die kommenden zwanzig Jahre mein Zuhause werden sollte.

Ich bin Fatalist und glaube an die Macht des Schicksals. Was bei der Geburt vorbestimmt ist, das trifft ein. Doch das hindert mich nicht daran, rückblickend meine Vergangenheit zu analysieren und nach den Ursachen dessen zu suchen, was sich in der Folgezeit ereignete. Ich habe viel darüber nachgedacht, warum die Wahl des KGB ausgerechnet auf mich gefallen ist. Dabei bin ich zu folgendem Schluß gekommen. SIE haben sich die talentierten und für die Staatssicherheit in Frage kommenden Mitarbeiter in den operativen Komsomolabteilungen genauer angesehen. Manche wurden für die Aufklärung empfohlen, andere für die undankbare Aufgabe der Dissidentenbekämpfung eingesetzt. Am schwierigsten war es aber, Kader für spezifische Auslandseinsätze zu finden. In dieser Hinsicht scheute der KGB offensichtlich weder Zeitaufwand noch Kräfte, um geeignete Kader auszubilden. Wenn man den ganzen Ablauf der Werbung rekonstruiert (und das habe ich vorstehend versucht), dann zeigt sich, daß mich die Tschekisten faktisch von der Schulbank bis zum Einsatz in München „geführt haben".

Zunächst wurde mein Umfeld gründlich studiert. Für SIE war es natürlich von Anfang an ein positiver Umstand, daß alle meine nächsten Verwandten, mit Ausnahme meines Bruders, mit dem KGB verbunden waren. Über meine Eltern habe ich bereits berichtet. Mein Onkel, der Schwager meiner Mutter, hatte es bis zum General beim Personenschutz gebracht. Der engste Freund meines Vaters war Militärattaché in Kanada. Das alles erleichterte IHNEN nicht nur die Überprüfung, sondern war auch eine Garantie für Verschwiegenheit und Geheimhaltung der geplanten Operation. Die bewährten und erfahrenen KGB-Leute, die ihren Dienst noch unter Stalin begonnen hatten, konnten ihre Zunge im Zaum halten.

Ja, meine Verwandten und deren Freunde spielten möglicherweise, ohne es zu wollen, eine bedeutende Rolle in meinem Schicksal.

Ich wurde in jeder Hinsicht, einschließlich der gesundheitlichen Tauglichkeit, auf meine Eignung für den Auftrag untersucht. Dabei war, was zu beachten ist, alles so organisiert, daß ich niemals das Gefühl hatte, etwas mit dem KGB zu tun zu haben. Und das war sehr vernünftig, denn es war zu erwarten, daß ich einmal von den westlichen Geheimdiensten auf Herz und Nieren geprüft werden konnte.

Meine gründliche medizinische Untersuchung fand statt, als ich mich für die Hochschule für zivile Luftfahrt bewarb. Das war klug eingefädelt, denn unser Geheimdienst erhielt auf diese Weise sehr ausführliche Angaben über meine Gesundheit, einschließlich der Ergebnisse der psychologischen Tests. Offensichtlich entsprach diese Information voll und ganz ihren Vorstellungen, denn von nun an erfolgte der Aufbau meiner „Legende" nach einem festen Schema und schloß Abweichungen aus.

Meine Tätigkeit in Jakowlews Konstruktionsbüro wurde von IHNEN vermittelt. In diesem geheimen Rüstungsbetrieb war ich besser unter Kontrolle. Und falls einmal eine Überprüfung meiner Person durch die westlichen Geheimdienste erfolgen sollte, hätten diese es sehr schwer, in das gut bewachte Objekt einzudringen. Außerdem war gewiß auch in Betracht gezogen worden, daß der „Überläufer Tumanow" zweifellos im Wert stieg, wenn er im Westen Angaben über einen geheimen Moskauer Betrieb machen konnte, ohne daß allerdings wirklich geheime Informationen verraten würden.

Die Lehrgänge am Institut für Internationale Beziehungen ... Hier zeichnet sich ebenfalls eine gewisse Logik ab. Wo, wenn nicht dort, konnte ein junger Arbeiter in anderthalb Jahren eine Fremdsprache lernen und sich Grundwissen über das Leben im Ausland aneignen? Auch das hatten SIE sich sehr geschickt ausgedacht.

Selbst meine Scheinbewerbung an der Militärpolitischen Lehranstalt paßte voll und ganz in die Legende, die SIE sorgfältig aufgebaut hatten. Nach dieser Legende war ich jemand ohne klare Lebensvorstellungen, eine ziemlich abenteuerlich veranlagte Persönlichkeit, ein reiner Individualist, der apolitisch ist und zu überraschenden Entscheidungen und unvorhersehbaren Handlungen neigt. Die Flucht in den Westen ergab sich da als logische Konsequenz.

Im Grunde genommen entsprach dies auch in vieler Hinsicht meiner Persönlichkeit. Ich brauchte mich gar nicht zu verstellen, etwas zu spielen oder zu erfinden. Das Szenarium des KGB war geradezu auf mich zugeschnitten.

Auf dem Schiff wurde ich Kandidat der KPdSU, doch hatte ich mich, ehrlich gesagt, nicht darum bemüht. Die Initiative ging wahrscheinlich vom stellvertretenden Politoffizier aus, der damit meine Fertigkeiten im Fotografieren und Verfassen von Beiträgen für die Flottenzeitung honorieren wollte. Dieser Schritt war kein Ausdruck von „kommunistischer Ideenfestigkeit", sondern eher des pragmatischen Wunschs, meinen Dienst zu erleichtern.

Niemand hat mich zur Spionage gezwungen. Ich wurde nicht erpreßt oder unter Druck gesetzt. Man versuchte auch nicht, mich mit materiellen Gütern zu kaufen. Von meiner Seite waren es jugendliche Abenteuerlust und nüchterne Berechnung. Abenteuerlust war mir von Natur aus eigen. Und die Berechnung ergab sich aus meinem Wunsch, im Ausland in der riskanten Rolle eines illegalen Kundschafters zu leben, und der Hoffnung, aus dem freudlosen sowjetischen Alltag auszubrechen, die Welt zu sehen und etwas Neues zu erleben. Dieses Spiel war den Einsatz wert.

„Guten Tag, ich heiße Sam. Nennen Sie mich einfach Sam. Wir werden einige Zeit miteinander zu tun haben."

Der kleine, leicht gebückt gehende Mann mit Hut und Regenmantel, dem Aussehen nach ein typischer Beamter, betrat zielgerichtet meine Wohnung, zog seinen Mantel aus und bat mich höflich wie ein Gastgeber, ihm gegenüber Platz zu nehmen. Er hatte einen schwachen Händedruck und kalte Augen, gab sich sehr sachlich und völlig emotionslos. Wir sprachen nur über die Dinge, die ihn interessierten.

Sam interessierte sich für Chiffren und Nachrichtenverbindungen der Seekriegsflotte. Ich war gern bereit, ihm zu helfen, wußte aber nichts darüber. Mit der Organisation des Artilleriefeuers hatte ich dienstlich zu tun, da wußte ich Bescheid. Aber Chiffren ... Ich versuchte, ihm klarzumachen, daß mir über Chiffen nichts geläufig war und wir damit nur Zeit verschwendeten.

Doch Sam sagte unbeeindruckt: „Trotzdem, vielleicht können Sie sich doch an etwas erinnern."

„Wie kann ich mich an etwas erinnern, was ich gar nicht gewußt habe?"

„Sie irren sich, Herr Tumanow. Sie wissen doch etwas. Nennen Sie Namen und Dienstgrad Ihres Chiffreurs."

Ich kramte vergebens in meinem Gedächtnis. „Ich weiß nur, er war Maat."

„Zeigen Sie, wo auf dem Zerstörer seine Kabine lag. Gut ... Nun sagen Sie mir, wie oft der Chiffreur mit Unterlagen zum Kommandeur ging? Sehr gut. Und da sagen Sie, daß Sie nichts wissen. Sie wissen sehr viel, Herr Tumanow. Deshalb denke ich, daß wir uns noch öfter treffen sollten."

... In jenen Jahren wurden alle Flüchtlinge aus der UdSSR und den Ländern Osteuropas im westdeutschen Lager Zirndorf eingehend geprüft. Ich war jedoch bei der amerikanischen militärischen Aufklärung im Camp King in Frankfurt gelandet. Einerseits hatte ich Glück, denn die Amerikaner boten ihren Leuten sehr komfortable Lebensbedingungen und zahlten sogar eine beachtliche wöchentliche „Beihilfe". Dafür waren aber auch die Überprüfungen hier weitaus strenger. Ich wurde in Frankfurt sechs Monate lang buchstäblich auseinandergenommen. Sam, über den ich später erfuhr, daß er ein „hohes Tier in Langley" war, gehörte zu ihren Inquisitoren. Parallel zu dieser Überprüfung fand noch ein zermürbendes Verhör über unsere Präsenz im Mittelmeer und den Dienst in der Seekriegsflotte im allgemeinen statt.

Ein anderes Mal verwirrte mich das „hohe Tier" mit der Frage:

„Wo haben Sie die Sachen versteckt, die Sie mit an Bord genommen haben?"

Ich sah ihn verwundert an.

„Herr Tumanow, Sie sind doch ein kluger Mann. Bevor Sie Ihre Flucht planten, haben Sie sich doch bestimmt irgendwelche Geheimdokumente besorgt, vielleicht Karten oder Pläne? ... Wo haben Sie diese versteckt? Unter welchem Stein in Libyen liegen sie? Sie brauchen uns nur zu sagen wo, und wir finden sie dann schon. Na?"

Auf diese Art fragte er mich lange nach Strich und Faden aus, bis er es schließlich aufgab und zurück nach Washington flog. Dann erschien ein anderer Amerikaner, ebenfalls aus den Staaten. Er war russischer Abstammung und nannte sich Boris. Als Geschenk brachte er mir Kaviar mit. Boris zeichnete alle unsere Gespräche auf Tonband auf. Ihn interessierte meine Tätigkeit im Konstruktionsbüro Jakowlews, insbesondere alles über die damals neue Jak-28.

„Erinnere dich, wo die Treibstofftanks angeordnet sind", nervte er mich. „Welche Antriebshilfen gibt es? Was weißt du über die Bordbewaffnung?" Schließlich flehte ich ihn an:

„Verlangen Sie da nicht vielleicht zu viel von jemand, der dort nur als technischer Zeichner ausgebildet wurde?" Doch eingedenk der Verhaltensmaßregeln, die man mir in Moskau gegeben hatte, sagte ich bereitwillig alles, was ich wußte. Ich befürchtete aber, daß die Amerikaner damit nichts anfangen konnten.

Mit Boris ließ sich deshalb leichter arbeiten, weil er seine Kehle regelmäßig mit ein, zwei Glas Whisky anfeuchten mußte. Er kehrte nicht seine Wichtigkeit heraus, dafür lud er mich zum Essen ein. Manchmal gingen wir auch gemeinsam ins Kino.

Als nächste kamen zwei Engländer, die alles über das Schiff wissen wollten. Die Gespräche mit ihnen fanden nicht in meiner Wohnung, sondern in einer anderen statt, um die sich eine deutsche Haushälterin oder Quartierwirtin kümmerte. Der eine Engländer, der offenbar die Verantwortung hatte, überraschte mich durch sein nachlässiges Äußeres: Sein Hemd war verwaschen, das Jackett war fadenscheinig und den Trenchcoat reichte ihm die Haushälterin mit zwei Fingern, um sich nicht schmutzig zu machen. Die Engländer fragten höflich nach dem Aufbau des Schiffs, der Bewaffnung, dem Feuerleitsystem und den Namen der Offiziere. Einmal legten sie mir den detaillierten Plan eines Zerstörers der gleichen Klasse wie „Sprawedliwy" vor, woraus ich schloß, daß diese Leute weitaus mehr wußten als ich.

Nur ein einziges Mal ließen die Amerikaner Vertreter des westdeutschen Geheimdienstes BND an mich heran, die wissen wollten, ob die sowjetische Kriegsflotte besondere Pläne in bezug auf die BRD hegte. Alex, mein Dolmetscher, hat sie allerdings schnell wieder hinauskomplimentiert. Überhaupt verhielt er sich, wie ich feststellen konnte, den Deutschen gegenüber ziemlich rücksichtslos.

Wie ich bereits erwähnte, hatte Alex den Dienstgrad eines Oberst und arbeitete in der militärischen Aufklärung auf der Linie Sowjetunion. Er war polnischer Abstammung und mit einer Russin verheiratet. Ich begriff sehr schnell, daß gerade von ihm mein Schicksal in vieler Hinsicht abhing. Er gab mir nie zu verstehen, ob er mir mißtraute oder Vertrauen schenkte, sondern begegnete mir immer mit Freundlichkeit und Wohlwollen. Er hatte dunkles Haar, war mittelgroß und schlank. Er traf sich fast jeden Tag mit mir und händigte mir wöchentlich 100 D-Mark „Unterhaltsgeld" aus. Mit Kaffee, Zigaretten, Seife und Shampoo versorgte er mich außerdem noch. „Die deutschen Produkte taugen nichts", meinte Alex mit Sachkenntnis.

Meine erste Wohnung bestand aus zwei Zimmern, war sehr gut eingerichtet und lag in der Nähe des Frankfurter Hauptbahnhofs. Im Kühlschrank fand ich jede Menge wohlschmeckender und mir größtenteils unbekannter Lebensmittel und Getränke. Auf dem Nachttisch im Schlafzimmer türmten sich sowjetische Zeitungen und Zeitschriften. Als ich diese Wohnung bezogen hatte und am Abend allein war, bereitete ich mir ein Rührei, probierte zum ersten Mal in meinem Leben Coca Cola, rauchte meine erste „Philip Morris" und legte mich zum erstenmal seit vielen Tagen ohne erkennbare Überwachung schlafen.

Das neue Leben begann ganz gut.

Am anderen Morgen brachte Alex einen Fotografen mit, der mich von vorn und im Profil aufnahm. Dann informierte er mich, daß vom nächsten Tag an verschiedene Leute bei mir aufkreuzen und mir Fragen stellen würden. Ich solle nichts als die reine Wahrheit sagen, weil jedes meiner Worte sorgfältig geprüft werde. „Denk daran, Oleg", riet mir Alex, „davon, wie du antwortest, wird vieles für dich abhängen."

Drei Tage später forderte er mich auf, einen ganzen Stoß verschiedener Fragebögen auszufüllen. Er erklärte, daß dies für die Ausstellung meiner Aufenthaltsgenehmigung notwendig sei. Nachdem ich das getan hatte, gab er mir eine eingeschweißte Plastikkarte, auf der in Englisch stand, daß ihr Inhaber Zivilangestellter der Air Force war. Sie lautete auf einen finnischen Namen.

„Das bedeutet weiter nichts", beruhigte mich Alex, nachdem er mein Befremden bemerkt hatte. „Du lebst eben jetzt einige Zeit als Finne. Das ist am ungefährlichsten, weil hier kaum jemand Finnisch spricht."

Als ich einmal abends durch die Gegend nahe der Kaiserstraße bummelte, kam ich in das Nachtclubviertel. In jenen Jahren hätte es wohl kein Sowjetbürger gewagt, sich einem derartigen Etablissement auch nur zu nähern. Doch ich war ja kein Sowjetbürger mehr, hatte ein Dokument mit einem finnischen Namen und hundert Mark in der Tasche. Sollte ich es riskieren?

Verbotene Früchte schmecken süß. Bei uns hatte das bolschewistische System jahrzehntelang versucht, den „neuen Menschen" zu formen – einen Menschen mit hohen sittlichen und moralischen Eigenschaften. Doch er brauchte nur in den Westen zu gelangen, und schon begann er sich für Pornographie zu interessieren („nur um sich zu informieren"). Vor dem Kauf eines reißerisch aufgemachten Journals schreckte er allerdings noch zurück, denn erstens reichte das Geld dafür nicht und zweitens hatte er Angst, daß ihn seine Mitbürger vielleicht denunzieren und in Schwierigkeiten bringen konnten.

Ich beschloß, einen solchen Club einmal zu besuchen. Doch wahrscheinlich mußte dort etwas getrunken werden? Ich hatte mich in einem Kaufhaus über die Alkoholpreise informiert – eine Flasche guter Kognak kostete achtzehn Mark. Selbst wenn der Preis in dem Klub doppelt so hoch war, reichte mein Geld, zumal ich ja keine Flasche bestellen, sondern höchstens zwei Glas trinken wollte.

In dem von Alex erhaltenen neuen Anzug und weißem Hemd mit Binder (amerikanische Flüchtlingshilfe) ging ich in einen Nachtclub. Zehn Mark mußte ich bereits an der Garderobe zahlen. Das machte mich vorsichtig. Ich setzte mich an die Bar und zeigte mit dem Finger auf eine Flasche Kognak der gleichen Marke, die ich im Kaufhaus für achtzehn Mark gesehen hatte. Ich schaute mich um und trank dabei langsam ein Glas Kognak. Mir gefiel es hier gut. Dann nahm plötzlich ein Mädchen neben mir Platz und flüsterte etwas auf Deutsch. Als sie erfuhr, daß ich Finne war, bat sie den „Herrn aus Helsinki", ihr ein Glas Sekt zu spendieren. Ich bestellte ihr ein Glas „Piccolo" und mir noch einen Kognak. Na, dachte ich, das Mädchen nimmst du mit zu dir in die Wohnung. Ich wollte sogar auf die Striptease-Vorführung verzichten und bat den Barkeeper um die Rechnung. Diese belief sich auf sage und schreibe 135 Mark! Wofür, fragte ich mich? Für zwei Glas Kognak und ein Glas billigen Sekt?

Klugerweise vermied ich einen Skandal. Ich legte einfach die tags zuvor gekaufte Armbanduhr auf meine restlichen hundert Mark. Der Barkeeper schob die Uhr verächtlich zur Seite und sagte nur ein Wort: „Zahlen!"

Das Mädchen war sofort verschwunden. Aus dem Halbdunkel sah ich einen hünenhaften Rausschmeißer kommen, der mich drohend ansah. „Deine Karten stehen ziemlich schlecht, fahnenflüchtiger Matrose Tumanow", dachte ich. „Jetzt beziehst du eine Tracht Prügel."

Ich nahm aus meiner Brusttasche die Karte mit dem finnischen Familiennamen. Darauf war auch die Telefonnummer des diensthabenden Offiziers des amerikanischen Militärstützpunkts angegeben, auf dem ich „diente". Erstaunlicherweise beruhigten sich beim Anblick dieser Karte die Gemüter des Clubpersonals. Wie ich später erfuhr, hatten die Besitzer derartiger Etablissements unheimliche Angst, sich mit den Amerikanern anzulegen. Wenn sie sich an Amerikanern vergriffen, drohten ihnen Lizenzentzug und andere Unannehmlichkeiten. Demnach hatte ich richtig gehandelt, als ich damals mein „Falsifikat" einsetzte.

Der Barkeeper nahm mir die Karte ab und rief die angegebene Nummer an. Eine halbe Stunde später erschien verschlafen und verärgert Alex, den man aus dem Bett geholt hatte. Wortlos gab er dem Barkeeper das fehlende Geld und brachte mich nach Hause. Erst als wir uns im Lift befanden und zu mciner Wohnung in den fünften Stock fuhren, ließ

Alex seinem Ärger freien Lauf. Besonders erboste ihn, daß ich vorhatte, ein Mädchen aus dem Nachtclub in eine konspirative Wohnung der militärischen Aufklärung mitzunehmen.

„Wenn du bei der Polizei und noch dazu mit falschen Papieren gelandet wärst, hätte es einen Skandal gegeben. Deutschland hättest du dann vergessen können. Ich warne dich: Noch so ein Abenteuer, und wir übergeben dich den örtlichen Behörden. Dann sollen sie entscheiden, was mit dir wird."

Ich schwieg beschämt.

Ich weiß nicht, ob dieser Vorfall der Grund dafür war, auf jeden Fall wurde mir zwei Tage später eine andere Wohnung in der Beethovenstraße zugewiesen, die von diesem sündigen Ort weit entfernt lag. Alex hatte sich wieder beruhigt und sagte zu mir:

„Wenn du eine Frau brauchst, dann sage es mir. Wir tragen die Kosten und bringen sie dir ins Haus."

„Nein, nein, vergiß es", winkte ich völlig ernstgemeint ab.

Die Überprüfung dauerte noch immer an. Alex legte mir eine detaillierte Karte von Moskau vor und fragte mich ab: Wie kommt man von der einen Straße zur anderen? Welches Verkehrsmittel benutzt man am besten? ... Er forderte mich auf, den Grundriß unseres Hofs aufzuzeichnen, die Hausaufgänge zu markieren und die überdachte Sitzgruppe im Hof näher zu beschreiben. Er quälte mich mit seinen eindringlichen Fragen: Wie hieß deine Lehrerin in der ersten Klasse? Wer war dein Trainer bei der Schießausbildung? Welche Telefonnummer hat deine Freundin? Nenne die Namen aller Offiziere, bei denen du im Ausbildungszentrum Unterricht hattest! Wie lauten die Namen der Mitglieder der operativen Komsomolabteilung? ... Alex erarbeitete ein Gesamtbild meiner Person und zog, wenn etwas präzisiert werden mußte, „Fachleute" hinzu.

Nachdem er erfahren hatte, daß mein Onkel, Oberst Malofejew, beim KGB arbeitete und mitunter dienstlich ins

Ausland fuhr, ließ er einen Mann mit einer Reisetasche voll Fotos kommen. Auf einigen von ihnen waren Einzelheiten des Besuchs einer Moskauer Fußballmannschaft in der BRD Ende der fünfziger Jahre festgehalten. Auf mehreren Fotos erkannte ich mühelos meinen Onkel, der unter dem Deckmantel eines Sportfunktionärs an dieser Reise teilgenommen hatte.

„Zeigen Sie uns, wer Ihr Verwandter ist."

Sie waren mit meinen Angaben zufrieden.

Ein anderer Mann kam dann mit Aufnahmen vom Hof hinter unserem Moskauer Wohnhaus. Als er sie mir vorlegte, erstarrte ich: Ich sah meine Mutter mit einem Einkaufsnetz, wie sie gerade aus einem Geschäft herauskam. Sie war sehr gealtert und machte einen traurigen Eindruck. Mein Vater kommt gerade aus unserem Aufgang. Nachbarn stehen neben der Sitzgruppe und besprechen etwas. Kinder spielen. Mir krampfte sich das Herz zusammen: Vertraute Bilder aus der Heimat.

„Kennen Sie jemand auf diesen Aufnahmen? Zeigen Sie sie und nennen Sie deren Namen."

Einmal wurde mir das Foto eines Offiziers unseres Zerstörers vorgelegt, das offensichtlich aus einem Flugzeug im Tiefflug aufgenommen worden war. Natürlich erkannte ich ihn.

Die Überprüfung bei den Amerikanern erfolgte umfassend. Sie übereilten nichts, prüften gründlich auf Herz und Nieren. Auch ich hatte es nicht eilig. Vor mir lag noch ein ganzes Leben.

Als die zweite Tochter von Alex geboren wurde, lud er mich voller Freude zum Abendessen in ein chinesisches Restaurant ein. An diesem Tag erschien er bei mir mit einem Glas Sekt in der einen und einem Packen Zeitungen in der anderen Hand. Die Zeitungen überreichte er mir.

„Das ist die Zeitung ‚Posew' (Saat). Sie wird hier von Russen, die sich wie du in der Emigration befinden, herausgegeben."

Die Zeitung beeindruckte mich, ehrlich gesagt, stark. Wenn man mich in Moskau beim Lesen der „Posew" erwischt hätte, wäre ich wahrscheinlich eingesperrt worden. Jeder Artikel prangerte mit scharfen Worten „das verbrecherische Wesen des Sowjetregimes" an. Solche Beiträge erschienen selbst in den gehässigsten deutschen und englischen Zeitungen nicht. Alex hatte gemerkt, daß mich die Zeitung interessierte, und schlug am nächsten Tag vor, dorthin zu fahren, wo „solche Makulatur in Massen rumliegt". Auf diese Weise gelangte ich in einen Leseraum der Bibliothek der amerikanischen Militärsiedlung und vergrub mich dort in die Welt der russischsprachigen Emigrantenpresse und -literatur.

Früher hatte ich unser (und mein eigenes) Leben in der UdSSR durch die Brille der sowjetischen Propaganda gesehen. Diese Brille war so justiert, daß jeder, der hindurchschaute, nicht das reale Leben, sondern nur ein vom Kreml geschickt konstruiertes Trugbild sah. Wir waren die handelnden Personen einer kolossalen Geschichtsmystifikation, Teilnehmer einer weltumspannenden Hypnosevorstellung.

Ich will nicht sagen, daß alles in unserem Land schlecht war. Es geht mir hier nicht um die Vorzüge oder Mängel des einen oder anderen sozialen Systems. Ich spreche von der erdrückenden geistigen Unfreiheit, die für jedes totalitäre Regime charakteristisch ist, von der Atmosphäre der Lüge, die jeden Bürger umgibt und die George Orwell treffend in seinem berühmten Buch „1984" beschrieben hat.

Nun bot sich mir die Gelegenheit, das Leben ohne ideologische Scheuklappen zu betrachten.

Ich hatte der „Posew" die Anschrift der Redaktion entnommen und beschloß, die Menschen näher kennenzulernen, die ihr ganzes Leben dem Kampf gegen den Kommunismus gewidmet hatten. Ich wollte mich ihnen keineswegs anschließen, sondern war eher neugierig und hoffte unterschwellig, daß ich dort nützliche Bekanntschaften schließen konnte. Ich empfand ihnen gegenüber weder Liebe noch Haß.

Ich rief an und wurde zu einem Besuch eingeladen. Mit einem Taxi fuhr ich zu einer gut bewachten, mit Stacheldraht eingezäunten Baracke. Auf mein Klingeln erschien ein Pförtner, der den Schäferhund zurückrief und mich einließ. In dem Raum, in den er mich führte, befand sich offensichtlich das Lager des Verlags „Posew" – einer Unterorganisation von NTS (Volksarbeitsbund). In einem großen, spärlich eingerichteten Zimmer saß ein dicker, ungepflegt aussehender Mann an einem langen Tisch, auf dem zu Aschenbechern umfunktionierte Konservenbüchsen standen. Er hatte mich offensichtlich erwartet.

„Haben Sie mich angerufen? Woher kommen Sie?"

„Aus der Sowjetunion."

„Aha", meinte er verständnisvoll. „Sie leben bei den Amerikanern, wie ich vermute."

Ich bestätigte das.

„Und wo wohnen Sie, wie ist Ihre Adresse?"

„Das tut nichts zur Sache", antwortete ich ausweichend. „Ich habe eine eigene Wohnung."

Der Dicke war nicht gekränkt, brachte mir im Gegenteil noch mehr Vertrauen entgegen.

„Sie brauchen sich nicht zu beunruhigen. Wir haben gute Beziehungen zu den Amerikanern und wissen bereits eine Menge über Sie. Wenn Sie Bücher kaufen möchten, haben Sie Gelegenheit, sie hier billiger als im Geschäft zu erwerben. Suchen Sie sich ruhig etwas aus. Übrigens war kürzlich ein anderer junger Mann bei mir, der ebenfalls erst aus Rußland geflohen ist. Möchten Sie seine Adresse? Notieren Sie . . . Er heißt Wladimir Kryssanow und wohnt in der Mozartstraße."

Der Dicke schenkte mir einige Zeitschriften, riet mir, mit ihnen in Verbindung zu bleiben, und begleitete mich zur Tür. Er war, wie sich später herausstellte, ein Führer von NTS und hieß Artjomow. Unsere Beziehungen gestalteten sich in der Folgezeit so gut, daß Artjomow mir eine Stelle als Korrektor in seinem Verlag anbot und sich die mit mir gleichaltrigen Söhne und Töchter der NTS-Funktionäre abends in unserer Wohnung einfanden, wo wir eine Art russischen Jugendklub veranstalteten.

Ich sprach absichtlich von „unserer Wohnung", weil ich bald mit Wolodja Kryssanow, dem von Artjomow erwähnten jungen Mann, unter einem Dach lebte. Wolodja kam aus Sibirien, war klein und hatte feuerrote Haare. Er hatte wie mein Bruder die Geologische Fakultät der Universität Moskau absolviert. Aus Haß auf die Sowjetmacht entschloß er sich, koste es was es wolle, in den Westen zu gehen. Er überquerte wohlbehalten die sowjetisch-finnische Grenze, gelangte dann per Anhalter nach Schweden und stellte sich dort den Behörden, die ihn der amerikanischen Aufklärung übergaben. Alex war auch für ihn zuständig. Interessant ist, daß sich Alex mir anfangs als Lane und ihm als Lincoln vorgestellt hatte. Als ich Wolodja kennenlernte, war er bereits „in die Mangel genommen" und überprüft worden. Er wartete auf sein Ausreisevisum in die USA, wo er sich selbständig machen wollte. Alex billigte unsere Bekanntschaft und verschaffte uns im März 1966 eine Vierzimmerwohnung auf dem Territorium der amerikanischen Militärsiedlung im Norden Frankfurts.

Etwa zu dieser Zeit erhielt ich aus seinen Händen das erste echte Personaldokument, das mir den Aufenthalt in der BRD offiziell erlaubte. Das war der sogenannte „Fremdenpaß" – die erste Legitimation für Flüchtlinge. Meine Freude war deshalb so groß, weil das bedeutete, daß meine Überprüfung kurz vor dem Abschluß stand und alles bisher gut gelaufen war.

„Etwas später werden wir dir ein besseres Dokument beschaffen", versprach mir Alex, und er hielt auch Wort.

Irgendwann im Frühjahr informierte er mich, daß am nächsten Tag Besuch aus München zu mir kommen würde. Er riet mir, einen möglichst guten Eindruck zu machen. Das war meine erste Begegnung mit Vertretern des Senders „Radio Liberty". Es waren Perry und Neymanis von der Redaktion Hörerumfrage. Sie brachten Aufzeichnungen von Sendungen und maschinengeschriebene Texte mit.

„Wir möchten Ihre Meinung dazu wissen", erklärte

George Perry. „Hören Sie sich die Bänder an, lesen Sie die Texte und bewerten Sie die Sendungen dann auf diesem Fragebogen." Er überreichte mir eine Liste mit vielen Fragen. „Sie sind erst kürzlich aus der Sowjetunion gekommen, deshalb können wir Sie als typischen jungen Hörer einstufen. Für diese Arbeit erhalten Sie ein Honorar."

Doch noch wichtiger als die zweihundert Mark, die ich für die angefertigte Übersicht erhielt, war die geknüpfte neue Bekanntschaft. Wolodja Kryssanow, der das Leben hier schon etwas länger kannte und mir deshalb Ratschläge erteilte, bestätigte mich in meiner Meinung:

„Die Arbeit bei Radio Liberty ist weitaus lukrativer als eine Korrektorstelle in der Druckerei von NTS."

„Ja, diese Variante würde mich schon interessieren", platzte ich unbedacht heraus und biß mir zugleich auf die Zunge, als Wolodja mich sehr nachdenklich anguckte.

In dieser Zeit traf ich noch andere ehemalige Landsleute. Wolodja und ich wurden einmal von einem Aserbaidschaner mit Namen Tofik, einem Seemann von der Fischfangflotte, zum Plow eingeladen. Ein Jahr zuvor hatte er in Hamburg sein Schiff verlassen und litt seit der Zeit an Verfolgungswahn. Überall sah er Geheimagenten – hiesige und sowjetische. Zu Hause, in der von den Amerikanern zugewiesenen Wohnung, legte Tofik ständig den Finger auf die Lippen und sagte: „Leise, wir werden abgehört." Er behauptete, seine ganze Wohnung werde mit Kameras und Mikrofonen überwacht.

„Ich habe schon alle Wände nach Wanzen abgesucht", beschwerte sich Tofik uns gegenüber. „Gefunden habe ich zwar nichts, doch ich weiß genau, daß SIE mich sogar auf der Toilette beobachten."

„Er ist ein Spinner", meinte Alex nur, als er von meiner neuen Bekanntschaft erfuhr, und verbot mir den weiteren Umgang mit ihm.

Danach lernte ich Viktor Schischeljakin kennen – einen Soldaten, der vor drei Jahren aus der Gruppe der Sowjetischen Streitkräfte in Deutschland desertiert war. Er war ein ganzes Jahr mit Lederhandschuhen, Anzug und Binder herumstolziert, weil er sich darin unerhört elegant vorkam. Nun aber sehnte sich der ehemalige Kolchosbauer aus Sibirien von ganzem Herzen nach seinem früheren Leben zurück, belagerte unentwegt die Schwellen der sowjetischen Missionen und bat unter Tränen, ihm die Rückkehr zu gestatten. Er selbst erzählte uns, wie er in Westberlin unsere Militärmission aufgesucht hatte und vor einem General auf die Knie gefallen war: „Ich habe meinen Fehler eingesehen. Ich möchte nach Hause." Der General wies ihn jedoch kalt ab: „Du bist also der gemeine Verräter Schischeljakin. Nach Hause willst du? Nein, du Schurke! Die Heimat muß man sich verdienen. Da mußt du schon auf allen Vieren von Berlin nach Brest kriechen."

„Ich würde es ja tun", seufzte der reuige Deserteur Schischeljakin und wischte sich mit dem Lederhandschuh die Tränen aus dem Gesicht.

Interessanterweise hatte Alex, der über alles genau informiert war, nichts gegen meine Bekanntschaft mit Viktor.

Im April fanden, was meine Überprüfungen betrifft, so gut wie keine Maßnahmen mehr statt. Man unterhielt sich nur noch selten mit mir. Neue Leute tauchten auch nicht mehr auf. Ich spürte, daß die Überprüfung dem Ende entgegenging. Etwas Abwechslung kam dadurch in unser ziemlich eintöniges Leben, daß uns die Leute von NTS mit dem gerade erst in seine „angestammte Heimat" zurückgekehrten ehemaligen Sowjetdeutschen Johann Waimer bekannt machten. Während des Zweiten Weltkriegs war seine Familie aus dem Wolgagebiet nach Workuta umgesiedelt worden, wo „neun Monate lang Winter herrscht, der Rest Sommer, allerdings mit Wintereinlagen." Johann hatte dort bis zu seiner Ausreise nach Deutschland das ganze Leben verbracht. Wir freundeten uns schnell an. Ich nannte ihn bald bei seinem russischen Namen Iwan oder Wanja, wie er in Workuta in dem Bergwerk, wo er gearbeitet hatte, genannt wurde.

Johann Waimer (l.) und Tumanow in der Münchner Wohnung des ehemaligen sowjetdeutschen Bergmanns aus Workuta.

Es war schon erstaunlich: Der Deutsche Wanja dachte jeden Tag an seine in der Tundra verbliebenen Freunde. Hier in Deutschland stellte man ihm unentgeltlich eine Einzimmerwohnung zur Verfügung. Von dem Überbrückungsgeld hatte er sich ein Auto gekauft, gut eingerichtet und konnte nun sorgenfrei leben. In Rußland hätte er davon nur träumen können. Workuta ist das Reich des ewigen Eises, eine Region, in der auf jeden freien Bürger zwei Häftlinge und drei Verbannte kamen – eine mit Verwünschungen bedachte und mit Tränen getränkte Gegend ... Wie ist es da zu verstehen, daß hier in der blühenden Landschaft Hessens ein Mensch Sehnsucht nach dem von Eis und Schnee eingeschlossenen und mit Stacheldraht umzäunten Workuta hat?

In seiner gemütlichen Komfortwohnung beklagte sich der Sowjetdeutsche Johann oder Wanja, nachdem er hundert Gramm Wodka hinuntergekippt und eine Salzgurke gegessen hatte, bitter über sein Schicksal:

„Hier kann man mit niemand reden. Alle sind beschäftigt, alle denken nur ans Geldverdienen. Und wo bleibt die Seele? Nein, das ertrage ich nicht. Bei uns in Workuta war es besser."

Wanja dachte besonders gern an den 9. Mai, den Tag des Sieges über das faschistische Deutschland, zurück. In dem Bergarbeiterwohnheim, in dem er lebte, wurde schon einige Zeit davor für Wodka und Zukost gesammelt. Bis zu 50 Rubel kamen bei der Umlage zusammen. „Und wieviel nehmen wir von Wanja?" fragte jemand. „Nichts", wurde ihm geantwortet. „Er ist ja schließlich Deutscher. Für ihn ist das ein Tag der Trauer, soll er doch auf unsere Kosten trinken."

Ende April sagte mir Alex, daß mich am nächsten Tag eine schwere Prüfung erwarten würde. Er riet mir, zeitig schlafen zu gehen und auf keinen Fall Alkohol zu trinken. Mir fielen sofort die Ratschläge Sergejs hinsichtlich der Überprüfung mit dem Lügendetektor ein. War nun die Reihe an mir?

Zum Glück hatte ich damals starke Zahnschmerzen. Deshalb schluckte ich am anderen Morgen zwei Analgin und spülte sie vorsichtshalber mit einem Glas Wodka runter. Eine stichhaltige Ausrede hatte ich ja – schließlich sah man meine stark geschwollene Backe. Und Wodka ist bekanntlich das beste Betäubungsmittel. Notfalls konnte ich unerträgliche Schmerzen vorschützen.

Alex brachte mich in ein Sonderobjekt der militärischen Aufklärung und übergab mich der Obhut von zwei Männern. Der eine, der eine Beinprothese hatte, trug einen Rubinring. Das ist das Erkennungszeichen für die Angehörigen der Spezialtruppen der US-Army. Der andere, der eine Brille trug und einen weißen Kittel anhatte, sah wie ein Arzt aus. Sie führten mich in ein Zimmer, dessen eine Wand vollständig mit Spiegeln verkleidet war. Dann forderten sie mich auf, in einem Sessel am Tisch Platz zu nehmen, und schlossen an meinen Brustkorb, die Handgelenke und die Stirn Elektrodenleitungen an, die zu einem auf dem Tisch stehenden Gerät von der Größe eines Aktenkoffers führten. Der Mann mit der Prothese verschwand sofort im Nebenraum, wahrscheinlich, um mich unbemerkt von der anderen Seite des „Spiegels" beobachten zu können. Sein Kollege stellte mir einige Kontrollfragen zur Person, trat dann hinter mich und erklärte:

„Wir machen jetzt einen kleinen Test. Sie brauchen sich nicht zu beunruhigen, denn es ist vollkommen harmlos. Ich werde Ihnen einige Fragen stellen, die Sie schnell, ohne nachzudenken, mit ‚ja' oder ‚nein' beantworten sollen. Antworten Sie sofort, ohne zu zögern. Sitzen Sie bitte ruhig und bewegen Sie sich nicht."

Er stellte das Gerät auf dem Tisch an. Die Walze des Datenschreibers begann sich zu drehen und den Papierstreifen zu transportieren. Ich schaute in den Spiegel und konnte in meinem Gesicht nicht die geringste Spur von Furcht erkennen. Ich hielt mich gut.

„Sie heißen Oleg Alexandrowitsch Tumanow?" – „Ja." „Sie sind am 12. November 1944 geboren?" – „Ja." „Sie haben 1964 einen Lehrgang im KGB durchlaufen?" – „Nein." „Sie waren Mitglied der Kommunistischen Partei?" – „Nein." „Sie kannten einen Mann mit Namen Malofejew?" – „Ja." „Sie sind homosexuell?" – „Nein." „Betrügen Sie uns?" – „Nein." „Ist Malofejew ein Verwandter von Ihnen?" – „Ja." „Hat er Sie für die Mitarbeit im KGB gewonnen?" – „Nein." „Sind Sie vom Schiff desertiert, weil Sie das Leben im Westen lockte?" – „Ja." „Lieben Sie Ihre Heimat?" – „Ja." „Haben Sie sich bereit erklärt, einen Auftrag des KGB zu übernehmen, weil Sie Ihre Heimat lieben?" – „Nein." „Halten Sie sich für einen ehrlichen Menschen?" – „Ja." „Halten Ihre Führungsoffiziere im KGB Sie für einen Perspektivagenten?" – „Nein." „Heißt das Mädchen, mit dem Sie vor Ihrer Einberufung zum Wehrdienst befreundet waren, Tanja?" – „Ja." „Ihre Eltern wußten nichts von Ihrem Entschluß, in den Westen zu gehen?" – „Ja." „Sehen Sie sich manchmal zu einer Notlüge veranlaßt?" – „Ja."

Ich saß da wie auf dem elektrischen Stuhl. Meine Arme ruhten auf der Sessellehne. An meinen Körper waren Elek-

95

troden angeschlossen. Das Gerät schrieb unbeteilig mein Urteil oder meinen Freispruch. Das konnte sehr leicht schief gehen. Ein, zwei Fehler – und vorbei ist es. Wenn erst Verdacht entstanden ist, beginnt man nachzuforschen, das Vertrauen geht verloren und es ist aus mit der Kundschafterkarriere des ehemaligen Matrosen. Der Lügendetektor hatte schon andere vor mir zu Fall gebracht. 1964 zerstörte dieses schlaue Gerät für lange Zeit das Leben des übergelaufenen KGB-Mitarbeiters Juri Nossenko, der den Amerikanern seine Dienste angeboten hatte.

Nossenko, Mitarbeiter der Amerika-Abteilung der Zweiten Hauptverwaltung der Staatssicherheit (Abwehr), befand sich auf einer Dienstreise in Genf und schickte von dort der CIA das verabredete Telegramm, daß er sich absetzen wolle. Daraufhin wurde er einige Tage später aus der Schweiz in die BRD geschleust. Man brachte ihn in einer konspirativen Wohnung in Frankfurt unter (vielleicht dort, wo ich jetzt wohnte) und unterzog ihn bald darauf dem ersten Test mit dem Lügendetektor. Nossenko hatte zuvor fast zwei Jahre mit der CIA zusammengearbeitet und Langley unschätzbare Dienste erwiesen. Doch zu seinem Pech hatte Golizyn, ein vor ihm zu den Amerikanern übergelaufener KGB-Mitarbeiter, diesen versichert, daß der nächste Überläufer ein „Anbieter" aus Moskau, d. h. ein speziell eingeschleuster Agent der Lubjanka, sein würde. Ob Golizyn Anhaltspunkte für die Behauptung hatte oder diese Story von dem angeblichen operativen Spiel nur erfunden hat, um daraus Kapital für sich zu schlagen, ist bis heute nicht bekannt. Dafür wurde aber das weitere Schicksal Nossenkos ein anschauliches Beispiel für das manische Mißtrauen und die panische Angst der amerikanischen Geheimdienste, von sowjetischen Agenten unterwandert zu werden.

Dabei hatte sich Nossenko in keiner Weise verdächtig gemacht. Da er von seinem Wert für die CIA überzeugt war und die Überprüfung für eine reine Formsache hielt, nahm er den Test mit dem Lügendetektor und die Routinebefragungen nicht ernst. Eine Reihe Antworten auf ganz einfache Fragen enthielten daher Widersprüche. Einmal gab er seinen Dienstgrad mit Oberstleunant, ein anderes Mal mit Hauptmann an. Obwohl er in Moskau gegen die Amerikaner gearbeitet hatte, wußte er nicht, in welchen Etagen des Gebäudes der US-Botschafter sich die Residentur befand. Er war nicht in der Lage, den Speisesaal im Hauptgebäude des KGB am Dshershinski-Platz zu beschreiben. Die beunruhigten Mitarbeiter des Spionageabwehr der CIA unterzogen Nossenko fast fünf Jahre lang immer neuen Überprüfungen, wobei sie ihn viele Monate in Einzelhaft hielten. In der CIA hatte man die Zwangsvorstellung, daß Nossenko speziell von Moskau geschickt worden war, um erstens den Verdacht von Lee Harvey Oswald abzulenken, den man verdächtigte, Verbindungen zum KGB zu haben, und zweitens den „Maulwurf" der Lubjanka zu decken, der im Innern des amerikanischen Geheimdienstes tätig war.

Erst nach der dritten Überprüfung mit dem Lügendetektor ließen ihn seine Peiniger in Ruhe, nachdem die Ergebnisse im August 1968 positiv ausgefallen waren. Obwohl die Spionageabwehr Nossenko nach wie vor für einen Falschinformanten hielt, konnte er sich in der Folgezeit nahezu frei bewegen. Doch die Observation wurde erst viel später eingestellt.

Ich wußte damals noch nichts vom Leidensweg dieses Verräters. Doch ich war in einer nahezu ähnlichen Lage wie er.

. . . Beim Test mit dem Lügendetektor werden manchmal gleiche Fragen wiederholt. Mitunter scheint eine Frage bereits gestellt, doch dann sind zwei, drei Worte verändert, wodurch sich der Sinn der Frage ins Gegenteil verkehrt. Zum Nachdenken ist keine Zeit. Die Fragen folgen Schlag auf Schlag. Meine einfachen Tricks, eine Frage, um Zeit zu gewinnen, nicht mit „ja" oder „nein", sondern ausführlich zu beantworten, wurden unverzüglich und barsch unterbunden.

„Sie haben auf dem Zerstörer ‚Sprawedliwy' gedient?" –

„Ja." „Ihr Vater heißt Alexander Wassiljewitsch?" – „Ja."
„Haben Sie sich in Moskau mit Ihrem Führungsoffizier in
einer konspirativen Wohnung getroffen?" – „Nein." „Bevor-
zugen Sie Blondinen?" – „Nein." „Werden Ihre Handflächen
oft feucht?" – „Nein." „Drohte Ihnen in Ihrer Kindheit wegen schlechten Betragens der Schulverweis?" – „Ja." „Haben
Sie Angst vor Spinnen?" – „Nein." „Halten Sie KGB-Offiziere für bedeutende Persönlichkeiten?" – „Ja." „Meiden Sie
perverse Sexualpraktiken?" – „Ja." „Sind Sie bereit, für Lügen
eine strenge Bestrafung hinzunehmen?" – „Ja."

Diese Folter dauerte etwa eine Stunde. Dann kam endlich
der Mann mit der Hornbrille wieder hinter meinem Rücken
hervor, schaltete das Gerät ab und löste die Kabel. Fast gleichzeitig erschienen Alex und der Versehrte mit dem Rubinring.
Alle drei beugten sich, ohne mich zu beachten, über den Papierstreifen. Etwas muß ihnen nicht gefallen haben, denn sie
machten besorgte Gesichter wie Chirurgen, die zwar die
Operation durchgeführt haben, jedoch noch nicht davon
überzeugt sind, daß der Patient durchkommen wird.

Alex rollte den Papierstreifen zusammen und steckte ihn
in die Tasche. „Fahren wir Mittag essen", sagte er kurz ange-
bunden zu mir. Im Wagen stellte ich ihm die naive Frage, was
denn damit bezweckt wurde.

„Das war ein sehr wichtiger Abschnitt deiner Überprüfung", antwortete Alex, ohne daß sich seine Miene aufhellte.
„Dieses Gerät läßt sich im Prinzip nicht betrügen, es ist unbe-
stechlich. Scheinbar ist es nicht ganz zufrieden mit dir. Bei
einigen Fragen haben sich Widersprüche ergeben", seufzte er.
„Nun müssen wir in die zweite Runde. Das ist mit viel Arbeit
verbunden."

Einen Tag später fing alles von vorn an. Erneut erschien das
„hohe Tier" Sam, danach kam der „Flieger" Boris. Alex begann mit nahezu krankhafter Akribie, meine Antworten in
Fragebögen einzutragen und Einzelheiten meines Lebens zu
recherchieren. Wenn irgendwelche Nebensächlichkeiten
nicht mit dem übereinstimmten, was ich zuvor gesagt hatte,

hielt Alex inne und versuchte, mich der vorsätzlichen Lüge zu überführen. Doch ich war überzeugt, daß sie im dunkeln tappten. Bisher hatte ich ihnen nicht den geringsten Anlaß gegeben, mir zu mißtrauen. Also mußte ich mich in Geduld üben und warten.

Eines heiteren Frühlingstages im Jahre 1966 eröffnete mir Alex, daß ich zum Besuch des Senders „Radio Liberty" in München eingeladen sei. Da begriff ich, daß meine Überprüfung glücklich abgeschlossen war. Der Sender unterstand damals noch vollständig der Kontrolle der amerikanischen Geheimdienste, war faktisch eine ihrer Unterabteilungen. Einem unsicheren Kandidaten hätte man daher niemals den Zutritt erlaubt. Diese Einladung konnte ich eindeutig als Geste des Vertrauens werten.

In Begleitung von G. Perry fuhr ich nach München und nahm mir ein Zimmer in einer bescheidenen Pension in der Leopoldstraße. Der Sender befand sich noch im ehemaligen Abfertigungsgebäude des alten Flughafens in der Lilienthalstraße. Ich wurde durch enge, verrauchte Zimmer geführt und den Mitarbeitern als eine Art Berühmtheit vorgestellt: „Das ist Oleg Tumanow, er ist gerade erst aus der Sowjetunion gekommen."

Besucher aus der Sowjetunion galten damals noch als Seltenheit. Touristen und Dienstreisende aus der UdSSR schreckten vor den Korrespondenten des Senders wie vor Aussätzigen zurück. Neue Emigranten gab es praktisch nicht. Deshalb wollten alle einmal einen Landsmann „von drüben", der ihre Sendungen gehört hatte, sehen und mit ihm sprechen.

Vor dem Abendessen fragte mich mein zukünftiger unmittelbarer Vorgesetzter Alexander Bachrak scheinbar beiläufig:

„Wie denken Sie über den Antisemitismus in der Sowjetunion?"

Solche Fragen brachten mich damals noch in Verlegenheit. Ich hatte noch nicht genug Lebenserfahrung und einen begrenzten Horizont. Was hatte ich denn außer der Schule, dem Konstruktionsbüro und dem Dienst in der Flotte erlebt? In der Schule stand Antisemitismus bei uns wirklich nicht zur Debatte. Ich erinnerte mich an Lenja, Shenja, Wowa und Laura. Niemand machte einen Unterschied zwischen ihnen und allen anderen. Im KGB war mir diesbezüglich auch nichts aufgefallen. Und bei der Flotte war mir kein einziger Jude begegnet. Vielleicht wurden sie zu anderen Waffengattungen einberufen.

„Nein, bei uns gibt es keinen Antisemitismus", antwortete ich Bachrak überzeugt.

Er hat mich wahrscheinlich für naiv oder unaufrichtig gehalten.

Insgesamt schien ich bei den Mitarbeitern von Radio Liberty einen guten Eindruck hinterlassen zu haben. Bald darauf erhielt ich das offizielle Angebot, bei dem Sender zu arbeiten, was natürlich ein außerordentlicher Glücksfall war. Doch zuvor kam es noch zu einigen Zwischenfällen, die der Erwähnung wert sind.

Wolodja Kryssanow erhielt schließlich im amerikanischen Konsulat einen Termin für sein Visum. Er sah sich schon auf dem Weg in die Staaten – in das Land der unbegrenzten Möglichkeiten, wo er sofort eine eigene Firma gründen wollte. In bester Stimmung erschien er in Begleitung von Alex zum Empfang beim Konsul und versuchte, diesen während des Gesprächs mit Witzen über Juden zu erheitern. Er erzählte eine Menge lustiger Anekdoten, in denen Juden verspottet und beleidigt wurden. Wolodja hatte seinen großen Tag, da wollte er alle an seiner Freude teilnehmen lassen. Er konnte bloß nicht verstehen, warum Alex ihm ständig auf den Fuß trat und der Konsul rot anlief, was er dahingehend interpretierte, daß gerade diesem die Witze besonders gefielen.

Doch der Konsul war Jude, Zionist, und mit seinen Witzen verursachte der Sibirier bei ihm, wie sich später herausstellte, fast einen Herzinfarkt. Die Dokumente Kryssanows wurden natürlich „auf Eis gelegt", seine Einreise in Kalifornien konnte er vergessen. Meinem wütenden (doch keineswegs entmutigten) Freund wurde später mitgeteilt, daß „für ihn die Vereinigten Staaten nicht in Frage kommen" und er nach Schweden zu gehen habe. In Schweden hat Wolodja übrigens das erreicht, was er sich vorgenommen hatte. Er gründete eine Firma und wurde reich damit.

Wanja Waimer und ich hatten Wolodja zum Flugplatz begleitet, um ihn zu verabschieden. Nachdem Wolodja in Richtung Stockholm abgeflogen war, fuhren wir in meine Wohnung, um auf unseren Freund und sein Wohlergehen auf dem neuen Lebensweg zu trinken. Wanja wurde plötzlich von Schwermut befallen und bat mich, Workuta anrufen zu dürfen.

„Geht denn das überhaupt?" fragte ich neugierig. Ich vergaß dabei ganz, daß wir uns in einer Wohnung des amerikanischen Geheimdienstes befanden.

„Wir können es doch versuchen", beharrte Wanja auf seiner Idee. „Wir wählen einfach die Nummer der Vermittlung . . . Dann melden wir ein Ferngespräch nach Workuta in der Sowjetunion an."

Es mag unwahrscheinlich klingen, doch ein, zwei Stunden später sprach er unter Tränen wirklich mit der Pförtnerin des Bergarbeiterwohnheims, in dem er früher gelebt hatte. Mir ist diese unbedeutende Episode nur deshalb in Erinnerung geblieben, weil sie einen Monat später der Anlaß war, warum ich aus München, wo ich bereits wohnte, nach Frankfurt zu einem weiteren Test mit dem Lügendetektor beordert wurde. Alex war wütend: „Wie kannst du aus einer konspirativen Wohnung des amerikanischen Geheimdienstes in Rußland anrufen? So etwas ist mir noch nie vorgekommen!" Zum Glück kamen sie zu der Überzeugung, daß es sich hierbei wirklich um eine Schnapslaune gehandelt hatte. Auch hatte ich selbst ja kein Wort über das Telefon gesprochen. Das Ganze hatte für mich keine weiteren Folgen.

Bereits Anfang Mai 1966 hatte mir Alex ein offizielles

Schreiben von Radio Liberty (RL) übergeben, das vom Leiter der administrativen Abteilung Jean Lekasch unterzeichnet war, in dem man mir eine Anstellung mit der Aussicht anbot, mich bei Eignung fest anzustellen. Zunächst sollte ich eine Probezeit durchlaufen.

„Du hast Glück", sagte Alex zu mir. „Nur wenigen Emigranten im Alter von 22 Jahren ist ein solches Angebot gemacht worden. Das ist etwas anderes als ein Betrieb oder die Druckerei von NTS. Das ist ein angesehener und gut bezahlter Job. Was hältst du davon?"

„Ich bin glücklich!" Meine Augen strahlten ehrlich vor Freude. Das Glück war mir nach wie vor hold.

„Dann packe deine Sachen zusammen und unterschreibe diese Papiere." Das war eine Verpflichtung, über alles, was von Dezember bis Mai während meiner Zeit bei den Amerikanern passiert war, zu schweigen. Für den Fall, daß ich diese Schweigepflicht verletzte, drohten mir Gefängnis oder 25 000 Mark Strafe.

Am nächsten Tag erhielt ich aus seinen Händen den blauen Paß eines politischen Emigranten. Dieses Dokument räumte mir weitaus mehr Rechte ein als der gelbe Flüchtlingspaß. Es hätte nicht besser laufen können.

Die Mitarbeiter von RL wurden damals inoffiziell in drei Kategorien eingeteilt. Die erste waren die „Neger", mit denen ein Arbeitsvertrag nach den deutschen Gesetzen abgeschlossen war. Sie erhielten keine kostenlose Wohnung zur Verfügung gestellt, mußten alle Steuern zahlen und sich selbst um ihre Versicherung kümmern. Die nächste, privilegiertere Kategorie waren die „Mulatten". Diese Mitarbeiter kamen in der Regel aus Großbritannien, Frankreich, Spanien und anderen Ländern. Ihnen wurden eine eingerichtete Wohnung, die Hälfte der Versicherung und andere Leistungen bezahlt. Doch am besten waren die „Weißen" gestellt. Ihr Arbeitsvertrag entsprach amerikanischen Standards. Bei ihnen handelte es sich hauptsächlich um Amerikaner, die in Nobelwohnungen oder Villen wohnten und Luxusautos fuhren, natürlich nicht auf eigene Kosten.

1966 wurden im Haushalt von RL Sondermittel für ein Programm zur Auffrischung des Kaderbestands durch junge Menschen von „jenseits des eisernen Vorhangs" – Überläufer, Nichtrückkehrer und Emigranten – zur Verfügung gestellt. Ich war der erste, der aufgrund dieses neuen Programms eingestellt wurde. Das Projekt stand unter Leitung eines gewissen Willy Klump – eines Amerikaners deutscher Abstammung, der mir anbot, zunächst bei ihm zu wohnen. Der „Weiße" Willy hatte eine große Wohnung in der vornehmen Königinstraße. Im Geschoß darunter befand sich ein unbewohntes winziges Dienstmädchenzimmer. Das wurde meine erste Behausung in München. Ein Bett, ein Schrank, ein kleiner Tisch und ein Stuhl – das war alles, was darin Platz fand.

Ich wurde zunächst einen Monat Max Ralis, dem Leiter der Redaktion Hörerbefragung, zugeteilt. 1971 übersiedelten Ralis und seine Mitarbeiter nach Paris. Doch damals residierten sie noch in der Leopoldstraße in einer dreistöckigen Villa, die von kräftigen Marineinfanteristen bewacht wurde. Diese Redaktion befragte Hörer in der ganzen Welt über ihre Meinung zu den Sendungen von „Radio Liberty". Sie verfügte über ein eigenes Budget und stand immer unter Leitung eines CIA-Mitarbeiters.

Doch das erfuhr ich alles erst später. Damals gab man mir ein Einzelzimmer und brachte mir eine Menge Mappen mit Texten von Sendungen sowie Tonbandaufzeichnungen, die ich nach einem bestimmten Schema analysieren sollte. Ich wurde gebeten, nicht nur den Inhalt, sondern auch die Diktion, die Intonation usw. zu beurteilen. Ich sollte die Produktion von RL mit „frischem, ungetrübten Blick" betrachten und Vorschläge zur Verbesserung der Sendungen für die UdSSR machen. Einer meiner Vorschläge, nämlich eine regelmäßige Jugendsendung ins Programm aufzunehmen, kam bei ihnen sofort an. Später wurde mir dann die Leitung dieser Sendung übertragen.

In der ersten Zeit wurde ich von einem Stellvertreter von Ralis, dem Engländer David, angeleitet. Er brachte mir das Material und erteilte mir in gutem Russisch mit kaum merklichem Akzent nützliche Ratschläge aller Art. Doch auf einmal war dieser Mann spurlos verschwunden. Damals hatte ich mich in meiner neuen Umgebung noch nicht eingelebt und konnte auch nicht auf offene Gespräche oder ein gewisses Vertrauen der Mitarbeiter rechnen. Die modern gekleideten, gepflegten und hochmütigen Amerikaner, die in der Redaktion arbeiteten, bedachten mich bestenfalls mit einem flüchtigen „Hallo", und auch das nicht immer. Deshalb begriff ich nicht sofort, warum das Verschwinden von David einen derartigen Tumult auslöste. Erst einige Monate später, als man mich akzeptiert hatte, sagte man mir hinter vorgehaltener Hand, daß der Engländer offensichtlich für den sowjetischen Geheimdienst gearbeitet hatte und aus irgendwelchen Gründen plötzlich nach Moskau abberufen worden war.

Dies war das erste, doch keineswegs letzte Mal, daß von Radio Liberty (RL) oder Radio Free Europe (RFE) plötzlich Leute verschwanden und dann wieder in einem sozialistischen Land als Mitarbeiter von Geheimdiensten auftauchten. In den vorhergehenden Fällen handelte es sich um einen Polen, einen Tschechen, einen Bulgaren, einen Litauer, einen Russen ...

Zwanzig Jahre später sollte ich ebenfalls derart plötzlich aus München verschwinden. Wer würde der nächste sein?

Ich weiß nicht, wie es heute ist, aber damals übten die beiden Sender auf die Geheimdienste der Länder des kommunistischen Blocks eine ähnliche Anziehungskraft aus wie Nektar auf die Bienen. Der Grund dürfte klar sein. Radio Liberty und Radio Free Europe waren für den Westen in der Systemauseinandersetzung das wichtigste Mittel der politisch-ideologischen Diversion. Moskau verfügte seinerseits ebenfalls über schlagkräftige Mittel – Rundfunkprogramme für das Ausland in Dutzenden von Sprachen, Verlage, Zeitungen und Zeitschriften, die die kommunistischen Ideen in der

ganzen Welt propagierten. Auf vorgeschobenen Posten sollten Radio Liberty und Radio Free Europe der „roten Propaganda" entgegenwirken und sogar „Präventivschläge" führen, indem sie die Hörer objektiv über die Situation im
sozialistischen Lager informierten. Ohne Übertreibung kann
gesagt werden, daß die Mitglieder des Politbüros in Moskau
Radio Liberty mehr fürchteten als jede andere Waffe der
USA.

Nachdem mein einmonatiges Praktikum bei Ralis zu Ende
war, ging ich zu ihm, um mich zu verabschieden. Max war
bereits ergraut und nicht mehr der Jüngste. Würdevoll schritt
er während unseres Gesprächs in seinem Arbeitszimmer auf
und ab, rauchte dabei seine Pfeife und verkörperte Zuversicht
und Kraft, wie sie eben nur Amerikaner ausstrahlen können,
die sich ihres Wertes bewußt sind. Er dankte mir in knappen
Worten für meine Arbeit und sagte, daß ich von nun an bei
der Senderedaktion von Radio Liberty arbeiten würde. Dann
blieb er vor mir stehen.

„Doch wissen Sie", sagte er wohlwollend, „ich rate Ihnen
einen anderen Weg. Studieren Sie. Wir werden für Sie ein
Stipendium finden. München hat eine gute Universität und
ein komfortables Studentenwohnheim. Sie werden Sprachen
lernen und zum Fachmann ausgebildet. Glauben sie mir, das
wird für Ihre Zukunft bedeutend nützlicher sein als das
Schlangennest, in dem Sie hier arbeiten sollen."

„Schlangennest?"

„Ja, Herr Tumanow, ich weiß wovon ich spreche. Es wird
dort für Sie sehr schwer. Sie werden an meine Worte denken."

Was konnte ich Mister Ralis antworten? Offensichtlich
meinte er es wirklich gut mit mir. Der amerikanische Agent,
der einem jungen russischen Emigranten diesen Rat gab,
schadete damit seiner „Firma". Doch Agenten sind auch nur
Menschen, warum sollen sie sich nicht mitunter auch eine
Schwäche gönnen? ... Indem Ralis den Sender (im Prinzip
eine Geheimdienstfiliale) als ein Nest voller Giftschlangen

bezeichnete, verstieß er gegen die „Spielregeln". Seine Offenheit verblüffte mich. Doch ich durfte seinen Rat ja nicht annehmen. Es war schon verlockend, ein Studium zu beginnen, eine Ausbildung zu erhalten, Sprachen zu erlernen und Karriere zu machen ... Doch das sah mein Auftrag nicht vor. Er verlangte von mir, im „Schlangennest" zu leben.

„Ich danke Ihnen, Mister Ralis. Doch es wird besser sein, wenn ich einige Zeit mit meinen Landsleuten zusammenarbeite. Vielleicht kommen wir doch miteinander aus."

„Sie haben ja keine Ahnung, was das für Leute sind." Der Amerikaner schüttelte vorwurfsvoll den Kopf. „Es ist ein Unterschied, ob man mit ihnen Wodka trinkt oder zusammenarbeiten muß. Man wird Sie ausnutzen, anspucken und zertreten."

„Ich werde es trotzdem versuchen. Schließlich wird es nie zu spät sein, Ihren Rat doch noch zu befolgen."

... Am nächsten Tag brachte mich Willy Klump in die Lilienthalstraße. Nachdem ich in der Personalabteilung einen Fragebogen ausgefüllt hatte, war es an der Zeit, meinen unmittelbaren Vorgesetzten unter die Augen zu treten. Zu besagter Zeit wurde die Nachrichtenredaktion des russischsprachigen Dienstes von einem langjährigen Mitarbeiter des Senders, Alexander Bachrak, geleitet, der in Paris als Sekretär bei dem berühmten Schriftsteller Iwan Bunin gearbeitet hatte. Sein Stellvertreter war der junge Alexander Peruanski. Beide saßen in einem Zimmer. Während Bachrak fast immer hinter seiner Lieblingszeitung „Le Figaro" ungeniert vor sich hindöste, täuschte Peruanski Geschäftigkeit vor.

Als ich schüchtern das Zimmer betrat, blickte der Chef nur kurz hinter seiner Zeitung vor:

„Sascha, beschäftige dich mit dem jungen Mann."

Peruanski bereitete es Vergnügen, sich mit mir zu beschäftigen. Er hatte sofort begriffen, daß da vor ihm ein junger Kerl stand, der von nichts eine Ahnung hatte. So einen konnte man tausendmal am Tag schikanieren und ihm seine völlige Unfähigkeit nachweisen.

„Ach, Sie beherrschen die deutsche Sprache nicht? Sehr schade, daß Sie keine Kommentare verfassen können. Und wie steht es mit der Übersetzung von Texten der Nachrichtenagenturen aus dem Englischen? Dazu sind Sie auch nicht in der Lage? Wie schade! Was können Sie denn überhaupt? Wer hat Sie geschickt? Ach, die Amerikaner!"

Meine letzte Antwort hatte seinen Hochmut etwas gedämpft. Vor den Amerikanern hatten hier alle Respekt und niemand wagte, ihnen zu widersprechen. Peruanski war deshalb arg enttäuscht. Er hatte sich genüßlich an meiner Hilflosigkeit geweidet und wußte nun nicht, was er weiter mit diesem noch grünen Jungen anfangen sollte, den „die Amerikaner geschickt hatten". Schließlich fand er einen Ausweg: „Versuchen Sie einige Ihrer Eindrücke vom Leben in der Sowjetunion niederzuschreiben – das Thema ist egal. Im Umfang von zwei Seiten. Ich gebe Ihnen drei Tage Zeit. Sie können hier schreiben oder zu Hause, wie Sie wollen."

Peruanski schien mich in Gedanken schon abgeschrieben zu haben. Seine Skepsis wurde noch verstärkt, als ich ihm drei Tage später den Text meines ersten Kommentars brachte, den ich mir mit Mühe abgequält hatte. Alexander überflog ihn, warf die Seiten verächtlich in den Papierkorb und fällte das Urteil: „Das interessiert keinen. So schreibt man bei uns nicht." Doch es war noch zu früh, mir endgültig den Laufpaß zu geben. Deshalb beauftragte Peruanski einen seiner Mitarbeiter, sich um den jungen Praktikanten zu kümmern. „Fürst Wolkonski wird sich mit dir beschäftigen", sagte er geringschätzig.

Ich hatte bisher nur in Büchern über Menschen mit solchen Titeln gelesen. Fürst Wolkonski! Das wird doch nicht ein Nachfahre des berühmten Helden aus Tolstois „Krieg und Frieden" sein? Und der soll mir helfen? Ich malte mir lebhaft folgendes Bild aus: Das Zimmer betritt ein stattlicher junge Mann im Frack, mit Lackstiefeln, makellos gescheiteltem Haar und einem Brillantring am Finger. Hinter ihm eine Schar von Dienern und Sekretären. Bonjour, Monsieur, sprach mich der Fürst an. Was soll ich ihm darauf antworten? Guten Tag, Eure Hoheit?

Die Tür meines Arbeitszimmers öffnete sich und ein unscheinbarer Mann von etwa 28 Jahren kam schüchtern herein. Er hatte abgewetzte Jeans, ein altes ausgeblichenes Trikot und abgetragene Schuhe an. Die dunklen wirren Haare hatten schon lange keinen Friseur mehr gesehen.

„Sind Sie Tumanow?"

„Ja, das bin ich."

„Ich soll Ihnen helfen. Ich heiße Oleg Wolkonski." Er gab mir die Hand und sprach zerstreut weiter: „Ich arbeite hier als Übersetzer und bin sehr froh, daß ich eine ganze Woche etwas anderes machen kann."

Der Fürst war ein prima Kerl. Er verhehlte nicht seine Freude darüber, daß er durch diesen Auftrag nicht über Übersetzungen zu brüten brauchte, sondern mich den ganzen Tag durch das Funkhaus führen konnte. Er war wirklich ein Nachfahre des berühmten russischen Adelsgeschlechts. Doch als Oleg 1939 das Licht der Welt erblickte, hatten seine Eltern, die es als Emigranten in viele Länder verschlagen hatte, fast ihr ganzes Vermögen aufgebraucht. Deshalb war ihm von der glanzvollen Vergangenheit nur der wohlklingende Titel verblieben. Ich unterhielt zu Wolkonski herzliche Beziehungen, bis er 1973 Radio Liberty verließ.

Oleg führte mich gewissenhaft in das Archiv, die Bibliothek und die technischen Dienste ein und stellte mich allen seinen Bekannten vor. Ich gewann langsam die Übersicht, wußte, wer welche Funktion hatte, und freundete mich mit einigen an. Besonders enge Beziehungen verbanden mich damals mit den ehemaligen Offizieren der Wlassow-Armee Leonid Pylajew und Andrej Mentschukow sowie Igor Glasenapp, der nach der Kriegsgefangenschaft in Deutschland geblieben war. Igors Vorfahren waren übrigens schon unter der Zarin Katharina II. aus Deutschland nach Rußland übergesiedelt und ebenfalls vornehmer Herkunft. Puschkin hatte sie sogar in einigen Werken erwähnt.

Freunde Tumanows in seiner Anfangszeit bei „Radio Liberty": Leonid
Pylajew und Ariadna Nikolajewa.

Pylajew war das ganze Gegenteil von Glasenapp – heimat-
los und ohne berühmte Vorfahren. Dafür war er eine sehr be-
merkenswerte Persönlichkeit. Er schrieb Lieder, spielte Gitarre, war handwerklich begabt und konnte überhaupt alles.
Er fuhr einen schwarzen Opel, bei dem ein Seitenfenster
durch eine Sperrholzplatte ersetzt war. Er war außerdem noch
dadurch berühmt, daß er 1959 neben Yul Brynner in dem
Hollywoodfilm „Der Weg" mitgespielt hat. Diese Neben-
rolle brachte ihm zweieinhalbtausend Mark ein (eine Menge
Geld für die damalige Zeit). Dieses ganze Geld gab er dafür
aus, um einen Kameramann und zwei Prostituierte zu bezahlen, mit denen er einen eigenen Pornofilm produzierte, in
dem er die Hauptrolle spielte. Leonid zeigte das „Werk" gern
seinen Freunden in der Garage des Senders, wo er extra dafür
ein Vorführgerät und kleine Tische mit Getränken und
Snacks besorgte. Dann ging es hoch her.

109

Pylajew riet mir auch, mich vor Zuträgern beim Sender zu hüten. Die Zuträgerei wurde von den Amerikanern als effektive Form der Abwehrtätigkeit gefördert und unterstützt. „Du darfst niemals und nirgends ein gutes Wort über die Sowjetunion sagen", belehrte mich Leonid. „Bei jedem geselligen Beisammensein findet sich immer jemand, der deine Worte dem Sicherheitsdienst zuträgt." Er zeigte auf einen Mitarbeiter mit dem Spitznamen „Kain". „Dieser wird versuchen, sich dir aufzudrängen. Halte zu ihm Distanz, er ist der Zuträger Nr. 1."

Man riet mir, ich sollte sogar zu Hause vorsichtig sein, denn der Sicherheitsdienst hatte von allen Wohnungen der Mitarbeiter bei Radio Liberty Zweitschlüssel und führte in deren Abwesenheit prophylaktische Überprüfungen durch. Ich hatte später Gelegenheit, mich von der Richtigkeit dieser Warnung zu überzeugen.

Ich denke, daß meine Arbeitsaufnahme beim Sender und meine Einstellung als hauptamtlicher Mitarbeiter ein gewisser Glücksfall war. Verständlicherweise war ich in der ersten Zeit kein guter Kommentator. Ich beherrschte weder Fremdsprachen noch war ich mit der Spezifik des Rundfunks vertraut. Dann wurde jemand auf meine Stimme aufmerksam und schlug vor, ich sollte es doch einmal als Sprecher versuchen. Ohne besondere Hoffnung auf Erfolg nahm ich vor dem Mikrofon Platz. Und das Wunder geschah – alle lobten einhellig dieses unerwartete Debüt als Ansager. Offensichtlich war meine Stimme genau das, was für das Gespräch mit den sowjetischen Zuhörern gebraucht wurde. Sie war tief, klangvoll, stark und, was entscheidend war, gut verständlich.

Jetzt atmeten alle auf, die mir wohlgesonnen waren. Tumanow konnte zweifellos bei „Radio Liberty" als Sprecher eingesetzt werden. Unter dem Pseudonym „Waleri Schulgin" ging ich auf Sendung – anfangs nur mit fremden Texten, doch dann zunehmend mit eigenen Kommentaren.

Im Herbst 1966 teilte mir Willy Klump mit, daß man für mich und meinesgleichen ein Einzelhaus ausfindig gemacht

110

hatte. Es handelte sich hierbei um eine schöne zweigeschossige Villa mit Garten an der Ecke Leopoldstraße/Rümannstraße. Für 100 Mark Monatsmiete konnte ich jetzt in Komfort leben. In der ersten Zeit wohnte ich noch dazu ganz allein hier, denn damals hatte man noch keine weiteren neuen Mitarbeiter für „Radio Liberty" werben können.

Ich stattete mein eigenes Zimmer im ersten Stock mit den allerbesten Möbeln aus. Der Nebenraum war ein gut eingerichtetes Gästezimmer mit Kamin und Bar. Kurz gesagt, ein angenehmeres Leben konnte man sich nicht vorstellen. Erst zu Beginn des nächsten Jahres zogen noch zwei junge Amerikaner ein, die am Sowjetunion-Institut ein Praktikum absolvierten. Auch ich besuchte an diesem Institut, das von einem Enkel des berühmten weißgardistischen Admirals Koltschak geleitet wurde, Vorlesungen über Philologie, Wirtschaft und Politologie. Damals erschloß ich für mich einen umfangreichen und neuen Bereich der russischen Literatur – die Bücher von Bulgakow, Samjatin, Awertschenko, Bunin und Babel, deren Herausgabe in der Sowjetunion verboten war.

Einer der beiden Amerikaner war der Sohn eines reichen Chirurgen in Kalifornien. Er sprach gut Russisch und träumte von einer Diplomatenkarriere. Der andere war Jude und hatte sich das Ziel gestellt, ein Stück Land irgendwo im exotischen Colorado zu kaufen und dort ein Restaurant zu eröffnen.

Zum Abendessen trafen wir uns gewöhnlich in der Küche, wo jeder für sich, entsprechend seinen finanziellen Möglichkeiten und seinem Geschmack, etwas zubereitete. Ich aß schnell meine Tütensuppe und zwei bis drei belegte Brote. Der zukünftige Restaurantbesitzer war Vegetarier und löffelte melancholisch seinen Haferbrei, während sich der Kalifornier jedesmal einen wahren Schmaus aus einem guten Steak, einer großen Schüssel Salat und Eis als Nachtisch zubereitete ... Mir lief davon das Wasser im Mund zusammen. Für mich war ein solches Verhalten vollkommen neu, denn bei uns in der UdSSR war ich etwas anderes gewöhnt. Wenn man sich bei uns gemeinsam an den Tisch setzt, dann bewirtet man sich gegenseitig mit dem, was man hat. Im Westen jedoch kümmert sich jeder nur um sich selbst.

Anfang 1967 wurde ich als ständiger Mitarbeiter des Senders „Radio Liberty" eingestellt. Ich erhielt einen lebenslangen Arbeitsvertrag und ein Monatsgehalt von 1100 Mark.

Alles verlief nahezu wunschgemäß.

Die erste Freundin, mit der ich zwei Jahre lang in München zusammen war, hieß Ursula. Sie war die Tochter eines höheren Beamten des Innenministeriums, eines Sudetendeutschen. Ursula war schlank, sympathisch, brünett und sehr sexy. Ich hätte sie geheiratet, wenn ich dann nicht den Sender hätte verlassen müssen. Sie und ihre Eltern bestanden darauf und verlangten von mir, daß ich studierte. Doch diese Variante war leider nicht möglich.

Gegen Ende des Winters lud mich Willy Klump zu sich ein.

„Hör mal, Oleg", begann er. „Du wurdest hier in Deutschland als Mitarbeiter eingestellt und stehst deshalb immer noch auf der ‚Anwärterliste', d. h. giltst als ‚Neger'. So ist es doch?"

„Ja", stimmte ich vorsichtig zu, da ich nicht wußte, worauf er hinauswollte.

„Damit hast du kein Recht auf eine kostenlose Wohnung und andere Vergünstigungen. Wir haben uns darüber Gedanken gemacht und uns daran erinnert, daß du ja aus Libyen hierhergekommen bist. Das ist doch der Fall? Wir können also im Arbeitsvertrag schreiben, daß du in Libyen eingestellt wurdest. Bist du damit einverstanden?"

„Aber ich bin doch gar nicht in Libyen eingestellt worden..."

„Mach dir darüber keine Gedanken. Das ist eine reine Formsache. Doch dadurch erhältst du sofort einen anderen Status. Unterschreibe dieses Papier, dann hast du sofort eine Zweizimmerwohnung. Nur Mut, Oleg."

... Einige Zeit später, nachdem ich den Einzug in eine gemütliche neue Wohnung in der Theresienstraße gefeiert hatte, wurde ich in die Kategorie der „Mulatten" übernommen. Ich nahm einen Bankkredit über 2000 Mark auf, um mich entsprechend einzurichten. Ursula half mir dabei. In dieser Wohnung blieb ich etwa anderthalb Jahre. Kurz vor den denkwürdigen Ereignissen in der Tschechoslowakei bot man mir eine Neubauwohnung in der Elektrastraße 13 an. Das war schon eine richtige Luxuswohnung! Gemütlich, hell und modern ausgestattet.

Etwa zur gleichen Zeit hat auch unser Sender seinen Standort verändert und ist in das neue Gebäude in der Arabellastraße umgezogen. Ursprünglich sollte hier ein Krankenhaus entstehen, doch die Stadt konnte das Gebäude nicht bezahlen, so daß schließlich die Amerikaner es erwarben und hier unter einem Dach die Sender „Radio Liberty" und „Radio Free Europe" vereinten. Auch in der Leitung unserer Nachrichtenredaktion kam es zu Veränderungen. Bachrak wurde nach Paris als Direktor der Dienststelle des Senders in Frankreich geschickt, während Peruanski seinen Posten übernahm. Es ist interessant, daß diese Veränderungen die Rivalität zwischen unserer Abteilung (die für Nachrichten und Kommentare in den ersten dreißig Minuten jeder Stunde zuständig war) und der sogenannten russischen Redaktion (die Sendungen über Kultur, Wissenschaft, Geschichte und Sport in den folgenden dreißig Minuten jeder Stunde brachte) nur noch verstärkte. Unsere Rivalen betrachteten uns nur als Journalisten zweiter Klasse und armselige Reporter, während sie von sich eine außerordentlich hohe Meinung hatten.

Der Direktor der russischen Redaktion, Witold Riser, war auf mich aufmerksam geworden und hatte beschlossen, mich abzuwerben. Vorerst unterbreitete er nur der Leitung von „Radio Liberty" den Vorschlag, mich zusammen mit dem erfahrenen Korrespondenten Alexander Michelson nach London, Paris und Zürich zu schicken, damit wir dort gemeinsam Sendungen über das Leben typischer Durchschnittseuropäer aufnehmen sollten.

„Tumanow muß endlich die Welt sehen", forderte Riser. „Außer Deutschland kennt er bisher nichts." Dieser Logik war nichts entgegenzusetzen. Peruanksi spürte zwar den Hintergedanken seines Rivalen, doch er bewilligte mir zähneknirschend die zweiwöchige Dienstreise.

Meine Aufgabe bei dieser Dienstreise bestand vor allem darin, Erfahrungen zu sammeln. Ich mußte für Michelson überallhin das schwere Tonbandgerät schleppen, ihm bei seinen Interviews helfen und mir journalistische Fähigkeiten aneignen. Dies tat ich auch mit Hingabe. Ich war von den Sehenswürdigkeiten der englischen Hauptstadt begeistert, atmete die einmalige Atmosphäre der Boulevards in Paris und bewunderte die Gebirgslandschaften der Schweiz. Es war eine wunderbare Reise. Diese Eindrücke wurden auch dadurch nicht getrübt, daß mich Peruanski nach meiner Rückkehr lange Zeit wegen meiner Arbeit für die russische Redaktion für einen Verräter hielt und eifersüchtig war.

Zu einem Wendepunkt in meiner Karriere bei „Radio Liberty" wurden die denkwürdigen Ereignisse des Jahres 1968 in der Tschechoslowakei. Sowjetische Panzer unterdrückten das Streben der Tschechen und Slowaken nach Freiheit, während ich im Zuge dieser militärischen Operation zu den führenden Journalisten von „Radio Liberty" aufstieg. Es ist schon paradox.

Bisher hatte ich nur als Sprecher gearbeitet und manchmal kleine Kommentare geschrieben. Kurz gesagt, ich durfte anderen renommierten Kollegen „zuarbeiten". Natürlich waren die zwei Jahre beim Sender nicht nutzlos vergangen, denn ich konnte die Arbeit erfahrener Journalisten beobachten, sie analysieren und meine Schlüsse ziehen. Innerlich war ich schon soweit gewachsen, um den Schritt von der Kategorie der Auszubildenden zur Kategorie der Profis zu tun. Es bedurfte nur noch eines Anlasses, eines Signals, einer Anregung.

In der Nacht vom 20. zum 21. August 1968 wurde ich in

Ein Weg in die Zukunft oder ins Nichts?

meiner Wohnung durch einen Telefonanruf aus dem Schlaf geweckt:

„Oleg, hier ist Peruanski. Komm sofort zur Dienststelle."

„Was ist denn passiert? Ist Krieg ausgebrochen? Brennt es? Gibt es eine Diversion?"

„Um Himmels willen, verschone mich mit Fragen. Du erfährst alles, wenn du hier bist."

Noch schlaftrunken kam ich zu dem Schluß, daß mich der Leiter der Nachrichtenabteilung auf den Arm nehmen wollte. Ich fluchte insgeheim und war schon dabei, den Hörer aufzulegen, da sagte er endlich:

„Sowjetische Truppen sind in die Tschechoslowakei einmarschiert. Ihre Panzer stehen schon in den Straßen von Prag. Du weißt ja selbst, wozu dies alles führen kann."

Peruanski hatte die schlechte Angewohnheit, seine Untergebenen mit oder ohne Grund nachts anzurufen (um ihre „Einsatzbereitschaft zu überprüfen"). Wenn er irgendwo in einer Kneipe den Abend verbrachte, rief er oft aus Langeweile an.

„Bist du denn bei Trost, Alexander? Hast du zuviel getrunken?"

Als Antwort hörte ich nur schlimme Flüche, doch seine Stimme klang nüchtern:

„Oleg ... Ich bitte dich, komm schnell her. Ich habe versucht, die anderen anzurufen, doch ich konnte niemand erreichen. Es ist dringend."

Damals arbeitete die Redaktion nur einschichtig, d. h. tagsüber. Nachts wurden dann Bänder mit alten, im besten Fall Abendnachrichten abgespielt. Das hatte sich durchgesetzt, und alle waren mit dieser Regelung zufrieden, denn so konnte ohne Anspannung und Streß gearbeitet werden. Als ich in dieser Nacht in der Redaktion eintraf, fand ich dort nur den aufgeregten Peruanski und den verschlafenen Alexander Neimirow vor, der noch immer nicht den Worten seines Chefs über Panzer in Prag Glauben schenken wollte. „Und wenn das eine Provokation ist?" fragte er ständig. Peruanski verwies jedoch auf die Meldungen internationaler Nachrichtenagenturen, die aber nur sehr dürftig und widersprüchlich waren. Er selbst war von allerhöchster Instanz aus dem Bett geholt worden, so daß es ihm die Sprache verschlagen hatte. Er konnte nur stottern und unflätig fluchen. Schließlich kam er zu einem Entschluß.

„Also, es ist jetzt dringend erforderlich, sofort unseren Nachrichtenüberlick zu verändern. Oleg, du änderst die ganze Sendung, während Neimirow zwei Kommentare verfaßt."

„Aber wenn es doch eine Provokation ist?" beharrte Neimirow auf seiner Meinung. „Ich schreibe die Kommentare, während sich morgen früh herausstellt, daß alles nur Lüge und ein Bluff war. Dann wird man mich zur Schnecke machen."

In diesen Worten kam das wichtigste Bestreben der meisten Mitarbeiter von „Radio Liberty" zum Ausdruck – sich um jeden Preis aus extremen Situationen herauszuhalten. Die Informationen über die Tschechoslowakei waren fragmentarisch und nicht überprüft. Der Chef war möglicherweise betrunken. Warum sollte man da ein Risiko eingehen, wodurch man vielleicht seine Arbeit verlieren konnte ...

Ich hingegen erklärte mich sofort bereit, operative Meldungen über die Ereignisse im Nachbarland auszuarbeiten und alle Nachrichten nochmals auf Band zu sprechen.

Etwas später kam dann noch der Direktor der Russisch-Redaktion, Robert Tuck. Er ging durch die menschenleeren Arbeitszimmer und sah uns drei an. Er gab jedoch keinerlei Hinweise und wirkte äußerst erregt. Von „Radio Free Europe" wurden uns neue Informationen übermittelt, die der Sender über eigene Kanäle erhalten hatte. Außerdem erhielten wir Tonbandclips mit Aufzeichnungen von Schüssen, Schreien von Menschenmassen und dem Lärm von Panzermotoren. Das westdeutsche Fernsehen strahlte Sondersendungen aus. Jetzt bestanden keine Zweifel mehr, daß die Sowjetarmee tatsächlich in den souveränen Nachbarstaat einmarschiert war.

Gegen Morgen kamen ausführlichere Informationen. Außer Truppen der UdSSR hatten sich an der Aktion auch Truppen anderer Länder des Warschauer Vertrags beteiligt. Alexander Dubček war verhaftet worden. Die Regierung der Tschechoslowakei wurde nach Moskau beordert. Die wenigen Widerstandsherde wurden gnadenlos aufgerieben. Ich sprach jede Stunde die neuesten sensationellen Nachrichten auf Band, die dann sofort gesendet wurden. Gegen zehn Uhr lösten uns Mitarbeiter ab, die inzwischen zum Sender gekommen waren, und wir konnten uns etwas erholen. Doch gegen Mittag waren wir erneut auf unserem Platz.

Nun fiel uns das Arbeiten schon bedeutend leichter. Ständig trafen neue Nachrichten, Erklärungen und Berichte von Augenzeugen ein. Peruanski reichte mir einen Packen Meldungen der Nachrichtenagenturen:

„Übersetze das ganz schnell ins Russische und bereite es für die Sendung vor."

„Vielleicht ist es besser, die programmgemäße Begegnung

mit den Zuhörern vorzubereiten und ein offenes Gespräch zu führen", wandte ich vorsichtig ein.

Ich hatte ihm bewußt diesen Vorschlag gemacht, denn es fiel mir damals noch schwer, etwas „ganz schnell" aus dem Englischen zu übersetzen. Ein „offenes Gespräch" war da einfacher ...

„Ja, mach es so!" stimmte mein Chef erfreut zu. „Das ist dann unsere eigene Stellungnahme zu den Ereignissen."

Im ersten Kommentar schrieb ich, daß der Kreml einen tragischen Fehler begangen hatte, der ihm noch leid tun würde. Letzten Endes werde die Vernunft siegen. Die Tschechen und Slowaken hätten gegenwärtig die Sympathie der ganzen Welt. Ich mußte mich nicht dazu zwingen, etwas zu schreiben, was meiner Überzeugung widersprach. Dieser Kommentar drückte voll und ganz meine Meinung aus. Die Strategie der Einschüchterung der Nachbarländer, die erstmals in Ungarn und dann in der Tschechoslowakei angewandt wurde, scheiterte elf Jahre später in Afghanistan endgültig. Der Einmarsch in Afghanistan hatte seinen geistigen Ursprung in Budapest und Prag.

Der Kommentar wurde gesendet. Spät abends trafen wir uns alle beim Direktor der Russisch-Redaktion, Bob Tuck. Er erklärte, daß er die Weisung erhalten hatte, alle Kräfte für die Berichterstattung über die Tschechoslowakei zu mobilisieren. Wir würden in zwei Schichten arbeiten – von 8 Uhr bis Mitternacht.

„Und noch etwas", erklärte der Chef mit geradezu feierlicher Stimme. „Es wurde angewiesen, die volle Sendeleistung von ,Radio Liberty' einzusetzen. Amerika scheute keine Kosten, um die Störung unserer Programme zu überwinden."

Diesmal (im Unterschied zur Kubakrise) ließ sich der Westen von der dreisten Herausforderung Moskaus nicht provozieren. Er antwortete aber nicht mit Gewalt. Statt dessen faßte er den Beschluß, auf die ideologische Kriegsführung zu setzen, der ganzen Welt und vor allem den sowjetischen Bürgern das wortbrüchige Verhalten des Kreml, die Aggressivität des Kommunismus und den Expansionismus der sowjetischen Außenpolitik vor Augen zu führen. Diese Motive klangen zwar stets in der antisowjetischen Propaganda an, doch jetzt erwiesen sie sich nicht als übliche Rhetorik, sondern wurden durch die Panzer in Prag veranschaulicht. In dieser Hinsicht hatte der Westen eine richtige Entscheidung getroffen, denn die massierte Propagandakampagne hat den Positionen des Kommunismus in der ganzen Welt einen schweren Schlag zugefügt.

Wir erhielten die Genehmigung, um 8 Uhr abends (Moskauer Zeit), d. h. zur besten Sendezeit, da die meisten Zuhörer vor den Radiogeräten versammelt sind, live zu senden. Bisher wurden alle Sendungen nur von Band abgespielt. Doch nun gab es bei der Verwirklichung dieses Beschlusses ein unvorhergesehenes Hindernis. Unsere Sprecher weigerten sich kategorisch, auf Live-Sendung zu gehen. Für sie war es schwer, die vorhandene psychologische Barriere zu überwinden. Es ist eine Sache, einen Text auf Band zu sprechen und dabei zu wissen, daß Versprecher nachträglich berichtigt werden können. Jedoch etwas ganz anderes ist es, wenn man sich direkt an die Zuhörer wendet und die Verantwortung dadurch viel größer ist. Daraufhin erinnerte sich Bob Tuck an unsere nächtliche Feuerwehraktion und vor allem an meine heroischen Bemühungen.

„Gut", sagte er zu den altgedienten Sprechern. „Sie werden vorerst noch üben, während in der Zwischenzeit dieser junge Mann einspringen wird. Sind Sie einverstanden, Herr Tumanow?"

Das war meine Chance, die ich nicht verpassen durfte.

Die erste Sendung wurde am 23. August ausgestrahlt. Hinter der Scheibe, die das Studio vom Regiepult trennt, sah ich die gesamte Leitung von „Radio Liberty", einschließlich des damaligen Präsidenten des Senders, Walter Scott, versammelt. Sie tranken Bier und Whisky. Offensichtlich waren sie sehr nervös. Auch meine Nerven waren aufs äußerste gespannt. Erstmals in der Geschichte des Senders „Radio Liberty" wandte sich der Sprecher live an die Zuhörer. Als ich glücklich meine Ansage zu Ende gebracht hatte, kannte die Begeisterung keine Grenzen. Alle sprachen mir Anerkennung aus. Noch in derselben Nacht luden uns die amerikanischen Vorgesetzten zu einer Feier in einem teuren Lokal ein. Von nun an nahm ich täglich Punkt 8 Uhr vor dem Mikrofon als Sprecher Platz:

„Hier ist die Sondersendung zu den Ereignissen in der Tschechoslowakei. Im Studio des Senders ‚Radio Liberty‘ begrüßt Sie Oleg Tumanow. Wir übertragen die neuesten Nachrichten."

Heute betrachte ich diese zurückliegenden Ereignisse etwas abgeklärt und gelassen. Doch der sowjetisch-tschechoslowakische Konflikt hätte damals in einen größeren Konflikt ausarten können. Ich erinnere mich noch gut, daß die in Bayern stationierten amerikanischen Truppen in volle Gefechtsbereitschaft versetzt worden waren. Bei uns in München ging das Gerücht um, daß die russischen Panzer nicht in Prag haltmachen, sondern weiter nach Westen vordringen würden. Bis München war es für sie nur ein Marsch von zwei Stunden. Im Sender entstand Panik. Einige der für solche Gerüchte besonders anfälligen Mitarbeiter verschwanden noch am selben Tag aus der Stadt. Einige schützten „Krankheit" vor, andere dachten sich andere Gründe aus ... Die alten Emigranten wußten, was Stalin damals mit ihresgleichen in Deutschland gemacht hatte. Von Leonid Finkelstein, einem Mitarbeiter des Büros von „Radio Liberty" in London, der eben noch auf Dienstreise in München war, erhielten wir plötzlich einen Anruf aus Großbritannien:

„Nehmt es mir nicht übel, Kollegen, aber jenseits des Kanals ist es doch ruhiger."

Damals zeigte sich auch, daß der Sender keinen einzigen mutigen Reporter hatte, der in der Lage war, Informationen vom Ort des Geschehens einzuholen. Als von der Leitung verlangt wurde, einen Korrespondenten an die Grenze zur Tschechoslowakei zu schicken, wo Tausende Menschen auf der Flucht waren, fand sich kein einziger Freiwilliger. Alle, die befragt wurden, hatten für ihre ablehnende Antwort einen geeigneten Vorwand. Zur allgemeinen Erleichterung meldete sich schließlich für diesen Einsatz ein Sonderling namens Andrej Mentschukow. Er war freischaffender Sportkommentator und dafür bekannt, daß er jeden Tag beim Schachspiel eine Flasche Wodka gewann. Eine andere Marotte von Mentschukow war, daß er ein gutes Buch über den berühmten sowjetischen Torwart Lew Jaschin geschrieben und auf eigene Kosten herausgegeben hatte. Andrej verlangte von der Leitung des Senders nur, daß ihm für jede Reportage 100 Mark gezahlt würden. Dabei wäre man bereit gewesen, ihm bedeutend mehr zu zahlen ...

Die Mitarbeiter des Senders „Radio Liberty" wurden in einem Aufruf darum gebeten, für eine gewisse Zeit Flüchtlingen aus der Tschechoslowakei Obdach zu gewähren. Auch ich nahm einen siebzehnjährigen Burschen, der Karel hieß, auf. Er wohnte bei mir etwa zwei Wochen und kehrte dann wieder nach Hause in die ČSSR zurück.

Die Spannung legte sich allmählich wieder. In der Tschechoslowakei herrschten die Besatzungsmacht und eine strenge Zensur. Informationen über die Lage mußten wir uns förmlich aus den Fingern saugen. Bei „Radio Liberty" und „Free Europe" tauchten ständig Journalisten in der Hoffnung auf, etwas Neues zu erfahren. Besonderes Interesse bekundeten sie natürlich für die Mitarbeiter der tschechischen und slowakischen Redaktionen von „Radio Free Europe", doch auch die anderen Mitarbeiter waren für Interviews gefragt. So wurde auch ich vom dänischen Fernsehen um ein Interview gebeten, und in einer in Dänemark erscheinenden Fernsehzeitschrift wurde auf der Umschlagseite ein Foto von mir veröffentlicht.

Nach einiger Zeit stellte sich heraus, daß alle unsere gewaltigen Bemühungen zur Erhöhung der Sendeleistung und die Live-Sendungen praktisch umsonst gewesen waren, weil die sowjetischen Störsender ebenfalls alle ihre Reserven mobilisiert und ihre Leistung verstärkt hatten. Der Effekt war gleich Null gewesen. Damit endeten auch meine Live-Sendungen aus dem Studio.

Doch der Enthusiasmus des „Bahnbrechers der Live-Übertragungen" wurde von der Leitung des Senders „Radio Liberty" nicht vergessen. Ich erhielt eine Gehaltserhöhung und wurde einige Zeit später für drei Monate nach Großbritannien geschickt, um mein Englisch zu verbessern und mich gründlicher mit der westlichen Lebensweise bekanntzumachen. Natürlich auf Kosten des Senders.

Ende 1968, nachdem ich dafür die Zustimmung vom Sicherheitsdienst und von Alex (ich hatte ihn deshalb angerufen) erhalten hatte, schrieb ich den ersten Brief an meine Eltern. Ich teilte ihnen mit, daß ich bei einer amerikanischen Firma arbeite, es mir gut gehe, sie sich nicht zu beunruhigen brauchten und wir uns nun regelmäßig schreiben könnten. Mir war vollkommen bewußt, daß dieser Brief zuerst im KGB gelesen wurde und dann vielleicht zu den Adressaten gelangte.

Anfang des nächsten Jahres erhielt ich eine Antwort von meinem Vater, die sehr zurückhaltend war. Der alte Herr hielt mich offensichtlich wirklich für einen Verräter oder hatte entsprechende Weisung von der Lubjanka erhalten. In unserem Familienarchiv ist meine Antwort auf diesen Brief erhalten geblieben. Ich möchte sie einfügen. Ich hatte den Brief am 12. März 1969 aus München nach Moskau geschickt.

„Meine Lieben!

Gerade habe ich den ersten Brief von Euch erhalten. Ich freue mich, daß nun ein gewisser Kontakt hergestellt ist. Ich bin auch sehr froh, daß Ihr alle noch lebt, auch wenn die Gesundheit manches zu wünschen übrig läßt. Doch um seine Gesundheit kann man sich ja kümmern.

Papa, Deine Worte von einer Rückkehr mit einem Schuldbekenntnis haben mich etwas verwundert. Was für ein

Schuldgeständnis meinst Du denn? Glaubst Du etwa, daß ich unüberlegt gehandelt und einen so wichtigen Schritt mit geschlossenen Augen getan habe? Nein, so war es nicht. Ich habe in diesem Moment an alles und auch an Euch gedacht. Mir war bewußt, daß wir uns vielleicht niemals wiedersehen werden und ich Euch im Alter keine Stütze sein kann. Ich wußte das, habe aber trotzdem diesen unwiderruflichen Schritt getan.

Ich habe immer von der großen Welt geträumt – von fremden Ländern, Menschen, Begegnungen und Reisen, was mir meine Heimat nicht bieten konnte. Ich mußte mich also selbst darum bemühen. Und das war erfolgreich. In den drei Jahren habe ich halb Europa bereist, war in Afrika, England und den USA. Ich habe mir auch einen anderen Traum erfüllt. Ich bin jetzt Journalist, arbeite für Rundfunk, Film und Fernsehen. Gegenwärtig wird in Schweden ein Film nach einem Drehbuch von mir produziert. Meine Reportagen werden von Tausenden, wenn nicht gar Millionen Menschen gelesen und gehört. Hat sich der Schritt dafür etwa nicht gelohnt? Wer von meinen Freunden kann sich ähnlicher Erfolge rühmen? Wer von ihnen hat so viel gesehen? Wer von ihnen wird jemals so etwas zu Gesicht bekommen? Niemand!

Ihr habt mir immer gesagt, daß ich lernen soll, sonst werde ich für kärgliche hundert Rubel arbeiten müssen ... Ich habe gelernt, spreche drei Sprachen, arbeite und erhalte nicht klägliche hundert, sondern etwa 2000 Rubel im Monat. Mein Bruder, der studiert und viele Jahre gearbeitet hat, kann sich noch immer keinen Wagen kaufen und wartet seit Jahren auf eine Zweiraumwohnung für seine dreiköpfige Familie. Ich kaufe mir jedes Jahr einen Wagen des neuesten Modells. Gegenwärtig habe ich einen amerikanischen Sportwagen und eine Dreizimmerwohnung für mich allein.

Nächsten Sonntag reise ich für zehn Tage zum Skiurlaub, wobei ich zwischen Hochgebirgskurorten in der Schweiz, in Österreich und Frankreich auswählen konnte. Meine Freunde in der Sowjetunion haben bestenfalls die Wahl zwischen den Karpaten und dem Kaukasus. Das ist schon ein Unterschied!

Ich beabsichtige nicht, den Westen über alles zu loben. Es gibt auch hier viel Schlechtes, doch ich habe das, was ich suchte, gefunden. Von einer Rückkehr kann daher keine Rede sein. Ich würde nur dann zurückkommen, wenn ich überzeugt bin, daß ich jederzeit in den Westen zurückreisen kann und man mir dieselbe Freiheit, die hier herrscht, gewährt. Daran ist nichts zu ändern.

Papa, was Deine Krankheit betrifft, so ist mir vieles unverständlich. Ich habe deshalb meinen Arzt konsultieren wollen, doch er macht gerade Urlaub. Sobald ich aus Österreich (am 27. März) zurückkomme, rufe ich ihn nochmals an. Vielleicht gibt es hier neue Präparate, neue Behandlungsmethoden und Heilmittel. Ich schreibe dann alles auf und werde versuchen, ein Päckchen mit Medikamenten zu schicken.

Schreibt mir auch unbedingt Eure Konfektionsgrößen. Hier gibt es eine Menge schöner Sachen, die Ihr dringend braucht. Das wäre für heute alles. Ich hoffe auf eine baldige Antwort. Ich warte auch auf Briefe von Igor, Wolodka, Tanja, Tolka und Sej. Übermittle ihnen das bitte.

Ich umarme und küsse Euch,

Euer Oleg"

Wenn ich diesen Brief heute lese, schäme ich mich. Er ist durchweg falsch, schwülstig und dumm. Darin stimmt faktisch nur, daß ich immer von Reisen geträumt hatte. In dieser Hinsicht kann gesagt werden, daß mein Traum in Erfüllung gegangen war. In dem Brief habe ich gelogen, was den Aufenthalt in den USA, meine Arbeit für Film und Fernsehen und die neuen Automodelle betrifft, die ich jedes Jahr wechsle. Damals hatte ich nur einen billig erworbenen gebrauchten „Mustang".

Warum aber habe ich gelogen? Der Brief war vor allem für die amerikanische und deutsche Abwehr und erst in zweiter Linie für meine Eltern geschrieben. Es widerte mich an, als ich diesen Unsinn verfaßte, doch was blieb mir weiter übrig. Selbst in den Beziehungen zu seinen Nächsten muß ein Kundschafter listig vorgehen und sich vor allem von den Interessen seines Auftrags leiten lassen. Das ist nun einmal die Spezifik dieses teuflischen Gewerbes.

Übrigens waren die Briefe, die mir meine Eltern schrieben, zuweilen auch vom KGB diktiert. Mein Vater wurde entsprechend „instruiert", was er schreiben sollte. Und er ließ sich willig darauf ein . . . Das gehörte zur Tarnungsoperation.

Diese Antwortbriefe aus Moskau bedeuteten, daß die sowjetische Aufklärung meine Signale empfangen hatte, sich meiner erinnerte und mich zu gegebener Zeit aktivieren würde. Ich spürte, daß ich nicht mehr lange darauf warten mußte.

Und ich hatte mich nicht geirrt.

ZWEITER TEIL

„Radio Liberty"
oder
Meine Karriere
bei den Amerikanern in München

Januar 1970 im Ostberliner Ortsteil Karlshorst.

Drei Tage lang arbeiteten wir in strenger Klausur. Wir – das waren Führungsoffiziere des KGB und ich. Innerhalb dieser drei Tage mußte ich eine enorme Menge an Informationen verarbeiten, mir die Aufgaben für die nächste Zeit und die Zukunft merken und die Verbindungskanäle studieren. Ich durfte mir keinerlei Aufzeichnungen machen, sondern sollte mich einzig und allein auf mein Gedächtnis verlassen. Unter normalen Umständen hätte man mir mehrere Monate Zeit gelassen, damit ich mir die vielen Namen, Adressen und Bezeichnungen einprägen konnte. Doch die Situation war außergewöhnlich. Für die Einweisung standen nur ganze drei Tage zur Verfügung. Dann folgten noch vier Tage praktische Ausbildung. Wahrscheinlich wurde noch nie ein Spion in einem solchen Schnellkurs ausgebildet wie ich.

Kaum hatte ich morgens mein Frühstück zu mir genommen, da stand auch schon Sergej in der Tür und begrüßte mich wie immer frisch und munter.

„Guten Morgen. Ist mein ideologischer Feind zum Kampf bereit?"

„Ich bin bereit", erwiderte ich ohne besondere Begeisterung. Solche Aktionen auf die Schnelle lagen mir nicht besonders. Die vielen neuen Dokumente und Informationen, die ich nur zur Kenntnis nehmen konnte, ohne ihren Sinn zu verstehen, waren einfach ermüdend. Aber es gab keine andere Möglichkeit, wir mußten arbeiten.

Wir setzten uns gegenüber an den Tisch. Er öffnete seine Aktentasche, nahm Unterlagen und Fotos heraus. Offensichtlich hatte er über alle operativ interessanten Mitarbeiter von „Radio Liberty" Dossiers. Er zeigte mir Fotos meiner Vorgesetzten, charakterisierte jeden von ihnen ausführlich und gab mir Ratschläge, wie ich mich diesen Leuten gegenüber verhalten sollte. Er warnte mich vor den Gefahren, die von einigen ausgingen, und empfahl jene, mit denen ich mich anfreunden sollte.

„Das ist Peruanski, dein unmittelbarer Chef. Versuche, mit ihm gut auszukommen, doch achte auf Distanz. Er spielt den ‚guten Kumpel‘, ist aber in Wirklichkeit falsch und tückisch wie ein Asiate. Wenn es ihm nützt, wirft er dir ohne weiteres einen Knüppel zwischen die Beine. Für seine Karriere verkauft er alles und jeden. Peruanski war niemals in Rußland und wurde in Teheran als Sohn eines emigrierten russischen Arztes und einer iranischen Mutter geboren. Er war Mitglied von NTS, ist aber formal aus der Organisation ausgetreten, um bei ‚Radio Liberty‘ Karriere machen zu können. Er hat an verschiedenen Aktionen gegen unser Land teilgenommen.

Nimm dich vor Oleg Krassowski in acht. Er war ebenfalls Mitglied von NTS und hat sich unseren Informationen zufolge aktiv als Berater der amerikanischen Abwehr in Südostasien hervorgetan. Viktor und Tatjana Werbizki haben vor ihrer Tätigkeit bei ‚Radio Liberty‘ für die amerikanische militärische Aufklärung gearbeitet und unterhalten möglicherweise noch immer Kontakte zu ihr.

Sei dir immer bewußt, daß in deiner Wohnung Abhörtechnik installiert sein kann. Deshalb überlege genau, was du über das Telefon sagst. Schau dir die Leute genau an und sieh dich vor denen vor, die sich dir als Freunde aufdrängen. Zu ihnen sei freundlich, aber vorsichtig."

... Die erste Aufgabe, die mir Sergej stellte, bestand darin, Informationen über die Abteilung X – den Monitoring Service – zu beschaffen. Diese Abteilung war dafür zuständig, die Funktelefongespräche zwischen den militärischen Einheiten der Gruppe der sowjetischen Streitkräfte in Deutschland und in Osteuropa aufzufangen. Zunächst sollte ich einen möglichst vollständigen Überblick über die Mitarbeiter der Abteilung erstellen – ihre Adressen, Gewohnheiten und Schwächen, die Typen und Kennzeichen ihrer Autos usw. Dann sollte ich versuchen, weiter vorzudringen …

„Aber ich beschwöre dich, Oleg" riet mir mein Führungsoffizier, „bewahre kühlen Kopf. Du darfst nie zu viel Interesse bekunden. Bleibe zurückhaltend und erwecke nie den geringsten Verdacht. Alles muß sich natürlich, irgendwie von selbst ergeben. Es wäre ideal, wenn du dort einen guten Freund findest, den du nicht erst zum Plaudern bewegen mußt, sondern der dir alles Wissenswerte von selbst erzählt. Denke immer daran: Die gegnerische Abwehr schirmt diese Objekte total ab. Wenn sie auf dich aufmerksam werden, kann dir das teuer zu stehen kommen. Unser Beruf verlangt vor allem Geduld."

„Wir drängen dich nicht", fuhr Sergej fort. „Wir haben keine Eile. Was heute nicht gelingt, schaffen wir morgen. Das ganze Leben steht noch bevor. Es ist wichtig, daß du dich bei dem Sender möglichst lange hältst. Du mußt wissen, daß die Zentrale sehr viel von dir hält."

… Nach einer kurzen Mittagspause machten wir uns erneut an die Arbeit – Namen, Familiennamen, Beurteilungen, Fotos, Ratschläge und Adressen … Mir drehte sich schon der Kopf.

Als ich viel später diesen Treff in Karlshorst analysierte, kam mir der Gedanke, daß mich meine Führungsoffiziere nicht nur rein beruflich ausbildeten, sondern mich auch einer richtiggehenden Gehirnwäsche unterzogen. Immer wieder wurde mir eingehämmert, daß „Radio Liberty" und „Radio Free Europe" Sammelbecken eingefleischter und gefährlicher Feinde meiner Heimat seien, deren Schicksal geradezu von meiner Arbeit abhänge. Mitunter geschah das ganz ohne Umschweife, ganz direkt, besonders wenn von faschistischen Kriegsverbrechern die Rede war, die bei den Sendern Unterschlupf gefunden hatten. In diesen Fällen bedurfte es keiner besonderen Agitation, denn die meisten Vertreter meiner Generation empfanden Haß gegen Leute dieser Art. Schwieriger war es schon, wenn es galt, mich gegen einen Emigranten der „ersten Welle" feindlich einzustimmen. Mit vielen von ihnen war ich damals befreundet und schätzte ihre Intelligenz, hohe Moral sowie wirkliche und unverbrüchliche Liebe zu Rußland. Als belastend wurde am häufigsten ein bewährtes Argument angeführt: „Sie haben sich an den amerikanischen Geheimdienst verkauft." Wie konnte man überprüfen, ob das der Wahrheit entsprach, zumal der Geheimdienst „Radio Liberty" und „Radio Free Europe" ja wirklich als Zweigstelle nutzte. Diese Anschuldigungen brauchten daher nicht weiter bewiesen zu werden. Was die Emigranten der „dritten Welle" betraf, bei denen es sich in der Regel um Dissidenten oder Juden handelte, die nach Israel ausgereist und von dort nach München übergesiedelt waren, so charakterisierten die KGB-Offiziere jeden einzelnen anhand von Ermittlungsmaterial. Das Ziel bestand darin, mich mit allen Mitteln in der Überzeugung zu bestärken, daß ich von Feinden umringt sei und gnadenlos gegen sie kämpfen müsse.

Offensichtlich hatten alle meine operativen Führungsoffiziere in den vielen Jahren die Weisung, mich in diesem Sinne zu bearbeiten, und jeder hat es seinen Fähigkeiten entsprechend getan. Ich möchte nicht sagen, daß ich das alles widerspruchslos für bare Münze genommen habe, doch steter Tropfen höhlt den Stein . . . Auf alle Fälle habe ich keine Sekunde daran gezweifelt, daß ich der richtigen Sache diente.

Am vierten Tag stellte mir Sergej einen neuen Lehrer vor. Es handelte sich um einen älteren und verschlossenen Mann in dunkelgrauem Anzug von zweifellos sowjetischer Produktion. Ohne Umschweife erklärte er mir, daß er mit mir Fragen durchnehmen werde, die mit der sogenannten Observation zu tun hätten. Er entnahm seinem kleinen Koffer zunächst einen Packen Fotos und breitete sie vor mir aus. Ich war total verblüfft: Wie war es möglich gewesen, mich in

Karlshorst so ausführlich zu fotografieren? Auf den Bildern war zu sehen, wie Sergej und ich das Haus verließen, uns in das Auto setzten und die Straße entlang fuhren (auf dem Foto waren sowohl das Kennzeichen des Autos als auch der Straßenname genau zu erkennen). Auf diesen Bildern betraten wir die Buchhandlung von WOJENTORG (Militärhandel). Ich stand in der Nähe eines Bücherregals und blätterte in einer Broschüre. Dabei unterhielt ich mich mit Sergej. Aber ich wußte doch ganz genau, daß sich außer uns niemand in der Buchhandlung befunden hatte. Welchen Trick hatten sie angewendet?

„Sie fühlten sich in Karlshorst wie zu Hause", erklärte mir der neue Lehrer ruhig. „Sie waren nicht mehr aufmerksam und kontrollierten Ihre Umgebung nicht mehr. Sie sind sich jetzt keiner Schuld bewußt, aber die Sache wird ernst, wenn es um Ihre persönliche Sicherheit, und, was noch wichtiger ist, um die Sicherheit von Menschen geht, die mit Ihnen in Verbindung stehen. Übrigens hat Sergej ebenfalls nicht aufgepaßt. Ihm ist die Observation nur einmal aufgefallen, als er durch das Fenster der Buchhandlung blickte.

Als erste Übung werden wir spazierengehen. Sie können nach eigenem Ermessen durch die Straßen von Karlshorst laufen, haben jedoch die Aufgabe, festzustellen, ob Sie observiert werden. Meine Kollegen und ich werden immer in Ihrer Nähe sein und Ihnen in einem bestimmten Abstand folgen."

Reichlich zwei Stunden liefen Sergej und ich durch den dunklen Ortsteil. Trotz aller Bemühungen konnte ich nicht ein einziges Mal erkennen, daß wir verfolgt wurden. Ich dachte schon, daß wir die Observation abgeschüttelt hatten. Doch kaum waren wir wieder im Haus, erschien auch schon mein neuer Bekannter.

„Also, wo haben Sie mich gesehen?"

„Nirgends", sagte ich hilflos.

„Ich kann Ihnen die Strecke genau nachzeichnen, die Sie gelaufen sind. Wir haben Sie zu dritt beobachtet. Ist Ihnen jemand aufgefallen?"

Ich erinnerte mich an zwei Typen, die mir verdächtig vorgekommen waren.

„Nein, das war eine Fehlleistung", bestätigte er mir meine Unfähigkeit. „Aber lassen Sie sich dadurch nicht entmutigen. Das trainieren wir noch."

Darauf folgte eine mehrstündige Lektion über Observation und Methoden, wie man diese feststellen und ihr entgehen kann. Ich möchte an dieser Stelle nicht den Inhalt der Belehrung wiedergeben, weil sie schon mehrfach in anderen Büchern dieses Genres geschildert wurde. Meiner Meinung nach sind die Methoden, eine Observation abzuschütteln, bei allen Geheimdiensten der Welt annähernd gleich. Am nächsten Tag unternahmen Sergej und ich in dessen Auto eine Art Stadtrundfahrt. Als wir wieder zu Hause angekommen waren, wurde ich gefragt, ob ich bemerkt hätte, daß wir verfolgt würden. Zu meiner Schande mußte ich gestehen, daß mir nichts aufgefallen war. Mir war gar nicht in den Sinn gekommen, daß es sich bei dieser Exkursion um eine Prüfung handeln konnte.

„Daran mußt du dich gewöhnen", riet mir mein Lehrmeister nachsichtig. „Du mußt ständig mit Observation rechnen und dich vergewissern, daß du nicht verfolgt wirst. Aber du darfst dir nichts anmerken lassen."

Der „Professor für Observation" nahm mit mir noch mehrere praktische Beispiele durch und lehrte mich einige Tricks, wie ich mich im Handumdrehen umziehen und mein Äußeres verändern konnte. Abends werteten wir dann die „Operationen" aus. Er lobte mich nur einmal, als mich die Mitglieder seiner Observationsgruppe aus den Augen verloren hatten und ich das Ziel, d. h. die Hauszufahrt, ohne Beschattung erreicht hatte. Das Versagen seiner Leute traf ihn schwer.

Der nächste Lehrer war ein „Chemiker". Diesen Namen hatte ich ihm selbst gegeben. Er war Spezialist für Chiffrierverfahren und Geheimschrift. Der „Chemiker" unterwies mich in der Handhabung des Chiffrierblocks und anderer operativer Technik. Er fragte mich:

„Sammeln Sie nicht zufällig Briefmarken?"

„Nein.

„Das ist schade. Ich würde Ihnen dieses Hobby empfehlen. Dann haben Sie nämlich einen Grund, sich eine gute Lupe zuzulegen."

Zur Erklärung muß ich sagen, daß sich die Zentrale dafür entschieden hatte, für die Nachrichtenübermittlung den normalen Postweg zu nutzen. Die aus Österreich, Italien und anderen Ländern abgeschickten Briefe waren mit einem speziellen Sichtzeichen versehen. Wenn ich dieses Sichtzeichen feststellte, sollte ich den Umschlag sorgfältig mit Hilfe von Wasserdampf öffnen. Zwischen den Klebefalzen war eine verschlüsselte Nachricht in Form eines stecknadelgroßen „Mikrats" versteckt, das nur durch ein sehr starkes Vergrößerungsglas gelesen werden konnte. Natürlich hätte man mir eine „Olive" – eine Speziallupe in Miniaturausführung – geben können, doch die „Olive" gehörte zur operativen Ausrüstung der Geheimdienste und war demzufolge ein unerwünschtes Beweisstück, dessen Besitz bei einer unverhofften oder geheimen Haussuchung schwer zu erklären war.

„Sammeln Sie also Briefmarken und kaufen Sie sich eine Lupe", riet mir der „Chemiker". „Auf diese Weise können Sie das Angenehme mit dem Nützlichen verbinden."

Das habe ich übrigens auch getan und nie bereut. Einige Jahre später besaß ich bereits eine ansehnliche Sammlung russischer und sowjetischer Briefmarken, unter denen sich auch sehr seltene Exemplare befanden. Beispielsweise war es mir gelungen, die erste Marke zu erwerben, die im vorigen Jahrhundert herausgegeben wurde. Ich wurde ein leidenschaftlicher Philatelist und sammelte außerdem russische Geldscheine und Aktien, Militaria sowie Orden und Medaillen der russischen Armee. In Paris, London, Kopenhagen und Wien streifte ich lange durch Antiquitätengeschäfte und vervollständigte meine Sammlung. Das ließ sich übrigens auch hervorragend mit meinem gefährlichen Beruf vereinbaren, denn wenn ich scheinbar planlos durch die Antiquitätengeschäfte schlenderte, konnte ich mich vor den Treffs mit Verbindungsleuten der Zentrale vergewissern, daß ich nicht verfolgt wurde. Ich beherzigte stets die Ratschläge, die man mir in Karlshorst erteilt hatte, und sicherte mich sorgfältig gegen Observation ab, besonders wenn ein Treff bevorstand.

Meine Ausbildung neigte sich dem Ende zu. Spät abends schlug Sergej noch vor, einen neuen sowjetischen Film anzusehen. Wir fuhren mit seinem Wagen in die sowjetische Vertretung von SOVEXPORTFILM in Berlin, wo sich zu dieser späten Stunde außer dem Pförtner, der gleichzeitig Filmvorführer und „unser Mann in der Vertretung" war, keiner mehr aufhielt. Wir nahmen in einem kleinen gemütlichen Filmsaal Platz. Vor uns stand ein reichlich gedeckter Tisch mit einer Flasche Kognak. Wir sahen uns den Film an, aßen und tranken dabei. So war es auch bei meinen nächsten Besuchen in Ostberlin: Ein erlesenes Abendbrot und zum „Nachtisch" ein neuer sowjetischer Film. Meine Führungsoffiziere schlugen damit zwei Fliegen mit einer Klappe. Sie halfen mir, die Zeit angenehm zu verbringen, und hielten mich gleichzeitig ideologisch „auf der Höhe". Das war gut ausgedacht.

Für die Rückkehr in den Westen konnte ich zwischen einer Route über Kopenhagen, Wien oder Brüssel wählen. „Das sind bewährte Strecken", erklärte mir Sergej. Ich entschied mich für Kopenhagen, denn dort hatte ich Bekannte, die stets als Alibi für meinen plötzlichen Aufenthalt in der dänischen Hauptstadt dienen konnten. Auch mein Flugticket wies keine besonderen Merkmale auf, außer daß mein Familienname etwas entstellt war. Anstelle von Tumanow stand da Turnow oder Temnow ...

Zum Flughafen Schönefeld fuhr ich in Begleitung von Sergej, obwohl sich wahrscheinlich in der Nähe noch Mitarbeiter der Sicherungsgruppe aufhielten. Sergej wies mich an, meinen Paß in die Innentasche zu stecken. Er gab mir eine leere Paßhülle. Bei der Grenzkontrolle zeigte er seinen Dienstausweis vor. Der Grenzbeamte nickte und ließ ihn ungehindert passieren. Als ich meine leere Hülle präsentierte, prüfte der Grenzbeamte mit strengem Blick das nicht vorhandene Paßfoto auf seine Richtigkeit, stempelte den „Paß" ab und ließ mich ebenfalls in den Transitraum gehen. Bei der Gepäckkontrolle lief die gleiche Prozedur ab.

Vor dem Abflug gab ich Sergej in der Bar bei einer Tasse Kaffee die leere Hülle wieder zurück. Wir verabschiedeten uns zurückhaltend. Dann ging ich zum Flugzeug.

In Kopenhagen stieg ich für einen Tag im Hotel der skandinavischen Luftfahrtgesellschaft SAS ab. Ich kaufte mir einen Fotoapparat der Marke „Nikon" mit den dazugehörigen Wechselobjektiven. Diese Marke habe ich einer „Minox" und anderen Kleinbildkameras aus persönlichen Sicherheitserwägungen vorgezogen. Eine „Nikon" erweckt keinen Verdacht. Sie bescheinigt ihrem Besitzer Respektabilität und ist für das Ablichten von Dokumenten hervorragend geeignet. Ich habe diese Wahl in der Folgezeit nicht bereut.

In unserem Beruf hängt viel vom Zufall, ja vom Glück ab. Man kann noch so gut ausgebildet und in jeder Hinsicht begabt sein, doch man erreicht in seiner Laufbahn absolut nichts und hat keine Erfolge. Und zwar allein deshalb, weil das Glück einem kein einziges Mal hold ist, einem auch nicht den kleinen Finger reicht. Andererseits kann im Geheimdienst ein mittelmäßiger und durchschnittlicher Mitarbeiter nur deshalb Karriere machen, weil ihm plötzlich alle Trümpfe in die Hände fallen. Ohne die geringsten Anstrengungen hat er sehr wertvolle Quellen geworben (die sich nicht als „operatives Spiel" erwiesen). Seine Kollegen gehen hoch, werden enttarnt und mit großem Aufsehen ausgewiesen, manche sogar inhaftiert. Doch unser Glückspilz, der sich um die Konspiration nie besonders gekümmert hat, war der Abwehr niemals aufgefallen. Er steht gleichsam im warmen Regen der Auszeichnungen und Beförderungen.

Natürlich betrifft dies größtenteils die Offiziere der legalen Residenturen, die unter dem „Deckmantel" von diplomatischen und Handelsmissionen, von Vertretungen von

137

Fluggesellschaften und ausländischen Firmen arbeiten. Doch auch sie brauchen Glück. Wenn es jemand in den Schoß fällt und er damit umzugehen versteht, ist er „ein gemachter Mann".

Wie ich bereits sagte, wurde ich unter einem Glücksstern geboren.

Gegen Ende des ersten Jahres meiner Tätigkeit bei „Radio Liberty" sah ich, als ich aus der Bibliothek kam und die Treppe hinunterging, auf den Stufen eine Brieftasche liegen, die jemand verloren hatte. Jeder hätte sie finden können, doch ausgerechnet ich war es. Derartige Funde waren beim Sicherheitsdienst abzugeben. Voller Neugier öffnete ich die Börse, fand darin etwas Geld und einen Paß auf den Namen des US-Bürgers Judgin Parta. Noch eine Minute zuvor hatte dieser Bürger neben mir in der Bibliothek gesessen und sowjetische Zeitschriften durchgeblättert.

Was tun, dachte ich. Die Brieftasche dem Besitzer zurückgeben? Vielleicht war dies eine Falle und man wollte mich überprüfen? Für einen Verstoß gegen die Vorschriften würde man mich nicht gerade mit Samthandschuhen anfassen. Also die Brieftasche beim Sicherheitsdienst abgeben? Doch wenn dieser Mann seine Brieftasche zufällig verloren hatte, dann konnten ihm daraus Schwierigkeiten entstehen. Ich beschloß, erst einmal in die Bibliothek zurückzugehen.

Ich wunderte mich, wie überschwenglich sich Judgin Parta bei mir bedankte. Außerdem war er ungemein erschrocken. Woher konnte ich auch wissen, daß dieser Mann bald der Stellvertreter von Max Ralis werden und ihn dann auf dem Posten des wichtigsten CIA-Agenten bei „Radio Liberty" ablösen sollte? Damals wurde gerade die Frage seiner Ernennung entschieden. Der Verlust der Brieftasche hätte seine Karriere stark beeinflussen können.

Das war der Beginn unserer fast zwanzigjährigen Bekanntschaft. Wenn erforderlich, nutzte ich sie in meinem Interesse oder vielmehr im Interesse der sowjetischen Staatssicherheitsorgane.

Ein anderer Mitarbeiter aus der Abteilung von Max Ralis, zu dem ich gute Beziehungen unterhielt, war George Perry, ein Pole und ehemaliger Mitarbeiter der militärischen Aufklärung der USA. Er wurde später wegen eines schweren dienstlichen Vergehens bei „Radio Liberty" gefeuert. Ich besuchte mit ihm häufig den Offiziersklub der Marineinfanterie in München, wo mir die gemütliche Atmosphäre gefiel, die in solchen elitären Einrichtungen herrschte. George wollte als engagierter Mitarbeiter seiner Abteilung für Zuhörerbefragung immer von mir wissen, wie ich die eine oder andere Sendung einschätzte. Als festangestellter Mitarbeiter von „Radio Liberty" versuchte ich stets, mich da herauszuhalten, weil ich es als unfair empfand, die Arbeit meiner Kollegen zu bewerten. Ich hielt dies für Denunziation. Doch George erklärte mir, daß meine Meinung anonym bleibe und nur eines der vielen tausend Steinchen zu einem Mosaik sei, das später ein mehrfarbiges Gesamtbild ergeben würde. Ich lehnte immer ab, aber in einer Weise, daß ich meinen Freund nicht beleidigte und unsere Beziehungen nicht belastet wurden. Einmal fragte er mich:

„Oleg, triffst du dich eigentlich mit sowjetischen Bürgern?"

„Gott bewahre", winkte ich ab. „Ich werde mich davor hüten ..."

„Du siehst das falsch", entgegnete mir George Perry enttäuscht. „Die arbeiten doch nicht alle für den KGB. Was befürchtest du? Wir müssen doch wissen, was sie über die Sendungen von ‚Radio Liberty' denken. Hier ist ein Fragebogen. Wenn du dich mit einem sowjetischen Bürger unterhalten hast, füllst du ihn aus. Es wäre gut, wenn du Name, Vor- und Vatername sowie die Adresse deines Gesprächspartners in Erfahrung bringen und notieren könntest. Übrigens zahlen wir für jeden ausgefüllten Fragebogen ein Honorar."

Ich möchte nicht sagen, daß ich von nun an begeistert sowjetische Touristen in Westdeutschland befragt habe, doch zu einigen Begegnungen ist es schon gekommen. Einmal habe ich mich als deutscher Journalist ausgegeben, dabei absichtlich Russisch mit Akzent gesprochen und einen berühmten Eishockeytorwart aus der UdSSR interviewt. Ich fragte ihn, ob er sich an irgendeine Sendung von „Radio Liberty" erinnern könne. Er überlegte lange, doch es fiel ihm nichts ein. Ich war der Meinung, daß ich aus diesem Interview unbedingt etwas machen müßte. Also wählte ich eine Sendung aus, die der Torwart angeblich gehört hatte, und legte ihm meine eigenen Worte in den Mund. Die Abteilung Zuhörerbefragung war begeistert und zahlte mir ein Honorar von 20 Dollar. Ich konnte mich später davon überzeugen, daß nahezu alle weltweit verstreuten Informanten von Max Ralis' Abteilung in gleicher Weise vorgingen. Für sie war es lediglich ausschlaggebend, den wirklichen Namen eines sowjetischen Bürgers und noch etwas über ihn selbst in Erfahrung zu bringen. Dann ließ man der Phantasie freien Lauf und erhielt dafür 20 Dollar.

Übrigens fand ich später einmal im Arbeitszimmer von George Perry zufällig eine von ihm liegengelassene Liste solcher nebenberuflicher Informanten, die sich mit „Hörerbefragung" beschäftigten. Sie enthielt etwa hundert Namen. Ich lichtete sie ab und übergab sie der Zentrale. Mir wurde gesagt, daß man diese Liste sogar Leonid Breshnew als Beweis dafür vorgelegt habe, daß die sowjetischen Menschen im Ausland von westlichen Geheimdiensten auf Schritt und Tritt beschattet würden.

Ich versuchte, über George Perry an die Geheimabteilung „X" heranzukommen, worum mich Sergej in Karlshorst gebeten hatte. Hierbei mußte ich von Anfang an große Vorsicht walten lassen. Es war ausgeschlossen, direkt danach zu fragen. Doch auf eine günstige Gelegenheit zu warten, konnte ich mir ebenfalls nicht leisten. Zunächst sammelte ich bruchstückhaft alles, was diese Abteilung und die dort Beschäftigten betraf. Lange konnte ich nichts Brauchbares in Erfahrung bringen, lediglich Gerüchte aller Art. Sowohl im alten Gebäude in der Lilienthalstraße als auch dann in der Arabella-

Der neue Mitarbeiter von „Radio Liberty", Aufnahme von 1967. Der
Pullover war ein Geschenk von Katja, Schwester des Filmstars Yul Brynner, die gleichfalls beim Sender arbeitete.

straße schirmten sich die Mitarbeiter der Abteilung „X" betont ab, ließen sich auf keine Bekanntschaft ein und mieden
selbst die gemeinsame Kantine.

Da kam mir der Zufall zu Hilfe. Willy Klump lud mich zu
einem geselligen Abend ein. Ich war damals mit Katja, der
Schwester des berühmten amerikanischen Filmschauspielers
Yul Brynner, liiert, die bei uns als Sekretärin arbeitete. Für
den Abend mußte jeder etwas beisteuern. „Du könntest doch
mit Katja Pelmeni zubereiten", schlug Willy vor. „Natascha
ist für den Borstsch zuständig. Ich sorge für den Wodka." Natascha (ich möchte ihren vollen Namen nicht nennen) war
die Sekretärin des Präsidenten von „Radio Liberty", und ihr
Mann, wie ich später erfuhr, ein verantwortlicher Leiter in
der Abteilung „X".

Er hieß Andrej. Zu meinem Glück war er dem Alkohol
sehr zugetan. Als das gesellige Beisammensein seinen Höhepunkt erreicht hatte, war er bereits stockbesoffen und lag un-

ter dem Tisch. Wir brachten ihn in einen Raum eine Etage tiefer, in das kleine Zimmer, das mir damals Willy freundlicherweise zur Verfügung gestellt hatte. Etwa drei Stunden später schaute ich noch einmal vorbei, um zu sehen, wie es Andrej ging. Er öffnete mühsam die Augen und fragte mich mit schwerer Zunge:

„Wo bin ich?"

„In der Nachbarwohnung. Wir dachten, daß es dir guttun würde, dich etwas auszuruhen."

„Mein Gott", stöhnte er. „Hoffentlich habe ich niemanden beleidigt."

„Mache dir keine Gedanken, alles ist in Ordnung. Deine Frau ist bereits zu Hause. Willy hielt es für besser, wenn du hier übernachtest."

„Hol' euch doch alle der Kuckuck!" widersetzte er sich noch schwach und schlief dann wieder ein.

Am nächsten Sonntagmorgen lud mich besagter Andrej telefonisch zum Frühstück ein. Natascha hatte den Tisch gedeckt – Eier mit Schinken, heiße Fleischpasteten und eine Flasche leichter Wein – und ging dann mit den Kindern spazieren. Kaum hatte sich die Tür hinter ihr geschlossen, da schob Andrej auch schon entschieden den Wein beiseite und zauberte mit geübtem Griff eine große Flasche „Smirnoff" auf den Tisch. Er goß zwei Teegläser randvoll ein und trank sein Glas gleich bis zur Hälfte leer. Ich nippte nur.

„Ich habe letztens zu viel getrunken", entschuldigte sich Andrej, „und du hast mir aus der Klemme geholfen. Dafür danke ich dir. Bei uns ist es nicht gerade üblich, einander zu helfen. Wenn man jemand in die Pfanne hauen kann, sind immer alle gern dabei. Von selbstloser Hilfe ist da wenig zu spüren . . . Du bist noch neu hier und hast von vielem keine Ahnung. Soll ich dir einiges erzählen?"

Ich hob schweigend mein volles Teeglas und stieß mit ihm an. Mit einem zweiten kräftigen Zug leerte er das ganze Glas. Danach wurde er noch gesprächiger.

„Ja, ich habe zu viel getrunken", erklärte er mir. „Doch ich

142

habe dabei nichts riskiert, weil mich Amerikaner eingeladen hatten und vorwiegend Amerikaner anwesend waren. Die legen dich nicht rein, haben für alles Verständnis. Halte dich an die Amerikaner, dann wirst du alles haben. So wie ich."

Mit einer ausholenden Geste wies er stolz auf seinen Besitz, als ob er nicht in einer herkömmlichen Wohnung, sondern in einem riesigen Schloß wohnte.

„Es ist alles nicht so einfach, wie du wahrscheinlich denkst. Solange du noch jung bist, versuche nach oben zu kommen. Versuche Karriere zu machen, koste es was es wolle. Beiße die Zähne zusammen, arbeite mit den Ellbogen und schalte die anderen aus. Wenn du nur im geringsten zögerst und Atem holst, werden dich die anderen, die schneller und cleverer sind, augenblicklich beiseite stoßen. Dann wirst du für sie arbeiten müssen."

. . . Die Geschichte, wie Andrej in den Westen gelangte, ist typisch für Leute seiner Generation. 1942 kam er als Angehöriger der Roten Armee an die Ostfront und geriet in deutsche Gefangenschaft. Er landete in einem Konzentrationslager. Um dem fast unvermeidlichen Tod zu entrinnen, erklärte er sich bereit, in der Armee von General Wlassow zu dienen. In Bayern wurde er von den Amerikanern gefangengenommen und entging nur durch ein Wunder der Deportation nach Rußland. Er verdiente sich als Hilfsarbeiter seinen Lebensunterhalt, lernte Schreibmaschine schreiben und gelangte dann irgendwie in die Abteilung „X". Gegenwärtig war er mit seinem Leben voll und ganz zufrieden.

„Siehst du, so ist es mir ergangen", belehrte mich mein neuer Freund mit schwerer Zunge. „Ich habe den Amerikanern gefallen und sie stellten mich für eine sehr wichtige Arbeit ein. Für die Funküberwachung! Ja, so ist das . . ."

„Ich habe ihnen offensichtlich auch gefallen, denn sie haben mich ebenfalls eingestellt. Übrigens, was ist denn unter Funküberwachung zu verstehen?"

Meine Frage klang harmlos und rief bei Andrej in dieser Situation auch keinen Verdacht hervor. Zwei gute Freunde tranken miteinander und plauderten. Warum sollten sie sich nicht für ihre Arbeit interessieren?

„Funküberwachung?" Andrej ging bereitwillig auf meine Frage ein. „Das ist ein ganz normaler Job! Ich höre tagelang Bänder mit den Aufzeichnungen von Gesprächen sowjetischer Militärangehöriger über Funktelefon. Ich bin immer nur für bestimmte abgehörte Linien zuständig, kenne deshalb alle meine Klienten jenseits der Grenze, als wären es gute Freunde von mir. Ich erkenne an ihrer Stimme, wie sie gelaunt sind, und weiß über Einzelheiten ihres Familienlebens Bescheid. Auch über ihre dienstlichen Angelegenheiten bin ich auf dem laufenden. Ich weiß, wer befördert wurde und wer Schwierigkeiten hat. Dienstgeheimnisse werden natürlich verschlüsselt über Sonderleitungen übermittelt, doch auch die Informationen, die wir abfangen, sind für die Auswerter der Aufklärung sehr aufschlußreich. Meine Aufgabe ist es, die Tonbandaufzeichnungen niederzuschreiben und einen kurzen Kommentar dazu zu geben."

Dieses ausgedehnte Frühstück mit Wodka war der Beginn unserer freundschaftlichen Beziehungen. Nun durfte ich die Abteilung betreten. Andrej machte mich mit weiteren Mitarbeitern bekannt. Ab und zu lud ich ihn zum Mittagessen ein. Er wurde schnell betrunken und redselig. So machte es mir keine besondere Mühe, von ihm zu erfahren, was ich wissen wollte.

Bald kannte ich alle, die in der Abteilung „X" arbeiteten. Mit Ausnahme eines blinden Deutschen waren es allesamt Landsleute von mir. Die Tonbänder erhielten sie aus Lampertsheim, wo sich die Antennenfelder von „Radio Liberty" und eine Funküberwachungsstation befanden. In der Abteilung wurden die vom Bandmitschnitt angefertigten Niederschriften einer ersten Analyse unterzogen. Andrej hatte nicht übertrieben, als er sagte, daß er vieles über sowjetische Offiziere wußte, deren Telefonate monate- und jahrelang abgehört wurden. Das hatten die Amerikaner wirklich gut organisiert. Auf diese Weise erhielten sie umfangreiche Informationen, durch deren Analyse und Bearbeitung sie die Situation in den sowjetischen Truppenteilen, die unmittelbar an den Grenzen zur NATO disloziert waren, kontrollieren konnten. Außerdem fertigte die amerikanische Aufklärung auf der Grundlage der abgehörten Gespräche beachtliche Dossiers über viele sowjetische Offiziere an, die bei ihren Telefonaten leider sehr oft gegen die Vorschriften der Konspiration verstießen. Darauf habe ich in meinem ausführlichen Bericht an die Zentrale nachdrücklich hingewiesen.

Offensichtlich wurde meine Hinweise umgehend berücksichtigt, wie ich einem Gespräch mit Andrej entnehmen konnte. Er klagte darüber, daß seine Arbeit schwieriger geworden sei, weil die Russen plötzlich abrupt die Frequenzen gewechselt und die Gesprächsdauer begrenzt hätten. Außerdem sprächen sie häufiger verschlüsselt. Diese Information freute mich natürlich, doch andererseits waren die Amerikaner alarmiert worden. Die Abteilung „X" wurde bald auf den Stützpunkt der militärischen Aufklärung McGrow verlegt, der von der Marineinfanterie bewacht wurde. Von nun an hatte ich zwar nur noch selten Kontakt zu Andrej und seinen Kollegen, doch ich bemühte mich noch lange, sie nicht aus den Augen zu verlieren.

An dieser Stelle halte ich es für angebracht, meine Lebenserinnerungen erst einmal zu unterbrechen und den Lesern zu erklären, worum es sich bei dem Sender „Radio Liberty" eigentlich handelte.

Den meisten Menschen im Westen ist er nicht einmal vom Hörensagen bekannt. Dafür war „Radio Liberty" in der Sowjetunion aufgrund der gegen ihn entfachten Propaganda sehr populär. Im Bewußtsein unserer Bürger stand er auf einer Stufe mit der CIA, dem Pentagon, der NATO, dem internationalen Terrorismus, dem Weltzionismus und der ideologischen Diversion, kurz gesagt mit allem, was für den Sowjetstaat angeblich eine tödliche Gefahr darstellte. Um die Sendungen von „Radio Liberty" zu stören, wurden Millionen und Abermillionen Rubel aufgewendet. Die besten Journalisten, Schriftsteller und Fernsehkommentatoren wurden aufgeboten, um den Sender und seine Mitarbeiter zu diskreditieren. Die großen Tageszeitungen verunglimpften regelmäßig die „Natternbrut", wie „Radio Liberty" gewöhnlich genannt wurde. Viele Bücher wurden verlegt, Filme gedreht und Dissertationen verteidigt. Als ich wieder in Moskau war, habe ich mich dafür interessiert. Ich gewann den Eindruck, daß alle diese Machwerke aus der Feder des gleichen Autors stammten. In jedem Buch wurden die gleichen Fakten, Beispiele und Namen angeführt. Anstelle von Argumenten fand sich oft dummes Geschwätz, Tatsachen waren einfach auf den Kopf gestellt.

Besonders hervorgetan haben sich auf diesem Gebiet zwei Auslandskorrespondenten der „Iswestija". Ihnen war es einmal gelungen, das Büro von „Radio Liberty" in München aufzusuchen und dort einige Worte mit Robert Redlich, dem Leiter der Abteilung Presse und Öffentlichkeitsarbeit, zu wechseln. Das Gespräch hatte meiner Einschätzung nach rein informatorischen und protokollarischen Charakter. Doch die beiden Moskauer fühlten sich danach als wahre Helden. Schließlich waren sie ja in die Höhle des Löwen vorgedrungen! Viele Jahre lang schilderten sie dann in verschiedenen Variationen ihre „Heldentat" in Zeitungen, Zeitschriften und Broschüren. Faktenmaterial wurde ihnen regelmäßig von der Lubjanka zur Verfügung gestellt: belastendes Material über die Mitarbeiter des Senders, die neuesten Intrigen und Vorkommnisse sowie auch einfache Gerüchte. Sie fabrizierten daraus „entlarvende" Artikel.

Hat das wirklich jemand gelesen und versucht, den tatsächlichen Nutzen einer solchen stümperhaften und aufdringlichen Propagandakampagne festzustellen? Wenn sie schon eine Wirkung hatte, dann jedoch genau entgegengesetzt zu dem vom ZK der KPdSU beabsichtigten Effekt: Man stellte sein Radio aus lauter Neugier auf die Wellenlänge von „Radio Liberty" ein und versuchte, trotz aller Störungen die

Stimme aus München zu hören. Je mehr „Radio Liberty" offiziell verteufelt wurde, um so stärker wurde das Interesse für seine Sendungen. Nur ein Schwachsinniger konnte das nicht begreifen. Übrigens läßt sich die Diagnose Schwachsinn mit Sicherheit auf die Kreml-Führung der siebziger und achtziger Jahre anwenden.

In einem Bericht an die Zentrale hatte ich bezweifelt, ob es sinnvoll sei, „Radio Liberty" zu stören. Das war nämlich ein ziemlich teures Vergnügen: Die auf dem gesamten Territorium der Sowjetunion verteilten Störsender mit ihren leistungsstarken Antennenfeldern verbrauchten Unmengen an Elektroenergie. Ich habe gehört, daß im Raum Moskau zur Stromversorgung dieser Sender extra ein Kraftwerk gebaut wurde. Das muß man sich einmal vorstellen! Dieser ganze Aufwand wurde nur betrieben, um „unzensierte" Nachrichten abzuschirmen. Ich schrieb in meinem Bericht, daß es weder aus wirtschaftlicher noch aus ideologischer Sicht gerechtfertigt sei, den Sender zu stören. Wer nämlich „Radio Liberty", die „Deutsche Welle", „Voice of America", „BBC" oder einen anderen Westsender hören wollte, der fand schon einen Weg. Wenn ein Regime seinen Bürgern den Zugang zu Informationsquellen verbietet, dann demonstriert es damit nur seine Schwäche.

Damals erfolgte aus Moskau keinerlei Reaktion auf meinen Vorschlag. Vielleicht ist er im Schreibtisch eines mittleren Leitungskaders der Lubjanka verschwunden, ich weiß es nicht. Als ich bei einem späteren Aufenthalt in Karlshorst meinen Führungsoffizier danach fragte, wie auf meinen Vorschlag hinsichtlich der Störsender reagiert werde, riet er mir nur, mich „da rauszuhalten".

Das war die eine Seite. Aber was war mit der anderen . . .

Die Führung der Kommunistischen Partei des Sowjetstaates fürchtete „Radio Liberty" nicht von ungefähr. Man wußte nämlich genau, welche Kräfte sich hinter der Fassade des Senders verbargen, wer ihn ins Leben gerufen hatte und mit welcher Absicht.

Heute läßt sich natürlich viel über Redefreiheit, Informationsfreiheit und freien Gedankenaustausch sagen. Unbestritten bleibt die Tatsache, daß „Radio Free Europe" (RFE) und „Radio Liberty" (RL) Produkte des Kalten Kriegs, Mittel der „psychologischen Kriegsführung" und eng mit den Geheimdiensten der Vereinigten Staaten verbunden waren.

Ich verstehe schon, daß meine Worte etwas antiquiert wirken und nicht der heutigen Sprachregelung entsprechen. Aber warum soll man der neuen politischen Konjunktur wegen die Wahrheit verschweigen?

Die Entstehungsgeschichte des Senders sei hier kurz skizziert. Im Sommer 1950 wurde erstmals in bulgarischer, ungarischer, polnischer, tschechischer, slowakischer und rumänischer Sprache nach Europa der Satz ausgestrahlt: „Wir bringen gute und schlechte Nachrichten, aber sie entsprechen immer der Wahrheit." So begann der reguläre Sendebetrieb von „Radio Free Europe". Als Gründer der neuen Rundfunkstation gaben sich gewisse „Privatpersonen" aus, die eine „private" Organisation ins Leben gerufen hatten, die sich der Probleme politischer Flüchtlinge aus den osteuropäischen Ländern annehmen sollte. Zu diesen „Privatpersonen" gehörten Dwight D. Eisenhower, Henry Ford jun., Nelson Rockefeller, Allan Dulles, William Donovan sowie weitere Generäle, Diplomaten und Bankiers. Als Gründungskollektiv fungierte die Organisation „Kreuzzug für die Freiheit" (später „Nationales Komitee für das Freiheitliche Europa" und noch später „Komitee Freies Europa"). Der Präsident des Komitees, Charles D. Jackson, hielt mit der Wahrheit nicht zurück: „Wir wollen Bedingungen schaffen, die die innere Ordnung in den Ländern des Sendegebiets destabilisieren."

Im Jahre 1951 unterzeichnete US-Präsident Truman das Gesetz über die Finanzierung der Tätigkeit „spezieller Personen" aus der UdSSR und den osteuropäischen Ländern, die die Nachkriegsstrategie und -taktik der Vereinigten Staaten unterstützten. Die praktische Arbeit mit den Emigrantenorganisationen wurde voll und ganz den amerikanischen Ge-

148

heimdiensten übertragen. Das Truman-Gesetz Nr. 165 bewilligte ihnen dafür jährlich 100 Millionen Dollar.

Bei der Gründung von „Free Europe" gab es für die amerikanischen Geheimdienste praktisch keine Schwierigkeiten. Komplizierter war es bei „Radio Liberty", das anfangs „Befreiung" hieß.

Die Organisatoren des Senders wollten die Sache unbedingt so hinstellen, als ob die Initiative zu seiner Gründung ausschließlich von „Emigranten aus Sowjetrußland" ausging, der Sender vollkommen selbständig und weder mit dem Geheimdienst noch mit dem amerikanischen Außenministerium verbunden war.

Bereits zum Jahreswechsel 1948/49 hatte eine amerikanische Zeitung gemeldet, daß eine Gruppe von Emigranten aus der Sowjetunion am 8. Dezember 1948 das „Amerikanische Komitee für das Freie Rußland" gegründet hatte. Im Aufruf des Komitees war sein Programm dargelegt. Darin wurde betont, daß sich die neue Organisation als „überzeugte Verfechterin der Demokratie nach amerikanischem, französischem und englischem Muster" verstehe. Außerdem wurde erklärt, daß das Komitee eine Zusammenarbeit mit den Gruppen russischer Emigranten, die sich auf „Kooperation mit den Faschisten" eingelassen hatten, ablehnte.

Bis 1950 wurde in der Presse nichts über die Tätigkeit dieser neuen Organisation erwähnt. Dann tauchte sie unter dem neuen Aushängeschild „Amerikanisches Komitee für die Befreiung vom Bolschewismus" in der politischen Szene auf. Isaak von Lewin, ein Vertreter des Komitees und namhafter Politiker der zionistischen Bewegung, erklärte: „Wir sind lediglich daran interessiert, eine Einheitsfront für antikommunistische Propaganda und den Kampf gegen den Bolschewismus zu schaffen."

Diesmal war bereits von einem Zusammenschluß aller Emigranten auf einer gemeinsamen Plattform die Rede, auch wenn sie Kriegsverbrecher oder Straftäter waren. Die einzige Bedingung für die Teilnahme am „antibolschewistischen

General Wlassow, Kommandeur der „Russischen Befreiungsarmee",
1945 im Kreise enger Mitarbeiter, ganz links Oberst Kromiadi. Dieser arbeitete nach dem Krieg für die Amerikaner und stellte die Gründungs-
mannschaft von „Radio Liberty" zusammen.

Kampf" (und damit für einen Anteil an dem großen „Ku-
chen", den das Truman-Gesetz Nr. 165 servierte) war die un-
eingeschränkte Anerkennung der führenden Rolle des amerikanischen Außenministeriums, genauer gesagt der Geheimdienste.

Am 1. März 1953 nahm „Radio Liberty" (damals „Befreiung") seine Sendungen für die Sowjetunion auf. Der Sender
war als „nichtkommerzieller Privatsender" registriert und bezeichnete sich als „Stimme ehemaliger sowjetischer Bürger,
die sich aus dem Ausland an ihre ehemaligen Landsleute
wenden". In den Archiven von „Radio Liberty" sind keine
Mitschnitte der ersten Sendungen von Anfang März 1953
mehr zu finden. Doch wie mir erzählt wurde, begannen die

Sendungen mit dem Ticken eines Metronoms, und dann verkündete der Sprecher: „Heute, am soundsovielten März 1953, ist Josef Stalin soundsoviel Jahre, Monate, Tage und Stunden alt. In Moskau ist es jetzt soundsoviel Uhr. Der Sender ‚Befreiung‘ beginnt sein Sonderprogramm."

Stalin verstarb am 5. März. Damit sind bei „Radio Liberty" viele Legenden verknüpft. Einige Leute waren allen Ernstes der Meinung, daß der Sender das Ende des Diktators beschleunigt hatte.

Bereits Mitte der fünfziger Jahre wurden Vertreter der sogenannten Nachkriegsemigration für die Arbeit bei „Radio Liberty" gewonnen, unter anderem Mitglieder des „Komitees der vereinten Wlassow-Kämpfer", der „Antibolschewistischen Vereinigung der Krimtataren" und des „Kampfbunds für die Befreiung Rußlands", d. h. Personen, die während des Zweiten Weltkriegs aktiv mit den deutschen Faschisten zusammengearbeitet hatten. Damit war die erste Deklaration des „Amerikanischen Komitees zum Kampf für ein Freies Rußland" aus dem Jahre 1948 endgültig aufgegeben worden. Die Mitarbeiter der Geheimdienste fanden unter den „unbelasteten" Emigranten nicht genug einsatzfähige Leute, die sich als Propagandisten eigneten. Damals wurde entschieden, die Augen vor der schmutzigen Vergangenheit der meisten Vertreter der „Nachkriegsemigration" zu verschließen.

Das Ziel heiligt die Mittel. Und es handelte sich um ein hochgestecktes Ziel – die Ausrottung des Kommunismus.

So wurden alte Monarchisten, egal ob sie nun russischen Adelsfamilien entstammten oder nicht, und halbgebildete Wlassow-Leute unter einem Dach vereint. Hinzu kamen noch aus der UdSSR geflohene Vertreter der jüdischen Intelligenz und Schergen der faschistischen Polizei, die während des Zweiten Weltkriegs an der Vernichtung von Juden beteiligt waren, überzeugte Kämpfer gegen den Bolschewismus von NTS und sogenannte Vertriebene (DP – displaced persons) ohne klare politische Positionen. Um die Widersprüche innerhalb des buntgewürfelten Personals wenn auch nicht auszugleichen, so doch zumindest zu glätten, damit alle die Karre in die gleiche Richtung zogen, bedienten sich die Amerikaner eines altbewährten Mittels – sämtliche Mitarbeiter von „Radio Liberty" wurden sehr gut bezahlt. Sie erhielten nicht nur mehr, sondern bedeutend mehr als die Journalisten in amerikanischen und deutschen Rundfunkstationen.

Mein Jahresgehalt belief sich in den achtziger Jahren beispielsweise auf 150 000 Mark. Das war mehr, als ein Minister des Landes Bayern erhielt. Dabei gehörte ich nicht einmal zur Kategorie der höchstbezahlten Mitarbeiter. Zu Beginn meiner Karriere erhielt ich monatlich 980 Mark. Das scheint heute wenig zu sein, doch damals konnte man für eine Mark in der Kantine sehr gut zu Mittag essen.

Geld, kostenlose Wohnungen, Villen, Steuervergünstigungen und vorteilhafte Versicherungen – alles das band die Leute fest an die neue Arbeitsstelle und veranlaßte sie, frühere Sympathien und Antipathien für immer zu vergessen, den Mund zu halten und widerspruchslos alles zu tun, was ihnen befohlen wurde. So war es und so ist es auch heute noch. Wenn jetzt die Mitarbeiter von „Radio Liberty" energisch für den Erhalt des Senders kämpfen, obwohl er formal seine Aufgabe erledigt hat, dann nicht zuletzt aus Furcht, die einträgliche Arbeit zu verlieren. Für die meisten von ihnen besteht keine Chance, jemals wieder eine solche Arbeitsstelle zu finden.

Das „Amerikanische Komitee für die Befreiung vom Bolschewismus" und seine Ableger „Radio Free Europe" und „Radio Liberty" erhielten große finanzielle Zuwendungen, als Howland Sergeant zum neuen Präsidenten des Komitees ernannt wurde. Dieser Mann war wie kein anderer für den Posten geeignet. Erstens war er jung und voller ehrgeiziger Pläne. Zweitens hatte er beachtliche Verbindungen auf den höchsten Machtebenen, da er einige Zeit als Berater des Außenministers gearbeitet hatte. Und drittens kannte er sich als ehemaliger Leiter der Kommission für technisch-industrielle Aufklärung in der US-Army gut in der Welt der Geheimdienste aus.

Von Sergeant stammen auch die ersten Direktiven für die Tätigkeit von „Radio Liberty". Später wurden sie modifiziert und erweitert, doch ihr Wesen blieb unverändert. Sie lassen sich wie folgt zusammenfassen: Die Mitarbeiter des Senders müssen dafür sorgen, daß die Hörer die Sendungen nicht in Zusammenhang mit den Amerikanern und vor allem nicht mit der CIA bringen. Der Sender muß sich einen soliden Ruf erwerben, der an seiner Zuverlässigkeit und Ehrlichkeit keine Zweifel aufkommen läßt. Die Zuhörer müssen den Sender in ihrem Heim als „willkommenen Gast" aufnehmen. Deshalb muß der Umgangston freundlich sein, ist jede Aggressivität zu vermeiden, dürfen keine ungeprüften und zweifelhaften Fakten in die Sendungen aufgenommen werden. Alle Sendungen haben mit einer Fragestellung abzuschließen. Je kritischer und unangenehmer die Fakten sind, desto mehr muß in der Sendung auf Emotionen verzichtet werden. Es dürfen keine Vokabeln verwendet werden, welche die sowjetischen Zuhörer beleidigen. Jede Polemik mit den sowjetischen Massenmedien ist zu vermeiden. Und dergleichen mehr. Die ausführlichen Anweisungen umfaßten etwa fünfzig Schreibmaschinenseiten. Das Hauptziel bestand darin, den Glauben der Zuhörer an die kommunistische Ideologie zu untergraben, Zweifel und Unzufriedenheit zu wecken und so den Boden für den Sturz der bestehenden Gesellschaftsordnung vorzubereiten.

Zusammen mit den Direktiven erarbeitete H. Sergeant auch eine Reihe von Maßnahmen, die harte Strafen im Fall einer Preisgabe von Informationen über die Verbindungen und Finanzierungsquellen von „Radio Liberty" und „Radio Free Europe" vorsahen. Am 15. März 1971 schrieb die „New York Times" diesbezüglich: „Früher oder später mußten alle Mitarbeiter von ‚Radio Liberty' und ‚Radio Free Europe' ein Dokument mit folgendem Wortlaut unterschreiben: Der Unterzeichnete wurde darüber belehrt, daß der Sender ‚Free

Europe' eine Einrichtung der CIA ist und die CIA die Mittel für seine Tätigkeit zur Verfügung stellt ... Im Fall der Weitergabe dieser Information an dritte Personen drohen ihm eine Geldstrafe in Höhe von 10 000 Dollar und Gefängnishaft bis zu zehn Jahren."

Zu meiner Zeit mußten die Mitarbeiter kein derartiges Dokument mehr unterschreiben. Der Beginn meiner aktiven Tätigkeit für die sowjetische Aufklärung fiel gerade mit dem Riesenskandal zusammen, zu dem es in Übersee wegen der Verbindung von „Radio Liberty" und „Radio Free Europe" zu den amerikanischen Geheimdiensten kam.

Heute kann ich ja ein weiteres Geheimnis enthüllen: Diesen Skandal hatten meine Kollegen vom KGB inszeniert. Einige der darin verwickelten Amerikaner hatten nichtsahnend den Köder in Form von aus Moskau lancierten Unterlagen über die „Rolle der CIA" geschluckt, andere waren mit Geld bestochen worden. Wenn auch die Lubjanka ihr Hauptziel – Schließung des Senders – nicht erreicht hatte, so wurde doch beim amerikanischen Geheimdienst viel Staub aufgewirbelt.

Alles begann im Januar 1971 mit einer Erklärung des republikanischen Senators aus dem Staat New Jersey, Clifford P. Case, der die Korrespondenten darüber informierte, daß die CIA in den zurückliegenden zwanzig Jahren mehrere hundert Millionen Dollar für die Unterstützung von „Radio Liberty" und „Radio Free Europe" aufgewendet hatte. Auf die Bürger der USA wirkte das wie eine kalte Dusche, denn bis dahin wußte niemand etwas über die geheime staatliche Finanzierung der Emigrantensender. Case hatte seine Erklärung am 25. Januar auf einer Sitzung des Senatsausschusses für auswärtige Angelegenheiten abgegeben. Er verlangte jedoch nicht die sofortige Schließung der Sender oder die Einstellung ihrer finanziellen Unterstützung. Er forderte lediglich, beide Sender unter die Kontrolle des Kongresses zu stellen und „die Mittel für ihren Unterhalt direkt durch den Kongreß zu bewilligen".

Jeder Skandal gerät mit der Zeit in Vergessenheit. So war

es auch in diesem Fall. Nachdem die Presse ihre Story mit der CIA gehabt hatte, verlor sie allmählich das Interesse an den Emigrantensendern in Europa. Doch Moskau blieb nicht untätig. Am 9. März 1971 meldeten die Nachrichtenagenturen, daß der Offizier der polnischen Aufklärung Andrzej Czechowicz, der mehrere Jahre bei „Radio Free Europe" gearbeitet hatte, nach Erfüllung seines Sondereinsatzes nach Warschau zurückgekehrt war. Bald darauf gab er eine Pressekonferenz und bewirkte durch seine Enthüllungen, daß der Skandal um die Sender erneut entfacht wurde.

Am 24. Mai 1971 fand in Washington eine Sitzung des Senatsausschusses für auswärtige Angelegenheiten mit einem einzigen Tagesordnungspunkt statt: Finanzierung der Sender „Radio Free Europe" und „Radio Liberty". Anfangs lief alles reibungslos. Die Redner unterbreiteten ihre Vorstellungen zu den neuen Finanzierungsplänen. Doch nach den Ausführungen eines Vertreters des Außenministeriums griff der Ausschußvorsitzende, William Fulbright, in die Diskussion ein und forderte in scharfer Form eine Offenlegung der direkten Verbindungen zwischen der CIA und den Sendern, deren Tätigkeit seiner Meinung nach nicht mit den erklärten Zielen der Administration vereinbar war, die Beziehungen zur Sowjetunion und den Ländern Osteuropas zu verbessern.

Dem Senatsausschuß wurde eine Vorlage unterbreitet, eine „spezielle steuerbefreite und gemeinnützige Korporation" zu gründen, die nach den Plänen des Außenministeriums und der CIA „Radio Liberty" und „Radio Free Europe" finanzieren und kontrollieren sollte. Mehrere Senatoren, darunter auch Fulbright, lehnten die Vorlage ab. Die Frage eines „Amerikanischen Rats für private internationale Kommunikationen" sowie die Höhe der Zuwendungen für die Sender wurden bis Ende 1971 diskutiert. Schließlich beschloß das Repräsentantenhaus Ende Dezember mit 271 gegen 12 Stimmen, „Radio Liberty" und „Radio Free Europe" ausnahmsweise 74,5 Millionen Dollar für die nächsten zwei Jahre zu bewilligen. Der Senat beschränkte dann die Finanzierung der Sender auf das Jahr 1972 und die Höhe auf 36 Millionen Dollar.

Der Skandal erreichte im Februar 1972 erneut einen Höhepunkt, als Senator Fulbright Präsident Richard Nixon ein Memorandum unterbreitete. Darin ging er erneut auf Einzelheiten der Diskussionen über die Emigrantensender ein und brachte seine Haltung unzweideutig zum Ausdruck.

„Die Senatoren erinnern sich wahrscheinlich noch", schrieb Fulbright, „daß diese Sender durch ‚Spendengelder‘ finanziert wurden. Das wurde uns zumindest viele Jahre lang versichert. Doch wie es sich herausstellte, wurden diese ‚Spendengelder‘ in Höhe von Hunderten Millionen von Dollar in Wirklichkeit von der CIA zur Verfügung gestellt. Mit dieser Täuschung versuchte man den amerikanischen Steuerzahlern sowie den Völkern Osteuropas zu suggerieren, daß diese Sender private Einrichtungen seien und nur durch private Spender existierten ... Die Sender ‚Radio Free Europe‘ und ‚Radio Liberty‘ sind einfach nur Bestandteil eines Systems von Lügen, des Betrugs und der Verschwörung. Über ihren Charakter soll nicht nur das amerikanische Volk, sondern auch jeder, der ihnen Gehör schenkt, getäuscht werden ... Ganz unabhängig vom Aushängeschild, unter dem diese Sender arbeiten, werden durch ihre Tätigkeit, auch wenn es sich nur um die ‚Übermittlung reiner Fakten‘ handelt, eine ganze Reihe außenpolitischer Fragen berührt, zu denen nicht zuletzt auch die Frage nach dem Ausmaß unserer Einmischung in die innenpolitischen Angelegenheiten anderer Länder gehört."

„Mister Präsident", appellierte der Senator an Richard Nixon, „ich bin der Meinung, daß man diesen Sendern den ihnen zustehenden Platz auf dem Friedhof der Überbleibsel des Kalten Kriegs einräumen muß."

Wie reagierte der Präsident darauf? Soweit ich mich erinnere, zog er es anfangs vor, sich aus der Sache herauszuhalten und auf jegliche Kommentare und Einschätzungen zu verzichten. Aber im entscheidenden Moment verteidigte Nixon damals doch die „Überbleibsel des Kalten Kriegs". Er erklärte, daß er über die Perspektive einer möglichen Schließung der Sender besorgt sei, und es einer Tragödie gleichkäme, wenn sie ihre Arbeit nicht fortsetzen würden.

Es ist interessant, daß sich auch einige Bundestagsabgeordnete den Forderungen anschlossen, „Radio Liberty" und „Radio Free Europe" zu schließen. In einem an den Bundeskanzler und den amerikanischen Präsidenten gerichteten Telegramm vom 23. März 1972 empfahlen sie dem Kongreß der USA, die Finanzierung der Sender einzustellen und die Sendelizenz zu annullieren. Der Protestbewegung gegen die Präsenz von „Radio Liberty" und „Radio Free Europe" auf deutschem Boden schlossen sich damals sowohl Einzelpersonen als auch ganze Organisationen an.

Viele Deutsche, vor allem Berufskollegen und Journalisten, hatten keine hohe Meinung von den Mitarbeitern der Emigrantensender. Sie wußten sehr genau, daß wir unter dem Diktat der CIA arbeiteten und im amerikanischen Sold standen.

Die Stimmung bei uns in München war nicht gerade rosig, als in Washington über das Schicksal von „Radio Liberty" und „Radio Free Europe" debattiert wurde. Den Mitarbeitern der Sender war mehrere Monate kein Gehalt gezahlt worden. Keiner wußte, wie es weitergehen sollte. Alle waren verzagt und verunsichert.

Das Ganze endete damit, daß beide Sender ab Dezember 1973 nicht mehr der direkten Kontrolle der CIA unterstanden. Die Sender wurden von nun an von den Bundesbehörden der Vereinigten Staaten über den sogenannten Rat für Internationale Rundfunksendungen kontrolliert und finanziert, was natürlich keinesfalls bedeutete, daß sich der Geheimdienst generell aus unseren Räumen zurückgezogen hatte. Nein, diesbezüglich blieb alles beim alten. Die Leitungsposten sowohl bei „Radio Free Europe" als auch bei „Radio Liberty" waren nach wie vor von Amerikanern besetzt, die mit den Geheimdiensten in Verbindung standen.

Doch alle operativen Aufgaben wurden von nun an sorgfältig getarnt.

Nach diesem Skandal war wohl jedem klar, wer hinter den Münchner Sendern stand. Zeitungen in den USA und in Europa schrieben unverhüllt, daß „Radio Liberty" und „Radio Free Europe" in erster Linie ein Deckmantel für die amerikanischen Geheimdienste, eine gute Möglichkeit zur legalen Tarnung sowie eine Quelle für die Werbung neuer Agenten und die regelmäßige Beschaffung notwendiger Informationen seien. Wer sich die Mühe macht, in der „Encyclopedia of American Intelligence and Espionage" (J. A. O'Tool, 1988) nachzuschlagen, kann dort auf Seite 328 alle Einzelheiten darüber nachlesen.

In diesem Zusammenhang möchte ich noch einmal betonen: Ich habe weder gegen die Emigranten noch den Sender, sondern gegen die amerikanischen Geheimdienste gearbeitet, die ihrerseits gegen mein Land tätig waren.

Natürlich darf nicht angenommen werden, daß durchweg alle Mitarbeiter von „Radio Liberty" und „Radio Free Europe" in die Machenschaften der CIA verwickelt waren. Ich kenne viele, die jahrzehntelang gewissenhaft ihre Arbeit getan haben und nichts von der Präsenz der Geheimdienste im Hause ahnten. Das waren meist rechtschaffende Leute, vor allem Emigranten der „ersten Welle", die sich niemals mit dem Geheimdienst eingelassen hätten. Schon allein der Gedanke daran war ihnen zuwider. Sie waren im Geist edler Gesinnung und hoher Moral erzogen worden, hatten ihre Vorstellungen von Ehre und Würde bereits mit der Muttermilch aufgenommen und wären eher Hungers gestorben, als mit den Geheimdiensten zusammenzuarbeiten. Sie sahen in der Arbeit bei „Radio Liberty" wirklich eine Möglichkeit, mit ihren Landsleuten einen ehrlichen und aufrichtigen Dialog zu führen.

Ende der sechziger Jahre waren nur noch sehr wenige Vertreter der alten Emigration verblieben. „Radio Liberty" brauchte dringend junge Mitarbeiter, die die Sowjetunion gut kannten, journalistische Erfahrungen besaßen und bereit waren, alle „Spielregeln" zu akzeptieren. Aber woher nehmen? Im Westen gab es nur ein Land, nämlich Israel, wo ständig Aussiedler aus der Sowjetunion eintrafen. Die Leitung des Senders entschied sich nach einigem Zögern, unter diesen nach neuen Mitarbeitern zu suchen. In diese Aufgabe wurde auch ich Mitte der siebziger Jahre einbezogen. Ich flog nach Tel Aviv, machte mich mit den in Frage kommenden Bewerbern bekannt, führte mit ihnen Gespräche und empfahl geeignete Personen.

Gleichzeitig informierte ich die Zentrale darüber, daß diese Kaderpolitik beim Sender unweigerlich große Probleme hervorrufen werde. Ich hatte damals bereits Einblick in die innere Lage bei „Radio Liberty", kannte die Stimmungen der verschiedenen Gruppierungen und wußte, daß sich hinter der vorgetäuschten Einmütigkeit bittere Feindschaft verbarg, die auch nicht für eine Stunde beigelegt wurde.

Ich habe bereits erwähnt, daß die Amerikaner hervorragend vermochten, die fast tausend Mitarbeiter von „Radio Liberty" zu führen und zu leiten. Doch mitunter kam es dennoch zu einem Ausbruch der Widersprüche zwischen vollkommen verschiedenen Menschen. Das war beispielsweise im zweiten Halbjahr 1975 der Fall, als der „Offene Brief" der Regisseurin und Sprecherin Viktoria Semjonowa an den Leiter der russischen Redaktion, John Lodeson, einen großen Skandal auslöste. Sie schrieb darin, daß den Sendungen von „Radio Liberty" angeblich die „russische Seele" fehle und der Chefredakteur Wladimir Matussewitsch ihrer Meinung nach so etwas wie „russische Seele" kategorisch ablehnen würde.

„Ich möchte präzisieren, was ich unter russischer Seele verstehe", schrieb Viktoria Semjonowa. „Das ist vor allem die Liebe zu Rußland und zum russischen Volk. Das sind Schmerz, Protest und Mitgefühl mit allen Gequälten und Verfolgten, Zugehörigkeit zur großen russischen Kultur und Empörung darüber, daß sie durch kommunistische Experimente zugrunde gerichtet wird." Sie fragte Herrn Lodeson, warum bei „Radio Liberty" keine Sendungen für Rußland und das russische Volk gemacht würden.

Für Uneingeweihte ist es völlig unverständlich, welche Bewandtnis es mit diesem Brief und dem sich daraus entwikkelnden großen Krach hatte, der in eine Konfrontation ausartete und vor Gericht endete. Meiner Meinung nach hat der langjährige Mitarbeiter von „Radio Liberty", Timofej Kiwerow, die Situation treffend erklärt. Ich möchte einen Auszug aus seinem Brief zitieren:

„Es war nicht immer möglich, die von den amerikanischen Leitern des Senders vertretenen Interessen, die Interessen der nationalen Redaktionen und die Belange der russischen Redaktion unter einen Hut zu bringen. Völlig verständlich ist, daß die amerikanische Leitung bei den mitunter auftretenden Meinungsverschiedenheiten in erster Linie die Interessen der USA zu schützen und zu wahren hatte. Ich muß der amerikanischen Leitung Anerkennung zollen, daß es ihr gelungen ist, letztendlich doch die entgegengesetzten Interessen zu koordinieren. Die russische Redaktion wußte diese Bemühungen zu würdigen. Ich möchte nur erwähnen, daß die Leitung immerhin vermochte, die Meinungsverschiedenheiten zwischen der ‚alten‘ und der ‚neuen‘ Emigration in den fünfziger und sechziger Jahren zu schlichten ...

Ein zweifelloser Erfolg von ‚Radio Liberty‘ war auch, daß seine Sendungen die Auswanderung der Juden nach Israel beeinflußt haben. Der Sender schenkte dieser Frage große Aufmerksamkeit und bestärkte viele Juden in ihrer Absicht, die UdSSR zu verlassen. Damit kam es aber zwangsläufig zu einer tragischen Verknüpfung von Umständen, die voraussehbar war.

Die Auswanderung der Juden aus der UdSSR bot dem Sender die Möglichkeit, neue kulturelle Kräfte zu gewinnen ... Allerdings wurde diese Auffrischung mit einer seltsamen Hast betrieben, deren Ergebnis wir heute sehen.

160

Zu unserem Sender sind neue Mitarbeiter aus einem Land gestoßen, in dem es seit fünfzig Jahren kein freies Denken gibt und die im Sinne der politischen und moralischen Anschauungen der Kommunistischen Partei erzogen wurden. Die meisten dieser Mitarbeiter leiden unter einem Komplex, der von modernen Psychologen als ,Verlorener-Sohn-Komplex' bezeichnet wird. Der psychische Zustand dieser Menschen ist kompliziert und schmerzlich. Die Mitarbeiter des Senders haben sofort bemerkt, daß sich die Neulinge absondern und anderen gegenüber mißtrauisch und sogar feindlich sind. Die amerikanische Leitung, der es in der Vergangenheit so erfolgreich gelang, Meinungsverschiedenheiten und Unstimmigkeiten zu schlichten hat, vor allem in der russischen Redaktion, Partei ergriffen. Das Schlimme daran ist, daß dadurch die Sendungen schnell an Niveau verloren haben ...

Es ist festzustellen, daß der übermächtige Einfluß der neuen Mitarbeiter in der russischen Redaktion sofort zu einer ganzen Reihe von Konflikten führte. Die meisten von ihnen, denen der freie und wohlwollende Umgang miteinander ungewohnt war, nutzten die Atmosphäre für Handlungen, die man schwerlich als wohlwollend bezeichnen kann ...

Hierbei handelt es sich zumeist um Mitarbeiter, die zufällig für diese Tätigkeit geworben wurden und ihre Arbeit beim Sender nur als Möglichkeit sehen, gut zu verdienen ... Besonders bedauerlich an dieser Situation ist, daß die neuen Mitarbeiter in ihrer Tätigkeit Haß gegen das russische Volk und Verachtung für die ihm heilige Religion zum Ausdruck bringen."

Der Gegenangriff ließ nicht lange auf sich warten. Sehr bald hatten beide Seiten die ursprünglichen Forderungen vergessen und begannen, sich gegenseitig mit Schmutz zu bewerfen und aller Todsünden zu beschuldigen.

Ich kann mir vorstellen, wie man sich in Moskau freute, als man davon erfuhr. Während die Lubjanka frohlockte, war die

CIA durch den permanenten Skandal bei „Radio Liberty" stark beunruhigt. Diese Zeitbombe hatten sich die Amerikaner selbst gelegt. Nun mußten sie das Feuer löschen.

Ich leitete zu besagter Zeit die Nachrichtenabteilung, war also für die ersten zwanzig Minuten jeder Sendung verantwortlich. Die Zentrale untersagte mir kategorisch, mich in die Streitigkeiten der Emigranten einzumischen und für eine Seite Partei zu ergreifen. Dafür sollte ich regelmäßig über alle Geschehnisse informieren. Moskau verfolgte aufmerksam die immer mehr eskalierende Auseinandersetzung und goß, wie ich meine, seinerseits Öl in das Feuer.

Natürlich konnte ich mich aus verschiedenen Gründen nicht absolut neutral verhalten. Das hätte bedeutet, Freunde und auch Ansehen zu verlieren. Ich bezog eine Position, die ich auch heute noch vertrete. Sie läßt sich in wenige Worte fassen: Das Schüren von nationaler Zwietracht ist unzulässig. Die Verherrlichung oder Erniedrigung von Nationen darf nicht geduldet werden. Das Schüren von Antagonismen und Rassenhaß ist in der BRD strafrechtlich verboten. Die Verleumdungskampagne gegen einzelne Mitarbeiter der nationalen Redaktionen und gegen die gesamte russische Redaktion dient objektiv nur dem Ziel, „Radio Liberty" vor dem Kongreß der USA zu kompromittieren. Andererseits ist diese Kampagne auch ein willkommenes Geschenk für die sowjetische Propaganda, die die Mitarbeiter von „Radio Liberty" schon lange als „Natternbrut" bezeichnet.

In etwa diesem Sinne wurde in meiner Wohnung ein Memorandum an die Leitung des Senders verfaßt. Ich mischte mich demnach entgegen den Weisungen der Zentrale in den Schlagabtausch ein.

Bevor dieses Memorandum verfaßt wurde, war gerade der Dissident Leonid Pljustsch, ein „Neuzugang" aus der UdSSR mit extrem rechtsnationalistischen Ansichten, in München aufgetaucht und hatte vor den Mitarbeitern der ukrainischen und russischen Redaktionen gesprochen. Die Extremisten aus den beiden feindlichen Lagern schienen nur darauf gewartet zu haben. Die Ausführungen von Pljustsch fachten die Leidenschaften erneut an. Die Situation wurde wirklich explosiv, denn die „dritte Emigrationswelle" setzte zur entscheidenden Attacke an. Deshalb wurde in meiner Wohnung ein gemeinsames Memorandum verfaßt, in dem wir die Leitung von „Radio Liberty" darum baten, entschiedene Maßnahmen zu treffen, um den Verleumdungen und Provokationen ein Ende zu setzen und im Sender wieder eine freundschaftliche Atmosphäre zu schaffen.

Am Morgen des 18. Januar 1977 war das Memorandum fertig. Wir machten es publik und sammelten Unterschriften. Insgesamt unterzeichneten etwa 70 Personen, und zwar nicht nur die Mitarbeiter der russischen Redaktion, sondern auch der armenischen, georgischen, tadshikischen, belorussischen, aserbaidshanischen und anderer Redaktionen. Dieses repräsentative Dokument übte auf die amerikanische Leitung die erwünschte Wirkung aus.

Umgehend traf eine diplomatische Antwort des Vizepräsidenten von „Radio Liberty" und „Radio Free Europe", Walther Scott, ein. Er rief beide verfeindeten Seiten dazu auf, Frieden zu schließen und die gegenseitigen Beleidigungen zu unterlassen. Andernfalls, so warnte er, könnte es für die Sender nicht voraussehbare Folgen geben. Die Initiatoren des Memorandums beschlossen daraufhin auf einer kurzen Beratung, den von Scott unterbreiteten Argumenten zuzustimmen und alles zu tun, um die Situation zu entschärfen. Das entsprach übrigens unserer Position, die wir in dem Memorandum dargelegt hatten.

Die andere Seite blieb weiter auf Konfrontationskurs. Sie erhob sogar vor einem deutschen Gericht Klage und beschuldigte alle „Unterzeichner" des Memorandums des Antisemitismus und anderer schwerer Vergehen.

Das Gericht übernahm das Verfahren nur sehr ungern. Der Streit zog sich lange hin und endete damit, daß die Kläger ihre Beschuldigungen zurücknahmen und einer friedlichen Einigung zustimmten.

Ich wiederhole noch einmal, daß der ganze mehrjährige Skandal objektiv meinem Land zugute kam. Der „Vorhang des Schweigens" um „Radio Liberty" wurde zerrissen, und die westlichen Massenmedien schlachteten die Vorkommnisse nach allen Regeln der Kunst aus. Die sowjetischen Zeitungen hatten für lange Zeit erstklassiges Propagandamaterial. Es ist interessant, daß die Presse der BRD dieses Material ziemlich häufig zitierte, wenn sie über die Ereignisse in München berichtete.

Erneut gab es Anfragen amerikanischer Kongreßmitglieder, wurden Ausschüsse zur Untersuchung der Tätigkeit von „Radio Liberty" und „Radio Free Europe" gebildet und rollten Köpfe bei der CIA.

Wegen des denkwürdigen Memorandums wurde ich später von einigen Übersiedlern aus Israel (darunter auch von Mitarbeitern, die mir ihre Einstellung verdankten) als Antisemit eingestuft. Was für ein Unsinn! Man kann mir alles vorwerfen, nur das nicht. Selbst wenn ich die Absicht gehabt hätte, mich irgendwie extremistisch zu betätigen, würde die Zentrale in Moskau einen Weg gefunden haben, diesen Wunsch im Keime zu ersticken. Andernfalls wäre ich unverzüglich nach Hause zurückbeordert worden.

Im Unterschied zu den meisten anderen Mitarbeitern gehörte ich keiner der Gruppierungen oder Landsmannschaften an. Ich war weder ein „alter Emigrant" noch Wlassow-Mann oder Jude. Ich hatte auch keine Vergangenheit als Dissident in der UdSSR. Ich war kein „Vertriebener" (displaced person), sondern schlicht und einfach ein geflüchteter Matrose, und zwar der einzige seiner Art. Mit der Zeit lernte ich, auch daraus Nutzen zu ziehen. Seit ich in München aufgetaucht war, kursierte das Gerücht, daß Tumanow Beziehungen zum amerikanischen Geheimdienst habe. Anders war schwer zu erklären, aufgrund welcher Verdienste man mich beim Sender eingestellt hatte. Ich war nicht sonderlich bemüht, diese Meinung zu entkräften, nachdem ich gemerkt hatte, wie liebedienerisch sich die Mitarbeiter gegenüber den Amerika-

164

nern verhielten. Besonders verwunderlich war, daß auch den Amerikanern offensichtlich mein Status eines ungebundenen und unabhängigen Menschen sehr zusagte. Auf jeden Fall hat die Leitung des Senders viel für meine Karriere getan. Wie jede Leitung (ob nun in den USA oder in der UdSSR) brauchte sie für die mittlere Leitungsebene keine besonders talentierten (dafür aber schwer lenkbaren und unberechenbaren) Leute, sondern zuverlässige bewährte „Zugpferde". Und für ein solches hielten mich die Amerikaner.

In den zwanzig Jahren meiner Tätigkeit bei „Radio Liberty" übersprang ich mitunter zwei Stufen auf der Karriereleiter und brachte es bis zum Chefredakteur des russischen Diensts, d. h. bis zum höchsten Posten, den ein Ausländer hier erreichen konnte.

Im Mai 1986 nahm der in Paris lebende russische Schriftsteller Wladimir Maximow dies zum Anlaß, um der Leitung von „Radio Liberty" in einem offenen Brief an den US-Präsidenten Ronald Reagan unqualifizierte Auswahl der Kader vorzuwerfen. Maximow fragte den amerikanischen Präsidenten auf seine energische und schroffe Art:

„... Welche Verdienste, welche beruflichen und fachlichen Qualitäten lagen denn vor, daß man einen ehemaligen einfachen Matrosen der sowjetischen Handelsflotte (?-O.T.), der nicht einmal den einfachsten russischen Satz fehlerfrei formulieren kann und ständig unter Alkohol steht, dafür ernannte, über die Werke von Doktoren der Wissenschaft, qualifizierte Fachleute auf allen Gebieten des sowjetischen Lebens, erfahrene Journalisten, Schriftsteller und Kulturschaffende, deren Namen in Rußland und zum Teil international bekannt sind, zu befinden und zu urteilen?

Die Antwort darauf ergibt sich von selbst. Als echte Bürokraten mit allen damit verbundenen Eigenschaften wie Intoleranz gegenüber einer anderen Meinung, besonders wenn sie von Emigranten geäußert wird, lächerlichem Dünkel und unüberwindbarem Minderwertigkeitskomplex, den sie zu überspielen suchen, indem sie von ihnen materiell abhängige

Untergebene erniedrigen, sehen diese Leute in jeder Äuße-
rung von selbständigem Denken, Persönlichkeit und Schöp-
fertum eine Bedrohung ihres komfortablen Lebens. Deshalb
lassen sie sich bei der Kaderauswahl von ihrem eigenen geistigen und fachlichen Niveau leiten."

Wahrscheinlich hatte Wladimir Maximow mit seiner Einschätzung im großen und ganzen recht. Doch wir leben nun
mal mit realen Menschen unter konkreten Umständen zusammen.

Ich verhielt mich daher so, daß ich bei der Leitung von
„Radio Liberty" gut angesehen war und somit die Aufträge
des sowjetischen Geheimdiensts möglichst gut erfüllen
konnte. Was meine mangelnde Bildung betrifft, so ziemte
sich für den Schriftsteller diese Anschuldigung nicht, zumal
er selbst, soweit mir bekannt ist, außer der Schule keine weitere Lehranstalt besucht hat.

Die Konflikte unter den Mitarbeitern des Senders wurden
zweifellos noch dadurch geschürt, daß von Zeit zu Zeit an
verschiedenen Stellen heimlich zugestellte Briefe und Flugblätter auftauchten, die von „russischen Nationalisten" verfaßt waren. Ihr unverhüllt reaktionärer Inhalt trug nicht zur
Versöhnung bei, sondern lieferte der anderen Seite neue Argumente.

„Aha, das ist also euer wahres Gesicht. Ihr seid alle insgeheim auf Pogrom aus", sagten sie. Später kursierte im Sender
das Gerücht, daß diese Briefe und Flugblätter vom KGB
stammten, der daran interessiert war, daß sich alle gänzlich
zerstritten.

Wie groß war daher mein Erstaunen, als ich einige Jahre
später rein zufällig herausfand, wer diese „russischen Nationalisten" waren. Dahinter verbarg sich einzig und allein der
alte Zimmermann Botschewski. Er hatte früher einmal als
Rittmeister in der weißen Kosakenarmee gedient und im
Zweiten Weltkrieg in Einheiten von Ataman Krasnow auf
der Seite Hitlers gekämpft. Bis er berentet wurde, arbeitete er
bei uns als Zimmermann. Kurz vor seinem Tod bot mir der

ehemalige Kosakenrittmeister Orden und Medaillen aus dem Bürgerkrieg zum Kauf an. Ich suchte ihn in seiner kleinen Wohnung in der Opalstraße auf. Nachdem er mich gebeten hatte, an dem mit einem Samowar und Gebäck gedeckten Tisch Platz zu nehmen, kam er sofort zur Sache.

„Die Ärzte haben mein Todesurteil gefällt", sagte der alte Haudegen. „Ich habe Krebs und nur noch kurze Zeit zu leben. Um meiner Frau zu helfen, mich in Würde zu begraben, habe ich beschlossen, einen Teil meines Archivs und meiner persönlichen Dinge zu verkaufen."

Mit diesen Worten übergab er mir eine große Schatulle, die mit Papieren, Zeitungsausschnitten und Ehrenabzeichen gefüllt war. Dafür wollte der Kosak 3000 Mark haben. Ohne zu handeln und mich besonders für den Inhalt zu interessieren, gab ich ihm das Geld, nahm die Schatulle und ging.

Einige Tage nach meinem Besuch starb „Ataman" Botschewski. Als ich mir dann ansah, was ich von ihm gekauft hatte, fand ich unerwartet maschinengeschriebene Entwürfe und Versionen besagter Briefe der „russischen Nationalisten". Es bestand kein Zweifel, daß der alte Kosak der Autor dieser Hetzschriften war.

Doch er hatte niemals für den KGB gearbeitet.

Der nächste turnusmäßige Treff in Karlshorst lag noch in weiter Ferne, als mir unerwartet signalisiert wurde, daß ich umgehend kommen sollte. Das kam sehr selten vor.

Voller Ungewißheit flog ich nach Berlin. Diesmal war das Gespräch mit meinem Führungsoffizier kurz, doch es verdient, in diesem Buch erwähnt zu werden. Es ging um einen neuen Mitarbeiter der russischen Redaktion, der mir als Abteilungsleiter unmittelbar unterstellt war. Er stammte aus einem europäischen Land, dessen Staatsbürgerschaft er auch besaß, beherrschte sehr gut mehrere Sprachen, darunter auch Russisch, und war ein Abenteurer mit großen Ambitionen. Ich hatte den Eindruck, daß er sich bewußt bei „Radio Liberty" beworben hatte, weil diese Institution im Ruf eines

„Agentennests" stand und er darauf brannte, den Residenten möglichst schnell seine Dienste anzubieten. Er hatte eindeutige Verbindungen zu NTS und interessierte sich außerdem verstärkt für den Streit um die russisch-orthodoxe Kirche.

Diese Informationen hatte ich der Zentrale über einen Verbindungsmann aus München übermittelt. Ich hätte nie daran gedacht, daß diese Routinemeldung, von denen ich viele schickte, eine derart stürmische Reaktion hervorrufen würde.

Nachdem er mich ausführlich über den neuen Mitarbeiter ausgefragt hatte, erklärte mir der extra aus Moskau angereiste Offizier:

„Du muß wissen, Oleg, daß dieser Mann bereits einmal bei uns in der Lubjanka war und seine Dienste angeboten hat. Dann verloren sich seine Spuren. Und nun ist er erneut aufgetaucht."

Der Offizier erzählte, daß mein neuer Mitarbeiter als Tourist nach Moskau gekommen war und dabei gefaßt wurde, als er einem sowjetischen Bürger Mikrofilme mit Instruktionen des NTS und des Geheimdienstes des Vatikans aushändigte. Offensichtlich hatte der KGB von seinen Leuten im Vatikan einen Tip bekommen und beschattete daher diesen „Touristen", seit er das Flugzeug verließ und Moskauer Boden betrat. Nachdem man ihn auf frischer Tat ertappt und verhaftet hatte, drohten ihm ein Gerichtsverfahren und mehrere Jahre Lagerhaft. In Anbetracht dieser düsteren Perspektive machte er ein „Angebot zur Zusammenarbeit mit dem sowjetischen Aufklärungsdienst". So lautete auch die Überschrift seines Berichts, dessen Original man mir in Karlshorst zeigte.

Der „Tourist" bestätigte in dem Bericht seine während der Verhöre gemachten Aussagen über seine Verbindungen zu antisowjetischen Zentren und bot an, in die Führung dieser Zentren einzudringen. Er berichtete ausführlich über die Geheimabteilung des sogenannten Russischen katholischen Seminars in Rom, das seinen Angaben nach Geistliche für die subversive Tätigkeit auf sowjetischem Territorium ausbildete. Er legte dar, wie die Verbindung zwischen dieser Abteilung und ihren Leuten in der Sowjetunion aufrechterhalten wird.

„Ich könnte versuchen, die Namen der Ausländer, die in die UdSSR als Verbindungsleute zu den Unierten Kirchen einreisen, sowie die Namen der sowjetischen Bürger und geistlichen Würdenträger in Erfahrung zu bringen, die gegen die Interessen des Sowjetstaates Kontakte zu Einrichtungen des Vatikans haben", schlug der „Tourist" vor.

Er bezeichnete das Modesto-Kloster in Mailand als „konspiratives Zentrum für Treffs zwischen Agenten und Residenten des Vatikans".

„Ich könnte auch mehr über NTS in Erfahrung bringen", schrieb der „Tourist", „wobei ich allerdings eingestehen muß, daß das sehr schwierig sein wird. Ich weiß noch nicht, wie die Leute von NTS auf meine Verhaftung und mögliche Freilassung reagieren werden. Ich könnte ihnen sagen, daß ich von den sowjetischen Organen wegen eines Devisen- und Zollvergehens oder wegen sowjetfeindlicher Äußerungen in einem Gespräch mit einer Person, die mich dann beim KGB denunziert hat, verhaftet wurde."

Was tut man nicht alles, um seine Haut zu retten! Offensichtlich war die Furcht vor den sibirischen Lagern so groß, daß unser „Tourist" in seinem „Angebot zur Zusammenarbeit" mit dem KGB selbst einen Vorschlag machte, wie man ihn stärker an die Lubjanka binden könnte.

„Um den sowjetischen Organen zu garantieren, daß ich ihre Aufträge auch ausführen werde, bin ich bereit, hier in Moskau mich stark belastende und kompromittierende Aussagen zu unterschreiben, so daß die sowjetischen Organe mir gegebenenfalls in Europa große Schwierigkeiten bereiten können. Ich bin sicher, daß der sowjetische Geheimdienst dazu in der Lage ist. In Erkenntnis meiner Schuld gegenüber der Sowjetmacht bin ich bereit, alles zu tun, was sie für angebracht hält."

Die Sowjetmacht hielt es für angebracht, diesem Typ den

Laufpaß zu geben. Möglicherweise hatte die Staatssicherheit dennoch bestimmte Hoffnungen mit ihm verbunden, doch in Karlshorst unternahm ich jetzt alles, um meinen Moskauer Kollegen alle Illusionen zu nehmen.

„Ihr potentieller Agent ist eindeutig psychisch unausgeglichen", sagte ich, nachdem ich das „Angebot über Zusammenarbeit" zu Ende gelesen hatte. „Er ist übermäßig überheblich und dazu noch unendlich feige. Außerdem stimmt mit seinem Familienleben einiges nicht. Meiner Meinung nach gehört er zu den Leuten, die um des eigenen Vorteils willen bereit sind, mit jedem Geheimdienst und selbst mit dem Teufel zusammenzuarbeiten. Ich würde mich nicht wundern, wenn sich herausstellt, daß analoge ‚Angebote' in den Panzerschränken anderer Geheimdienste liegen."

Der Offizier aus Moskau war enttäuscht. Eine derart harte Einschätzung hatte er nicht erwartet. Ich verstand, daß die Lubjanka den Wunsch hatte, noch eine weitere Quelle in den antisowjetischen Zentren zu haben. Doch dieser „Tourist" schien mir eine zu zweifelhafte Persönlichkeit zu sein. Ein Spion muß zwar nicht wie ein Tugendbold erscheinen, doch derart anomale Typen sollte man meiden. Ich weiß nicht, wie schließlich in Moskau entschieden wurde, ob man auf seine Dienste verzichtete oder trotz meiner Warnung mit ihm zusammengearbeitet hat. Ich weiß es wirklich nicht ...

Ich habe diese Episode aus zwei Gründen angeführt. Erstens gilt es zu bedenken, daß in den Archiven des KGB viele Dokumente wie dieses „Angebot zur Zusammenarbeit" lagern. Einige davon habe ich persönlich gelesen, andere kenne ich nur aus Berichten von Kollegen. Diese Akten tragen den Vermerk „Nicht vernichten!" Wenn jemals auch nur ein Teil davon veröffentlicht wird, werden die russischen Bürger viel Interessantes über eine ganze Reihe sogenannter Dissidenten und Freiheitskämpfer erfahren. In den Archiven liegen ihre Denunziationsberichte, Verpflichtungen zur geheimen Zusammenarbeit mit der Staatssicherheit und andere kompromittierende Unterlagen.

Ich trete nicht dafür ein, derartiges Material freizugeben. In unserer zerrütteten und irregeleiteten Gesellschaft gibt es ohnehin genug Beleidigungen, Streitigkeiten und Mißverständnisse. Warum also noch neue provozieren? Das führt zu nichts Gutem. Der Mensch ist nun einmal schwach. Mancher war aus dem Wunsch heraus, zu überleben, sich zu retten, Repressalien zu entgehen oder ins Ausland zu fahren, zu Verrat und Denunziation bereit. Die Staatssicherheitsorgane kannten viele Methoden, um auch den Widerstand der Stärksten zu brechen. Von den Schwachen will ich gar nicht erst reden, denen fuhr schon bei der Erwähnung der Lubjanka der Schreck in die Glieder. Es ist nicht ihre Schuld, sondern eine Tragödie, daß sie diese Papiere unterschrieben haben.

Und zweitens ... Ich hatte mitunter den Eindruck, daß es bei „Radio Liberty" und „Radio Free Europe" nur zwei Sorten von Mitarbeitern gab – Agenten der CIA oder Agenten des KGB. Über die Tätigkeit der amerikanischen Geheimdienste in den Sendern „Radio Liberty" und „Radio Free Europe" wurde im Westen sehr viel geschrieben. Das ist ein offenes Geheimnis. Aber auch die Geheimdienste der osteuropäischen Länder waren nicht untätig. Die polnische Aufklärung erhielt bis 1971 regelmäßige Informationen von dem bei „Radio Free Europe" eingeschleusten Major Andrzej Czechowicz. Als er nach Warschau zurückkehrte, nahm Meczeslaw Ljach seine Stellung ein. Die Bulgaren hatten ihren Offizier der Staatssicherheit Christo Christow im Einsatz. Die Tschechoslowaken hatten Pavel Minařik in München eingeschleust. Das sind lediglich die Namen derer, die enttarnt wurden und in die Presse kamen. Es handelte sich bei ihnen also nur um die Spitze des Eisbergs.

Mitunter wurden wir im Sender unfreiwillige Zeugen von derart verworrenen Geschichten, für die wir keine Erklärung finden konnten ... Einmal tauchte in Paris ein weiterer Übersiedler aus der Sowjetunion auf – ein gewisser Wladimir Slatkin, der zuvor Korrespondent der namhaften Nachrichtenagentur APN und natürlich Mitglied der KPdSU gewesen war. Er hatte in Moskau eine Französin geheiratet und war mit ihr nach Paris gekommen. Dann geschah das Unglaubliche. Ein Mitglied der KPdSU, verheiratet mit einer französischen Kommunistin und im Besitz des roten Sowjetpasses, wurde plötzlich bei „Radio Liberty" eingestellt, und zwar nicht als einfacher Mitarbeiter, sondern als Direktor des Büros in Paris. Danach waren viele ernsthafte der Meinung, daß der KGB seine Leute schon in der höchsten Leitung von „Radio Liberty" hatte.

Wladimir Slatkin war ein sehr energischer und fähiger Mann. Obwohl er gar nicht schlecht arbeitete, lehnten ihn praktisch alle Mitarbeiter des Pariser Büros als Chef ab. Ich lernte ihn in München kennen, als er uns seinen Freund, den Schriftsteller Wladimir Maximow, vorstellte. Ein Jahr später wurde Slatkin plötzlich ohne Begründung bei „Radio Liberty" entlassen. Nachfragen wurden mit „No comment" abgetan, so daß sich wieder alle in Vermutungen ergingen.

Einige Zeit später traf ich ihn in Paris. Es ging ihm offenbar schlecht. Seine Frau verkaufte Zeitungen und Wladimir selbst war arbeitslos.

„Ich verstehe überhaupt nichts", sagte er mir. „Alle denken, daß ich ein Agent des KGB bin."

Dann hörte man nichts mehr von ihm. Doch etwas ist interessant: Meine Führungsoffiziere aus der Zentrale interessierten sich aus irgendeinem Grund noch lange für den Mann, seine finanzielle Lage, seine Stimmung und seine Pläne. Aber als ich wissen wollte, wer er denn eigentlich war, stand zwischen ihnen und mir eine Wand des Schweigens.

Ich kenne Leute, die bei „Radio Liberty" allgemein beliebt waren, nun schon lange nicht mehr unter den Lebenden weilen und das Geheimnis ihrer langjährigen Zusammenarbeit mit der sowjetischen Staatssicherheit mit ins Grab genommen haben. Ich kenne auch jene, die heute noch die illegale Tätigkeit fortsetzen. Ich verurteile sie auf keinen Fall. Etwas anderes befremdet mich: Warum sendet „Radio Liberty", obwohl der Kommunismus nicht mehr existiert, noch immer von deutschem Boden? Warum wird der Sender weiter von den Vereinigten Staaten finanziert und von ihrem Geheimdienst kontrolliert? Welche Rolle spielt der Sender heute? Berichtet er den Bürgern der GUS die Wahrheit über ihr eigenes Leben? In unserem Land herrscht doch jetzt Redefreiheit.

Würde es den Amerikanern gefallen, wenn Rußland jetzt auf Kuba einen eigenen Sender einrichtet, als Mitarbeiter Personen wirbt, die aus verschiedenen Gründen die Staaten verlassen haben (solche gibt es), die Zentrale mit festangestellten und pensionierten Mitarbeitern der Staatssicherheit besetzt und anfängt, für ganz Amerika auf Englisch „objektive" Nachrichten zu senden? Der Gedanke erscheint völlig absurd, doch so ist nun mal die gegenwärtige Situation, in der sich „Radio Liberty" befindet.

Warum also soll die Lubjanka ihre Leute von dort abziehen?

Nein, das geschieht nur auf paritätischer Grundlage. Man muß einander entgegenkommen. Der amerikanische Geheimdienst hat bisher noch nicht die geringste Andeutung gemacht, daß er seine Tätigkeit gegen die ehemalige Sowjetunion etwa reduziert. Und ich verstehe die Chefs in Langley: Sie sind über die Prozesse in unserem Land beunruhigt und wollen sie unter Kontrolle halten, denn sie fürchten vor allem um die Interessen ihres eigenen Staates. Vielleicht wollen auch manche Leute in Übersee die Situation so beeinflussen, daß nun auch Rußland selbst zersplittert und für viele Jahre zu einem schwachen, rückständigen und armen Land der „dritten Welt" gemacht wird. Zum Erreichen dieser Ziele sind geheime Operationen unersetzlich.

Im Herbst 1992 veröffentlichte die in Moskau erscheinende „Nesawissimaja Gaseta" einen Brief aus München mit der Unterschrift eines gewissen Jewgeni Nikolajew (dieser Name sagt mir nichts). Der Autor verlangt mit Nachdruck, unverzüglich die Tätigkeit der KGB-Agenten bei „Radio Liberty" aufzudecken. Er behauptet, die Leitung des Senders

173

habe auf ihr Betreiben (?) im Sommer 1992 die Abteilung „Samisdat" aufgelöst und außerdem mehreren ehemaligen sowjetischen politischen Gefangenen ihren Arbeitsvertrag gekündigt, damit sie sich „nicht mehr für die Befreiung Rußlands vom Kommunismus und von den Kommunisten einsetzen können".

„Die Schließung der Abteilung ‚Samisdat' und die Kündigung ehemaliger politischer Gefangener bei ‚Radio Liberty' lassen sich nicht allein mit Schwachsinn der amerikanischen Leitung erklären. Dies ist, das möchte ich nochmals betonen, allein als Erfolg der subversiven Tätigkeit des KGB bei ‚Radio Liberty' zu werten", schlußfolgerte der Autor des Leserbriefs. Abschließend unterbreitete er eigene Vorschläge: Es gelte, die subversive Tätigkeit des KGB bei „Radio Liberty" zu untersuchen und in Rußland ein Verzeichnis der bei „Radio Liberty" eingeschleusten KGB-Mitarbeiter sowie eine Liste der vom KGB bestochenen Mitarbeiter der amerikanischen Leitung von „Radio Liberty" zu veröffentlichen.

Hierfür gibt es zwei mögliche Erklärungen. Entweder die Redaktion der „Nesawissimaja Gaseta" ist irgendeinem Irren aufgesessen, oder der Brief wurde in der Lubjanka verfaßt, um unter den Mitarbeitern des Senders das Vertrauen in die dort arbeitenden Amerikaner zu untergraben und sie gegenseitig aufzuhetzen.

Übrigens beherrschten die Offiziere des KGB schon immer meisterhaft die Kunst der Desinformation, Kompromittierung unliebsamer Personen und Schaffung von Konfliktsituationen.

Mitte der siebziger Jahre haben Mitarbeiter der Lubjanka über einen Strohmann einem amerikanischen Aufklärer für gutes Geld ein Exemplar des sogenannten Fahndungsbuchs verkauft. Hierbei handelt es sich um ein geheimes, ständig aktualisiertes Journal des KGB mit Angaben über von der Staatssicherheit gesuchte Personen. Auch ich war darin erfaßt.

„Tumanow, Oleg Alexandrowitsch, Jahrgang 1944, geboren und zuletzt wohnhaft in Moskau. Russe, Oberschulbildung, ehemals Kandidat der KPdSU, von Beruf technischer Zeichner, diente als Matrose in der Diensteinheit 63972 der Baltischen Flotte, Größe – 1,73 m, Haarfarbe – dunkel, Gesichtsform – oval, Augen – blau, besondere Kennzeichen – auf der rechten Wange unter der Schläfe drei Muttermale. Vater: Tumanow, Alexander Wassiljewitsch, Mutter: Tumanowa, Jewdokija Andrejewna, Bruder: Tumanow, Igor Alexandrowitsch. Enge Beziehungen zu Danilowa, Tatjana Konstantinowna, alle wohnhaft in Moskau.

Er ist in der Nacht vom 18. zum 19. November 1965 von Bord verschwunden, als das Schiff in den Territorialgewässern der Vereinigten Arabischen Republik im Golf von Salum in einer Entfernung von 1,5 Kilometern zur Küste vor Anker lag. Sein festgestellter Aufenthaltsort ist München (BRD). Er ist in der Nachrichtenabteilung von ‚Radio Liberty‘ als Sprecher tätig und macht unter den Namen Valeri Schulgin ständig antisowjetische Äußerungen.

Der Haftbefehl wurde vom Militärstaatsanwalt der Baltischen Flotte, zweifacher Träger des Rotbannerordens, bestätigt. Ein Paßbild aus dem Jahr 1965 und eine Schriftprobe liegen vor.

Die Fahndungsunterlagen befinden sich bei der Verwaltung des KGB der Stadt und des Gebiets Moskau (beim KGB unter der Fahndungsnummer 27/2966, laufende Nummer 13, registriert).“

Hierin sind zumindest drei wesentliche Fehler enthalten. Erstens sind meine Augen nicht blau, sondern grün. Zweitens lautet der Vatersname meiner Mutter nicht Andrejewna, sondern Andrianowna. Und drittens habe ich auf meiner rechten Wange nicht drei, sondern nur zwei Muttermale. Das ist ein typisches Beispiel für die russische Nachlässigkeit bei der Arbeit, selbst bei einer so wichtigen Sache wie dem Fahndungssteckbrief eines „Hochverräters“.

Aber das ist nicht ausschlaggebend. Der KGB hatte genau das erreicht, was er wollte. Die Amerikaner glaubten, daß ihrem Agenten ein erfolgreicher Coup gelungen war. Sie fanden in dem Buch zu ihrer Zufriedenheit auch meinen Namen und konnten sich damit ein weiteres Mal von meiner „Loyalität" überzeugen. Allerdings enthielt das Journal keine weiteren nützlichen Informationen für sie. Über alle anderen darin genannten Personen besaßen sie schon lange ausführliche Dossiers und Überprüfungsberichte. Die Verantwortlichen in Langley gaben daraufhin das Buch an NTS mit der Erlaubnis weiter, die Listen der vom KGB gesuchten Personen in der Zeitschrift „Posew" zu veröffentlichen. Wahrscheinlich verfolgte man bei NTS mit der Veröffentlichung wirklich gute Absichten, doch unter den Emigranten riefen die Verzeichnisse leichte Panik hervor.

Viele Emigranten hatten in ihrer Vergangenheit dunkle Punkte, die sie verbergen wollten. Doch in dem nur für den Dienstgebrauch bestimmten „Fahndungsbuch" war alles ausführlich aufgeführt – kriminelle Handlungen, Zusammenarbeit mit den Faschisten und Denunziantentum. Mancher Aktivist der antisowjetischen Bewegung, der hier sorgfältig sein „makelloses Image" pflegte, fühlte sich jetzt plötzlich richtiggehend entblößt.

Auch bei „Radio Liberty" machte sich diese Panik bemerkbar. In den Listen von „Posew" wurden ziemlich viele alte und neue Mitarbeiter des Senders genannt. Manche (so auch ich) taten dies leicht ab und verwiesen auf die Intrigen des KGB. Doch den meisten war nicht zum Scherzen zumute.

Moskau hatte damit erreicht, was es wollte.

Hätte ich auf Befehl von Moskau auch zum Mörder werden können? Das ist durchaus keine rhetorische Frage, wie es heute scheinen mag. Es ist kein Geheimnis, daß die Geheimdienste einiger Staaten ihre Gegner oder die Gegner ihres Regimes physisch vernichteten. Bis zu einem gewissen Zeitpunkt bildete auch der KGB diesbezüglich keine Ausnahme. Spezialagenten, die mit in Geheimlabors entwickelten tödlichen Waffen ausgerüstet waren, spürten in der ganzen Welt Feinde des Kreml auf und liquidierten sie. In der Regel galt als Feind, wer das verhängnisvolle Wesen des Bolschewismus erkannt hatte und in den Westen geflohen war.

Für Tschekisten, die den Auftrag hatten, einen Verräter zu liquidieren, schien es keine Hindernisse zu geben. Selbst am Ende der Welt spürten sie ihn auf. Jeder weiß, daß Trotzki auf Stalins Befehl in Mexiko ermordet wurde, obwohl er von vielen Leibwächtern umgeben war. Auf Befehl wurden sogar Personen am hellichten Tag auf belebten Straßen europäischer Städte entführt und in die Keller der Lubjanka gebracht, aus denen nur der Weg ins Jenseits führte.

Auch nach dem Tod des „großen Führers aller Völker" wurde weiter gemordet.

Im Jahre 1954 ließ der Minister für Staatssicherheit Serow den NTS-Führer Alexander Truschnowitsch in Berlin entführen. Diese Operation endete allerdings nicht erfolgreich, denn Truschnowitsch war bei seiner Ergreifung so brutal zusammengeschlagen worden, daß er auf dem Weg nach Ostberlin verstarb.

Im gleichen Jahr und offensichtlich ebenfalls im Rahmen der Zielstellung NTS wurde ein erfahrener Mitarbeiter der Staatssicherheit, Nikolai Chochlow, nach Frankfurt geschickt, um Georgi Okolowitsch, einen anderen NTS-Führer, mit einer vergifteten Kugel aus einer elektromechanischen Pistole zu ermorden. Die Frau des Tschekisten wurde in der Zwischenzeit in Moskau als Geisel festgehalten. Doch es kam zu einer Panne. Chochlow, der während des Krieges viele Male kaltblütig auf Menschen geschossen hatte, wollte nicht zum gedungenen Mörder werden. Er ging deshalb zu Okolowitsch, erzählte ihm von seinem Auftrag und bat darum, eine Verbindung zu den Amerikanern herzustellen. Dann teilte er die Namen von zwei Helfershelfern mit.

Dafür rächte man sich drei Jahre später an Nikolai Chochlow, indem man ihm radioaktives Thallium in den Kaffee schüttete. Der ehemalige Agent der Lubjanka durchlitt schreckliche Qualen und wäre daran fast gestorben. Danach verließ er Europa auf schnellstem Weg und siedelte unter Be-

177

achtung aller Vorsichtsmaßnahmen in die USA über. Bis in jüngste Zeit befürchtete er einen erneuten Racheakt seiner ehemaligen Kollegen. Und das nicht ohne Grund. Wie später bekannt wurde, befaßte sich die Aufklärung wiederholt mit Plänen, Verräter aus ihren Reihen aufzuspüren und zu liquidieren. Auf der „Abschußliste" des KGB standen auch Orlow, Petrow, Derjabin, Golizyn, Nossenko und Ljalin, die zu verschiedener Zeit übergelaufen waren.

Wie General Oleg Kalugin kürzlich berichtete, hatte der Chef der Ersten Hauptverwaltung, Alexander Sacharowski, Ende der sechziger Jahre persönlich befohlen, einen irischen Vertrauensmann, der bei der Flucht des KGB-Agenten George Blake aus dem englischen Gefängnis eine wesentliche Rolle gespielt hatte, zu vergiften. Sacharowski befürchtete, daß der Ire nach seiner Rückkehr aus Moskau nach Großbritannien zu viel über den sowjetischen Spion ausplaudern könnte.

Auch München, wo ich später meinen Wohnsitz hatte, war mindestens zweimal Schauplatz blutiger „Vergeltungsmaßnahmen" des KGB. Im Oktober 1957 kam der fünfundzwanzigjährige Bogdan Staschinski in die Stadt, um im Auftrag Moskaus den ukrainischen Emigrantenführer Lew Rebet umzubringen. Man hatte den Attentäter mit einer neuen Waffe ausgerüstet, deren Wirkung absolut tödlich war. Der Terrorist erwartete sein Opfer im Hauseingang, richtete den in einem großen Filzstift untergebrachten Metallzylinder auf das Gesicht des Opfers und drückte auf einen unsichtbaren Knopf. Dem Zylinder entströmte ein hochgiftiges Gas, das Rebet sofort tötete. Wie die Erfinder dieses Teufelswerkzeugs kalkuliert hatten, wurde bei der Obduktion Herzversagen als Todesursache festgestellt.

Genau zwei Jahre später verübte Staschinski in München auf gleiche Weise ein Attentat auf Stepan Bandera, einen anderen Führer der ukrainischen Nationalisten. Er sprühte Bandera Gift ins Gesicht, als er die Tür seines Hauses aufschloß. Doch diesmal schöpfte die Polizei Verdacht und ordnete eine sofortige Obduktion an. Man fand Spuren von Blausäure im Magen und feinste Splitter einer Giftampulle im Gesicht des Opfers. Damit war unwiderlegbar bewiesen, daß es sich um Mord handelte. Der Name des Mörders wurde erst im August bekannt, nachdem sich Staschinski in den Westen abgesetzt und ehrlich seine Terrorakte bekannt hatte.

Staschinskis Schilderungen war zu entnehmen, daß er wie ich in Karlshorst ausgebildet wurde. Möglicherweise hat er in den gleichen Räumen wie ich gewohnt . . . Zum Glück haben wir sonst nichts miteinander gemein.

Während wir unter Andropow keine Mordanschläge mehr verübten, rechneten die Bulgaren als treue Schüler der Sowjetunion (selbst vollkommen absurde Dinge haben sie übernommen) noch 1978 mit ihren Verrätern auf diese Weise ab. Am 7. September verletzte in der Londoner City ein Passant „ganz zufällig" den bulgarischen Dissidenten Georgi Markow, Mitarbeiter von BBC und „Radio Free Europe", mit der Spitze seines Schirms an der Hüfte. Vier Tage später verstarb dieser plötzlich an einer unbekannten Krankheit. Einige Tage zuvor war ein ähnliches Attentat auf den Emigranten und Korrespondenten von „Radio Free Europe" Wladimir Kostow, einen ehemaligen Mitarbeiter der bulgarischen Staatssicherheit, verübt worden. Er hatte es durch Zufall überlebt. Die Ärzte fanden in seinem Rücken an der Einstichstelle des Schirms eine Mikroampulle mit dem tödlichen Gift Rizin. Wenn es auch nicht bewiesen werden konnte, so sind doch viele der Meinung, daß die Regenschirme in einem Speziallabor des KGB entwickelt und den Bulgaren von einem Leiter unserer Verwaltung „K" (Auslandsabwehr) übergeben worden waren.

Erwiesenermaßen wurden mit dem Amtsantritt Juri Andropows in der Lubjanka die Terrorakte des KGB weltweit unterbunden. Diese Tatsache konnte weder durch ausländische Forscher noch durch sowjetische Kritiker der Staatssicherheit widerlegt werden, die bis in die geheimsten Archive vorgedrungen sind. Selbst von dem berühmten „Dissidenten der Lubjanka" KGB-General Oleg Kalugin, der in seinen Büchern und Artikeln mit Krjutschkows Institution hart abrechnet, wird dies bestätigt. Ihm kann man Glauben schenken, denn Kalugin leitete die Auslandsabwehr von 1973 bis 1980 und weiß mehr über Mordanschläge als jeder andere.

Erst jetzt beginnt die Welt, diese Tatsache zunehmend zu akzeptieren und zu glauben, daß sich die russischen Geheimdienste etwas gewandelt haben. Doch in den siebziger Jahren, als ich bei „Radio Liberty" arbeitete, zitterten die meisten Emigranten schon, wenn der KGB nur erwähnt wurde. Viele fürchteten, daß der „Arm Moskaus" auch sie eines Tages erreichen würde. Alle unangenehmen Vorkommnisse, Unfälle und plötzlichen Todesfälle wurden als hinterhältige Anschläge der Tschekisten gewertet.

Als 1977 der Mitarbeiter von „Radio Liberty" Alexander Galitsch in seiner Pariser Wohnung durch einen elektrischen Schlag getötet wurde, waren die russischen Emigranten fast einhellig der Meinung, daß Moskau hierbei seine Hand im Spiel gehabt hatte. Es wurden die unglaublichsten Gerüchte verbreitet, wie Agenten der Staatssicherheit diesen feigen Mord begangen haben könnten. Doch von einer Täterschaft des KGB kann nicht die Rede sein. Der KGB hat sich mit Galitsch nur solange befaßt, wie dieser noch in der Sowjetunion lebte und das ZK der KPdSU die willfährige Lubjanka dazu angewiesen hatte. Galitsch packte wie fast alle anderen verfolgten Intellektuellen seine Koffer und verließ die Heimat.

Seine Geschichte verdient es, ausführlich geschildert zu werden.

Im Sommer 1974 verbreitete sich das Gerücht, daß sich Alexander Galitsch in Wien aufhielt. Die russischen Mitarbeiter von „Radio Liberty" und besonders die Emigranten der letzten Welle gerieten bei dieser Nachricht in Verzückung. Galitsch im Westen! Man muß ihn unverzüglich zu einer Sendung einladen! Die Amerikaner fragten erstaunt, wer er denn sei.

Wie soll man ihn beschreiben? ... Als Dramatiker, Autor

Der Schriftsteller und Liedermacher Alexander Galitsch.

von Filmszenarien und Stücken, Schriftsteller, Dichter und
Liedermacher? Doch alles das reicht nicht aus, um diesen
Mann zu charakterisieren, denn er wurde Ende der sechziger,
Anfang der siebziger Jahre für die sowjetischen Menschen zu
einer Art Symbol für Freiheit und Rebellion. Seine Lieder
wurden auf Tonband mitgeschnitten und millionenfach ver-
vielfältigt. Er wurde von Studenten und Wissenschaftlern,
Konstrukteuren der Weltraumtechnik und Journalisten zu
Liederabenden eingeladen.

Nein, er hat nicht zum Sturz der bestehenden Ordnung aufgerufen (dafür wurde man ins Gefängnis oder in eine psychiatrische Anstalt gesteckt). Er kritisierte weder die Parteiführung, noch verunglimpfte er die Oktoberrevolution. Er schilderte nur einfach wahrheitsgemäß, was ihn und uns alle umgab. Wir hatten uns mit doppelter Moral, Heuchelei, Scheinheiligkeit, Denunziation und dummem Geschwätz abgefunden, Galitsch nicht. Die Helden seiner populären Songs waren Durchschnittsmenschen mit ihren gewöhnlichen Sorgen und Nöten. Doch sein Talent äußerte sich eben darin, daß er in diesen scheinbar alltäglichen und harmlosen Schilderungen die ganze bittere Wahrheit, den ganzen Verfall des kümmerlichen sowjetischen Lebens bloßlegte ... Die Parteiideologen spürten sofort, wie gefährlich dieser Mann für sie war, und riefen zur Hetzjagd gegen ihn auf.

Bis 1971 war Galitsch ein durchaus erfolgreicher Schriftsteller, der „im Geist des sozialistischen Realismus" die Errungenschaften und die Romantik der sowjetischen Wirklichkeit beschrieb. Für seine Filme und Stücke wurde er mit offiziellen Auszeichnungen geehrt und hätte fast sorglos leben können. Mit fünfzig durchlebte er eine Krise und zog der satten Geborgenheit ein anderes Leben vor.

Alle möchten gern ehrlich sein, aber das gelingt nur wenigen. Wie sich Galitschs Tochter erinnerte, sagte er dazu:

„Ich war immerhin schon fast fünfzig. Ich hatte bereits alles gesehen ... Und ich erkannte, daß ich so nicht weiterleben kann, daß ich mich endlich laut zu Wort melden und die Wahrheit aussprechen muß."

Er wurde kein Rebell, sondern nahm sich nur die Freiheit, die Wahrheit zu sagen. Das genügte, um Alexander Galitsch aus dem Schriftstellerverband und dem Verband der Filmschaffenden auszuschließen und ihm die Mitwirkung in öffentlichen Veranstaltungen zu verbieten. Für einen Künstler bedeutete das damals das Ende. In dieser Situation gab es nur zwei Möglichkeiten – entweder öffentlich Reue zu zeigen oder das Land zu verlassen. Er wählte den zweiten Weg.

Im Sommer 1974 verließen Alexander Galitsch und seine zweite Frau Angelina Prochorowa die Sowjetunion. Diese Nachricht versetzte „Radio Liberty" in Aufregung.

Juri von Schlippe, der bei „Radio Liberty" die traditionellen „Donnerstagsgespräche" moderierte, zu denen verschiedene Persönlichkeiten eingeladen wurden, schlug vor, die nächste Sendung mit Galitsch zu gestalten. Wir beantragten bei der Leitung die Genehmigung dafür. Die Amerikaner zögerten zunächst. Der Name des neuen Emigranten sagte ihnen nichts. Außerdem war das mit Kosten für Fahrkarten, Hotel usw. verbunden. Wir haben sie allerdings mit unseren unanfechtbaren Argumenten schnell überredet: Wenn Galitsch zur Mitwirkung an der Sendung bereit ist, dann bedeutet das angesichts seiner großen Popularität in der Sowjetunion einen Prestigegewinn für „Radio Liberty". Schließlich macht es einen großen Unterschied, ob unbekannte und als „Handlanger der Faschisten" diffamierte Personen oder ein allgemein beliebter Liedermacher zu den sowjetischen Zuhörern sprechen. Galitsch war der erste berühmte Künstler, den „Radio Liberty" für sich als „Stargast" gewinnen konnte.

Wenn ich mich recht erinnere, folgte er im Juni 1971 unserer Einladung nach München. Gern sang er seine Lieder, beantwortete Fragen und sprach über Pläne. Und diese Pläne waren wirklich grandios: Er sei in den Westen gekommen, um ihn zu erobern. Galitsch machte den Eindruck eines großen Künstlers, der seinen Wert kennt, selbstsicher auftritt und etwas unnahbar ist. Wir überredeten die Amerikaner, ihm einen ständigen Vertrag anzubieten. Galitsch lehnte jedoch ab. Wie er sagte, hatte er andere, einträglichere Angebote. Aus München mußte er anschließend nach Oslo zu Filmaufnahmen fahren. Doch er überschätzte seine Möglichkeiten in der neuen Situation. Damals mit ihm darüber zu sprechen, wäre sinnlos gewesen.

Galitsch tauchte erneut im Frühjahr nächsten Jahres in unseren Gefilden auf. In Frankfurt hatte er mit dem Verlag „Posew" einen Vertrag über die Herausgabe von Büchern und Schallplatten abgeschlossen. Aber bei „Posew" ließ sich kein großes Geld verdienen. Allem Anschein nach hatte sich Galitsch seine Illusionen abgeschminkt. Er genierte sich offensichtlich, in seinem Stolz bei „Radio Liberty" erneut vorzusprechen. Bei „Radio Liberty" galt die eiserne Regel, daß ein Arbeitsangebot, wenn es einmal ausgesprochen wurde, nicht ein zweites Mal erfolgte.

Daraufhin setzte sich „Posew" für Alexander Arkadjewitsch ein, so daß ihn der Sender doch noch einstellte. Ihm wurden eine Dienstwohnung und eine Privatsekretärin zur Verfügung gestellt und sehr lockere Arbeitsbedingungen geboten. Keiner verlangte von Galitsch, wie die anderen um neun Uhr zum Dienst zu kommen und Routinearbeit zu erledigen. Man bat ihn lediglich, zweimal wöchentlich mit seiner Gitarre im Studio zu erscheinen, und zwar möglichst nüchtern. Nachdem er vor dem Mikrofon Platz genommen hatte, kündigte ihn der Sendeleiter mit den Worten an: „Im Studio ist Alexander Galitsch." Er begann dann ohne Vorbereitung und Aufzeichnungen den Dialog mit den Zuhörern, wobei er überleitend seine Lieder sang. Und das war jedesmal ein Genuß. Dafür verzieh man Galitsch alles andere.

Große Künstler haben ihre menschlichen Schwächen. Ausnahmen von dieser Regel sind selten, zumindest in Rußland. Galitsch war, wie leider auch viele andere talentierte Künstler, dem Alkohol sehr zugetan. Bevor er abends nicht eine Flasche Whisky geleert hatte, legte er sich nicht schlafen. Leider gab es niemand an seiner Seite, der ihn von dieser zerstörerischen Gewohnheit hätte abbringen können. Galitschs Frau trank noch mehr als er. In Anbetracht der Tatsache, daß die Galitschs in München sehr gefragte Gäste waren und ständig zu geselligen, feuchtfröhlichen Abenden eingeladen wurden, sind die Probleme verständlich, die sich für die Leitung von „Radio Liberty" durch den neuen Mitarbeiter ergaben.

Man hatte für ihn extra eine Wohnung gegenüber dem „Hilton" in fünf Minuten Entfernung vom Sender ausgesucht, um möglichst zu verhindern, daß er mit Verspätung im Studio erschien. Wie ich bereits sagte, wurde ihm auch eine Privatsekretärin zur Verfügung gestellt. Mit ihr hatte man Galitsch allerdings keinen guten Dienst erwiesen. Diese junge Frau hieß Maria Vomala und war erst vor kurzem aus Moskau in die BRD gekommen. In Moskau hatte sie einen kongolesischen Studenten geheiratet, der der Sohn eines afrikanischen Häuptlings war. Doch während der Häuptlingssohn in der Sowjetunion studierte, fand in seiner Heimat wieder einmal eine Palastrevolution statt, durch die sein Vater vom Thron gestoßen und verjagt wurde. Nach Beendigung des Studiums zog es ihn daher nicht zurück in die Heimat, sondern er beschloß, nach Westdeutschland zu gehen. Er wurde bei uns im russischen Dienst als Kurier eingestellt. Seine Frau Maria brachte man als Sekretärin unter. Der Afrikaner sprach schlecht Russisch, konnte dafür aber um so besser in dieser Sprache fluchen. Er lebte sich bei uns schnell ein und genoß den Ruf eines Originals, was man von seiner streitsüchtigen Angetrauten nicht sagen konnte.

Für eine meiner Sendungen zeichnete ich einmal im Tonstudio einen Text auf, den der alte Fürst Gortschakow vortrug. Wir griffen immer auf diesen gebildeten Mann zurück, wenn es um intellektuelle Ausstrahlung ging. Er war ein alter russischer Aristokrat, der an einer Kadettenschule erzogen worden war (darauf legte er jedenfalls großen Wert). Als sich unsere Aufnahme dem Ende näherte und wir buchstäblich nur noch zwei bis drei Minuten benötigten, betraten Maria Vomala und Galitsch ohne Vorankündigung das Studio. Alexander Arkadjewitsch war ein ruhiger Mensch und suchte niemals Streit. Dafür machte seine Sekretärin gleich von der Türschwelle aus „seine Vorrechte" geltend:

„Räumen Sie das Studio. Alexander Arkadjewitsch kann nicht warten. Hören Sie sofort auf."

Während sie in diesem Ton weiter zeterte, schwieg Galitsch verlegen. Offenbar war ihm dies peinlich, aber vielleicht meinte er auch, daß das bei uns der Umgangston war.

Dafür verblüffte der alte Gortschakow alle. Er unterbrach die Lesung meines Textes und sagte aus dem Stegreif mit seiner tiefen und ernsten Stimme grob, aber treffend:

„Was kommt denn da für Dreck herein, das kann nur die Vomala sein!"

Galitsch bog sich vor Lachen. Dafür kochte seine Sekretärin vor Wut. Sie lief sofort zur Leitung und beschwerte sich, aber offensichtlich ohne Erfolg.

Galitsch war außerdem für seine Anekdoten berühmt, die er vor dem Mikrofon vortrug. Er gab viele Geschichten über seine Bekannten, über Berühmtheiten und verschiedene pikante Situationen zum besten. Man hörte ihm gebannt zu und war von seiner Vortragskunst gefesselt. Sinjawski und die Rosanowa wurden als erste darauf aufmerksam und begannen, die auf Tonband aufgezeichneten Erzählungen Galitschs zu sammeln. Was aus dieser Sammlung später geworden ist, weiß ich nicht.

Ich sagte schon, daß Galitsch nicht mehr der Jüngste war. Obwohl er bereits zwei oder drei Herzinfarkte hinter sich hatte, strahlte er jedoch eine so jugendliche Energie aus, daß ihm die Herzen der Frauen nur so zuflogen. Eine längere Affäre mit einer jungen Mitarbeiterin hätte für Galitsch fast tragisch geendet. Der Ehemann dieser Mitarbeiterin, ein ziemlich dunkler Geschäftsmann aus Westberlin, hatte davon Wind bekommen, kam nach München und lauerte Alexander Arkadjewitsch vor dem Gebäude des Senders auf, um mit ihm abzurechnen. Was sollten wir tun? Wir erarbeiteten ein Sicherheitssystem für den Schutz von Galitsch, damit ihm in dieser gefährlichen Situation nichts passierte. Wenn der protzige „Mercedes" des eifersüchtigen Banditen in unserer Straße gesichtet wurde, verließ Galitsch den Sender durch die Hintertür. Wir brachten ihn heimlich wie einen Spion aus dem Sender.

Mir ist übrigens noch ein weiterer Fall bekannt, in dem jemand im Auto versteckt aus dem Gebäude von „Radio Liberty" herausgeschleust wurde. Das war der russische Aristokrat Nikolai Babkin, der bei uns als Übersetzer arbeitete. Am Gehaltstag wurde er stets von seiner Frau am Ausgang erwartet, wo diese ihm das Geld abnahm. Kolja aber war viel mehr nach einem Kneipenbummel zumute. Deshalb beschwor er seine Kollegen, ihn vor der drohenden Gefahr zu retten und heimlich im Auto mitzunehmen. Aus Dankbarkeit lud er dann seine Retter in ein Restaurant zu einem Umtrunk auf seine Kosten ein. In der Regel feierte man bei „Lenin" – in einem Lokal, in dem einmal der Führer der Weltrevolution zu Mittag gegessen hatte.

Schließlich wurde den Amerikanern das alles zu viel und sie versetzten Galitsch in die Pariser Außenstelle von „Radio Liberty". Kurze Zeit später, am 15. Dezember 1977, lebte er nicht mehr.

An diesem Tag hatte er bei „Radio Liberty" eine Sendung aufgezeichnet. Man wollte gleich noch die nächste aufnehmen, doch Galitsch hatte keine Lust mehr, verschob die Aufnahme auf den nächsten Tag und fuhr nach Hause.

Als er zum vereinbarten Termin nicht erschien, rief man bei ihm an. Da sich unter seiner Nummer niemand meldete, fuhren die besorgten Mitarbeiter zu seiner Wohnung. Die Tür war von innen verschlossen, alles Klopfen blieb erfolglos. Die Polizei wurde geholt. Nachdem die Tür aufgebrochen war, bot sich ein tragisches Bild. Alexander Arkadjewitsch hatte offensichtlich für die nächste Sendung eine seiner alten Aufnahmen vorbereitet und das Tonband benutzen wollen. Doch das alte „Revox"-Studiogerät funktionierte leider nicht. Galitsch wollte den Fehler suchen und berührte dabei zufällig zwei blanke Drähte . . . Der Stromschlag war zwar gar nicht so stark gewesen, doch sein schwaches Herz hielt ihn nicht aus. Es war auch niemand in der Nähe, der ihm helfen konnte.

Am nächsten Tag machten die Zeitungen daraus eine Story: Der große Dichter wurde vom KGB ermordet! Bald darauf wurden jedoch der offizielle Autopsiebefund über die Todesursachen und ein Sachverständigengutachten der französischen Polizei veröffentlicht. Doch bis heute finden sich immer wieder Leute, die die Version aufwärmen wollen, daß Agenten der Lubjanka bei dem Unglücksfall ihre Hand im Spiel hatten. Warum nur? Galitsch selbst ist damit überhaupt nicht gedient.

Ich denke, daß die Tragik dieses Mannes in seiner Trennung von der Heimat bestand. Er hat sie nur schwer verkraftet. Zwei wöchentliche Sendungen bei „Radio Liberty" sicherten ihm zwar ein erträgliches Einkommen, doch sie konnten ihm nicht den direkten Kontakt zu den Zuhörern ersetzen. Er mußte sein Publikum vor sich sehen und es fühlen, nur so konnte sich sein Talent entfalten. Obwohl Galitsch im Westen mehrere Stücke und Lieder geschrieben hat, konnte er sich dort nicht richtig verwirklichen. Er gehörte zu den Künstlern, die die Luft ihres Landes zum Atmen brauchten.

Doch die damaligen Machthaber des Landes hatten für seine Kunst keine Verwendung.

Das Schicksal eines anderen begabten russischen Literaten gestaltete sich auf ähnliche Weise. Ich spreche von Anatoli Kusnezow, dem Autor des berühmten Romans „Babi Jar", der die Tragödie der Kiewer Juden während des Zweiten Weltkriegs schildert. Zu seiner Flucht in den Westen kam es wie folgt: Kusnezow galt in der UdSSR als durchaus loyaler Autor, war Mitglied der KPdSU und schrieb Bücher im Geist des „sozialistischen Realismus". Wie er später selbst eingestand, hatte er sogar mit den Staatssicherheitsorganen zusammengearbeitet und seine Kollegen denunziert. Vom KGB erhielt er den Auftrag, den Dichter Jewgeni Jewtuschenko zu beobachten.

Im Jahre 1969 äußerte Anatoli Kusnezow den Wunsch, einen Roman über das Leben Lenins zu schreiben. Das war die beste Voraussetzung, um zur Elite der sowjetischen Literatur vorzustoßen. In diesem Zusammenhang beantragte er eine Reise nach London, um dort Material zu sammeln. Auslandsreisen waren damals eine Seltenheit, und jeder Bewerber wurde eingehend geprüft. Selbst namhafte Schriftsteller betrachteten es schon als Ehre, wenn sie Touristenreisen nach Bulgarien oder in die Tschechoslowakei unternehmen konnten. In westliche Länder durften nur Leitungsmitglieder des Schriftstellerverbands reisen, die ihre Staatstreue in literarischen Werken bewiesen hatten. Jede dieser Delegationen oder Touristengruppen wurde obligatorisch von einem hauptamtlichen Mitarbeiter der Staatssicherheit begleitet, der darauf achtete, daß sich niemand absetzte.

Dem „linientreuen" Schriftsteller Anatoli Kusnezow gelang es ohne besondere Mühe, in eine dieser privilegierten Reisegruppen aufgenommen zu werden, die für eine Woche London besuchte. Niemand wußte, daß Kusnezow schon lange die Flucht geplant hatte und diese Reise für Recherchen nutzen wollte. Die eigentliche Flucht war für später vorgesehen, wenn ihm der Schriftstellerverband einen Aufenthalt in England genehmigen würde, um „Material über Lenin zu sammeln".

Da er erstmals in seinem Leben im Ausland war, konnte Kusnezow der Versuchung nicht widerstehen, auch das berühmte Vergnügungsviertel Soho zu besuchen. Wie zu erwarten war, landete er automatisch in einem Stripteaselokal. Dann nahm das Schicksal seinen Lauf. Während der Vorstellung kam Polizei und fahndete nach Rauschgifthändlern. Zur Überprüfung seiner Personalien wurde auch unser russischer Schriftsteller bei der Razzia mitgenommen, der Rauschgift lediglich aus der Zeitung kannte. Kusnezow war in einer peinlichen Situation. Wahrscheinlich würde nun die sowjetische Botschaft von seinem Besuch in dem Stripteaselokal erfahren, womit Auslandsreisen für ihn ein für allemal gestrichen waren. Deshalb erklärte er auf dem Polizeirevier sofort, daß er Bürger der Sowjetunion sei und um politisches Asyl im Westen ersuche.

Niemand weiß, ob damals Rauschgifthändler gefaßt wurden. Doch auf alle Fälle war der Polizei ein guter russischer Schriftsteller ins Netz gegangen, dessen Roman „Babi Jar" damals in vielen Ländern veröffentlicht wurde.

Der Schriftsteller Anatoli Kusnezow.

Nach Abschluß der Überprüfung durfte Kusnezow in London bleiben. Er erregte großes Aufsehen mit seiner Erklärung, daß „Babi Jar" auf Anweisung der sowjetischen Behörden mit vielen Streichungen erschienen war und er beabsichtige, den Roman in absehbarer Zeit ungekürzt zu publizieren. Er bezog ein schönes Haus in einem Londoner Vorort. Nachdem bekannt geworden war, daß der berühmte Schriftsteller ohne seine Bibliothek und mittellos in den Westen gekommen war, schickten ihm viele Leute aus verschiedenen Ländern gute Bücher und Geld. Anfangs wurde Anatoli von David Floyd, einem Korrespondenten des „Daily Telegraph" und früheren Mitarbeiter der Abwehr (MI-5) betreut, später kümmerte sich dann eine jüdische Familie um ihn.

Alles schien bestens geregelt. Er hatte ein Haus, einen Ver-

190

lagsvertrag über die Herausgabe des Buches und das Angebot von „Radio Liberty", in der Londoner Außenstelle zu arbeiten. Viele erwarteten, daß der Schriftsteller sein Talent nun ungehindert entfalten würde. Aber es kam anders … Aus Furcht vor der Rache des KGB hatte Kusnezow das Pseudonym „Anatol" angenommen, was den russischen Emigranten mißfiel und den Kreis seiner potentiellen Leser einschränkte. (Der Name Kusnezow hatte einen guten Klang, doch wer kannte diesen „Anatol"?) Das Leben in ständiger Angst hatte ihn offensichtlich so gelähmt, daß er außer der erweiterten Ausgabe von „Babi Jar" in den nächsten zehn Jahren nichts Vernünftiges mehr veröffentlichen konnte. Im „Playboy" erschien von ihm eine Erzählung über russische Emigranten, die man aber keineswegs als Meisterstück bezeichnen kann. Er ging wenig unter Leute, war mißtrauisch und führte ein zurückgezogenes Leben.

Als man Anatoli Kusnezow als Mitarbeiter für „Radio Liberty" gewonnen hatte, konnte er lange kein eigenes Thema finden. Bei ihm drehte sich alles nur um „Babi Jar" und die Umstände der Herausgabe dieses Buchs in der Sowjetunion. Schließlich wurde dies der Leitung des Senders zu viel.

„Sie müssen endlich anfangen, Kommentare zu schreiben", erklärte man ihm kategorisch. „Wenn Ihnen politische Themen nicht liegen, dann schreiben Sie wenigstens über Literatur."

Er wurde zum Praktikum nach München eingeladen und kam in die Abteilung, die ich damals leitete. Kusnezow war ein erfahrener Schriftsteller, der mir überlegen war. Ich konnte mir daher meine Rolle als Mentor nur schwer vorstellen.

Die Schwierigkeit bestand darin, daß er vollkommen unfähig war, operativ und im Auftrag zu arbeiten. Die Arbeit eines Schriftstellers und die Arbeit eines Journalisten sind keineswegs dasselbe. Er war gewohnt, in aller Ruhe nachts zu arbeiten, wenn ihn absolut nichts störte. Hier hatte man aber Anatoli in ein enges Zimmer gesetzt, in dem außer ihm noch zwei andere arbeiteten, pausenlos das Telefon klingelte und ständig Besucher störten. Wie sollte er unter solchen Bedingungen schreiben? Um neun Uhr war bei uns Redaktionssitzung. Bis 13 Uhr mußten die Kommentare für die Sendungen beim Redakteur vorliegen. Als der berühmte Schriftsteller von diesem Zeitplan erfuhr, erklärte er entsetzt, daß er in diesem Tempo nicht arbeiten könne. Wir gewährten ihm daraufhin einen Aufschub, so daß er seine Kommentare erst am nächsten Tag abzuliefern brauchte. Aber auch daraus wurde nichts. Kurz darauf kam Anatoli Kusnezow niedergeschlagen zu mir:

„Sie müssen entschuldigen, aber ich kann hier nicht konzentriert arbeiten. Alle sind ständig unterwegs, laden Besucher ein und erteilen Ratschläge. Überall sind unbekannte Leute, die mich ohne weiteres vergiften könnten."

Ja, am meisten fürchtete er wohl die Vergeltung des KGB, für den er einmal gearbeitet hatte. Diese Furcht hat ihn wohl besonders in seinem Schaffen behindert.

Am fünften Tag seines Praktikums verabschiedete sich Anatoli und reiste ab.

„Ich bin Schriftsteller und kein politischer Kommentator", rechtfertigte er sich. „Einiges habe ich schon begriffen. Ich werde mich bemühen, die richtigen Schlußfolgerungen für meine weitere Arbeit zu ziehen. In der nächsten Zeit werde ich einen Plan vorlegen, wie ich mir meine persönlichen Kommentare im Studio vorstelle. Wenn er Ihnen nicht gefällt, entlassen Sie mich und die Sache ist erledigt."

Ich informierte Peruanski über dieses Gespräch, gemeinsam gingen wir zu Bob Tuck. Unsere Position war klar: Einen so populären Schriftsteller wie Kusnezow dürfen wir nicht verlieren, er muß unbedingt dem Sender erhalten bleiben. Nach einigem Nachdenken stimmte Bob zu.

Und wirklich schickte Kusnezow kurz darauf einen Plan für seine Sendereihe „Anatoli Kusnezow im Studio" und begann, nach diesem Plan zu arbeiten. Er kam nachts in unsere Außenstelle in London, nahm im Studio Platz, schaltete

selbst die Geräte ein, zeichnete einen halbstündigen Mono-
log auf und fuhr dann wieder nach Hause, um eine Woche
später erneut zu erscheinen.

Seine Kommentare waren nicht themengebunden und be-
handelten unterschiedliche Probleme der Literatur, Ökologie
und Politik ... Insgesamt wurden mehr als hundert davon
gesendet. Er leistete eine hervorragende Arbeit.

Im Jahre 1979, wenige Monate vor seinem 50. Geburtstag,
starb Anatoli Kusnezow unerwartet. Seine Frau und sein kleines Kind standen praktisch vor dem Nichts, denn er hatte
noch keinen Rentenanspruch erworben. Als er noch lebte,
wurden seine Kommentare gelobt und anderen als Vorbild
hingestellt. Jetzt, wo er tot war, brachte der Sender nicht einmal das Geld für seine Beerdigung auf. Wir von der russischen Redaktion sammelten für ihn. Jeder spendete nach eigenem Ermessen. Wir brachten 5000 Pfund zusammen. Als
das bekannt wurde, beteiligten sich auch die Polen, Tschechen und Bulgaren an der Spendenaktion. Nur die Ukrainer
schlossen sich aus. Der Chef ihrer Redaktion hatte ihnen eine
Beteiligung streng verboten.

Ich weiß mit Sicherheit, daß sich der KGB für Anatoli Kusnezow in England nicht interessiert hat. Seine Furcht war also
unbegründet. Sie hat aber bestimmt zu seinem frühen Tod
beigetragen.

Der KGB war eine gewaltige Institution. Nicht umsonst
wurde er als Staat im Staate bezeichnet. Von seinen einzelnen
Hauptverwaltungen war die PGU (Erste Hauptverwaltung),
die sich mit Auslandsaufklärung beschäftigte, der zahlenmä-
ßig stärkste, der mächtigste, angesehenste und strenger Geheimhaltung unterliegende Bereich. Für sie war in Jassenowo
bei Moskau, gleich hinter der Ringstraße, eine ganze Stadt
errichtet worden. Am Eingangstor zu diesem Gelände, das
von einer Betonmauer mit Stacheldraht umgeben ist und
sorgfältig bewacht wird, befindet sich eine Tafel mit der Auf-
schrift „Wissenschaftliches Zentrum".

Hier war der größte Teil der Diensteinheiten der PGU untergebracht, obwohl selbst dieses riesige Territorium nicht ausreichte, um auch noch die Schule der Aufklärung, das Ausbildungszentrum für Diversions- und Einsatzkommandos und andere operative Abteilungen aufzunehmen, die über ganz Moskau verstreut waren. Die Struktur der PGU kannten meiner Meinung nach nur wenige hochrangige Personen in der Führung des KGB. In Jassenowo befanden sich außer den Diensten, die für die Tätigkeit der sowjetischen Agenten in der ganzen Welt zuständig waren, auch noch ein Forschungsinstitut für Probleme der Aufklärung, ein riesiges Rechenzentrum, Chiffrier- und Funkverbindungszentren, streng geheime Speziallabors, Arbeitsgruppen für Paß- und Dokumentenfälschung usw. Außerdem gab es dort große Kaufhallen für die Sonderversorgung der Mitarbeiter und sogar ein Museum der Geschichte der Tscheka.

Als Juri Andropow den KGB leitete, wurde die Auslandsaufklärung besonders stark ausgebaut. Er liebt sie, hielt sie für das wichtigste Instrument der Staatspolitik und unterstützte die Erste Hauptverwaltung mit allen Mitteln. Unter ihm zog sie aus der Lubjanka nach Jassenowo um und bezog dort die riesigen schneeweißen Gebäudekomplexe. Unter ihm wurden die Stellenpläne der ausländischen Residenturen enorm aufgestockt. Es wurden eine Hochschule der Aufklärung gegründet und ein effektiver Auswertungsdienst geschaffen. Andropow hielt sich unbedingt ein bis zwei Tage in der Woche in der PGU auf. Es ist daher nicht verwunderlich, daß dieser Mann noch heute in der Auslandsaufklärung vergöttert wird.

Um eine einseitige Beurteilung zu vermeiden, möchte ich eine so anerkannte Autorität wie den ehemaligen Direktor der CIA William Colby zitieren. Er hat vor kurzem einem Korrespondenten der russischen Zeitschrift „Nowoje Wremja" folgendes über Andropow gesagt: „Meiner Meinung nach war er ein sehr interessanter Mann. Er hat damit begonnen, einen neuen KGB aufzubauen. Anstelle der Ganoven, die früher in der Aufklärung arbeiteten, hat er die besten Absolventen der besten Hochschulen des Landes zusammengeholt, ihnen Sprachkenntnisse und gute berufliche Fertigkeiten vermitteln lassen. Und sie haben wirklich gute Arbeit geleistet."

Und wie Andropows Leute arbeiteten, weiß Colby aus eigener Erfahrung.

Jeden Morgen wurden aus ganz Moskau Männer und Frauen, die so gar nicht James Bond glichen, von Dutzenden unauffälligen Bussen an vereinbarten Haltestellen aufgenommen und nach Jassenowo – „in den Wald", wie es im Jargon der Aufklärer hieß – gefahren. Abends nach der Arbeit brachten diese Busse die Leute zu Anschlußstationen der Metro zurück.

Jeder Mitarbeiter der Staatssicherheit träumte davon, „im Wald" arbeiten zu dürfen. Erstens war die Aufklärung schon immer mit einer Aura geheimnisvoller Romantik umgeben. Sie galt als Arbeitsbereich der Elite. Und zweitens gab es dafür noch einen sehr prosaischen Grund: Aus Jassenowo führte ein direkter Weg in westliche Länder, zu einem abgesicherten Leben und gutem Verdienst... Mit zwei, drei „längeren" Auslandseinsätzen hatte man fürs Alter vorgesorgt. Obwohl die Kaderauswahl für diese Einsätze ziemlich streng war, wurden bei weitem nicht immer die Würdigsten genommen. Aufgrund von Beziehungen wurden die Kinder von hohen Parteifunktionären, Marschällen und Generälen vorgezogen. Die richtige Kaderauswahl wurde auch durch „Parteiaufgebote" stark beeinträchtigt, bei denen Personen zur Aufklärung kamen und noch dazu gleich in leitende Positionen eingesetzt wurden, deren einziger Verdienst darin bestand, zuvor in Parteifunktionen tätig gewesen zu sein. Man glaubte, daß die KPdSU auf diese Weise ihre Kontrolle über die Sicherheitsorgane gewährleisten und deren Reihen ideologisch stärken konnte. Wenn ich solchen „Aufklärern im Parteiauftrag" begegnete, habe ich sie stets sofort an ihren geringen Fremdsprachenkenntnissen, mangelnden operativen

Fertigkeiten und … ihrem hohen Selbstwertgefühl erkannt. Sie waren zu nichts fähig, betrachteten aber überheblich alle anderen von oben herab.

Ich habe deshalb über die PGU berichtet, weil diese Hauptverwaltung meine Arbeit bei „Radio Liberty" anleitete. Wenn ich auch erst nach meiner Rückkehr in die Heimat zum ersten Mal „im Wald" war, habe ich mich doch mit Mitarbeitern aus Jassenowo in den zwanzig Jahren meiner Tätigkeit regelmäßig getroffen. Sie kamen in den Westen, übergaben mir Instruktionen und übernahmen von mir das für die Zentrale bestimmte Material. In Karlshorst bemühten sie sich, mir operative Fertigkeiten zu vermitteln.

Für mich war in der PGU die sogenannte Auslandsabwehr oder Verwaltung „K" unmittelbar zuständig. Wenn ich mich nicht irre, wurde sie 1971 auf der Grundlage der Abteilung 14, des „zweiten Diensts" der PGU, mit der Absicht gebildet, die Werbung sowjetischer Bürger und vor allem von Mitarbeitern der Staatssicherheit im Ausland zu bekämpfen sowie das Eindringen von Agenten gegnerischer Geheimdienste in den zentralen Apparat der Aufklärung zu verhindern.

Generell wurden in der Lubjanka Abwehrfunktionen stets von der Zweiten Hauptverwaltung wahrgenommen, die nach wie vor, allerdings unter einem anderen Namen, ihren Sitz im Zentrum Moskaus hat. Sie observiert Ausländer, kontrolliert die Tätigkeit der unter dem Deckmantel der Botschaften arbeitenden legalen Residenturen, verhindert den Aufbau von Spionagenetzen auf russischem Territorium und den Abfluß geheimer Informationen. Die Abwehr in der Ersten Hauptverwaltung hatte eine andere Funktion. Sie war eine Art Geheimpolizei innerhalb des Geheimdienstes. Eine ihrer Aufgaben bestand, wie ich bereits sagte, darin, das Eindringen gegnerischer Agenten in die eigenen Reihen zu verhindern. Außerdem halten die Mitarbeiter der Verwaltung „K", die als Sicherheitsoffiziere in den Auslandsvertretungen arbeiten, alle russischen Bürger unter strenger Kontrolle, die sich im Auslandseinsatz oder zu kurzen Dienstreisen im Ausland befinden.

Früher war der Sicherheitsoffizier in jeder sowjetischen Botschaft der Alleinherrscher. Alle fürchteten ihn, denn wer von ihm eine schlechte Beurteilung erhielt, durfte nie wieder ins Ausland.

Übrigens gibt es in den USA neben dem FBI und der CIA ebenfalls einen solchen Dienst mit ähnlichen Funktionen.

Ich weiß nicht, wie es in Langley ist, aber unsere Auslandsabwehr hatte immer viel zu tun. Ich möchte auch den Grund dafür nennen. Die Sowjetunion war bis in jüngste Zeit eine geschlossene Gesellschaft, ein Land hinter dem „eisernen Vorhang". Für einen ausländischen Geheimdienst war es sehr schwer, hier Zugang zu geheimen Informationen zu erhalten. Das totale Regime vermochte es geschickt, seine Geheimnisse zu wahren. Selbst der geringste Kontakt eines sowjetischen Bürgers zu einem Ausländer wurde der Abwehr bekannt. Unter diesen Bedingungen waren in der Regel alle Versuche der westlichen Geheimdienste zum Scheitern verurteilt, operativ interessante Personen zu werben.

Dabei herrschte großer Bedarf an Informationen aus dem militärisch-industriellen Komplex, aus der Wissenschaft, aus Kreisen der militärischen Führung und natürlich von der höchsten Ebene der Partei- und Staatsführung. Der Westen lebte in ständiger Angst vor dem unberechenbaren „russischen Bären" und wollte alle seine Absichten unter Kontrolle haben.

Zur Freude der ausländischen Geheimdienste hatte die Sowjetunion seit den sechziger Jahren für ihre Bürger den Stacheldrahtverhau an den Grenzen etwas durchlässiger gemacht. Touristengruppen, Sportler, offizielle Delegationen und Künstlerkollektive durften nun ins Ausland reisen. Auf diese Leute konzentrierte sich die Aufmerksamkeit der Geheimdienste. Nachdem man die Schwachstellen von operativ interessanten Personen festgestellt hatte, wurden sie mit Hilfe der in der ganzen Welt geltenden Werbegrundlagen

„Geld, Ideologie, Kompromittierung und Geltungsbedürfnis" bearbeitet. Ich möchte nicht sagen, daß bei allen Werbeversuche unternommen wurden. Man warf vielmehr das Netz weit aus und fing nur die großen Fische. Was sollte ein Fußballer oder eine Hausfrau schon für Nutzen bringen? Dafür stellten ein gut informierter Journalist, ein Mitarbeiter des diplomatisches Dienstes, ein Kernphysiker oder Analytiker, der Material für den Kreml auswertete, oder gar ein Offizier der Staatssicherheit einen willkommenen Fang für die CIA und jeden anderen Geheimdienst dar.

Ohne sich in die inneren Angelegenheiten anderer Staaten einzumischen, schützte die Abwehr im Ausland die Interessen der Sowjetunion, und zwar sehr erfolgreich. Die Resultate waren besonders beachtlich, wenn es ihr gelang, ihre Leute in die Objekte einzuschleusen, die unmittelbar gegen die Sowjetunion arbeiteten. Dazu gehörte zweifellos auch „Radio Liberty".

Im folgenden möchte ich erst einmal über einige Vorfälle bei dieser Tätigkeit berichten.

Gleich zu Beginn meiner aktiven Arbeit für die PGU erhielt ich von der Zentrale den Auftrag, den Armenier Diran Magrabljan aufmerksam zu beobachten. Er war damals als Praktikant im Büro von Max Ralis tätig und als Mitarbeiter für die Abteilung Sonderprojekte, einem „Tochterunternehmen" des Büros, vorgesehen. Unter Schirmherrschaft dieser Abteilung wurde die „Internationale Assoziation für Literatur" mit Hauptsitz in Rom und über die ganze Welt verteilten Vertretungen aufgebaut. Wie verlautete, sollte die Assoziation den Kulturaustausch zwischen West und Ost vertiefen. Möglicherweise ist in dieser Hinsicht auch einiges geschehen, doch man machte noch etwas anderes. Mit Geld von der CIA kaufte die Assoziation bis zu einem Drittel der Auflagen aller in den westlichen Ländern in russischer Sprache erschienenen Bücher auf, verteilte diese Bücher kostenlos an sowjetische Bürger oder verschickte sie per Post in die UdSSR. Im letzteren Fall waren die Chancen, daß auch nur eine von hundert Sendungen den Adressaten erreichte, sehr gering, denn im internationalen Postamt in Moskau prüfte die Zensur sämtliche eingehenden Sendungen aus dem Ausland. Doch selbst die geringsten Chancen wurden wahrgenommen.

Ich knüpfte zu Diran freundschaftliche Beziehungen und hielt sie auch dann noch aufrecht, als er nach Paris übergesiedelt war, um dort weiter „für die Vertiefung des Kulturaustauschs" zu wirken. Die Zentrale bat mich, Magrabljan gelegentlich in Paris aufzusuchen, um die für die Verbreitung der unerwünschten Literatur benutzten Kanäle ausfindig zu machen. Ich nahm Urlaub und überredete einen anderen Freund, den Esten Raymo Rand, mir Gesellschaft zu leisten. Wir machten uns mit seinem klapprigen „Renault" auf den Weg. Wir hatten keine Eile, unterbrachen häufig die Reise und betrachteten Sehenswürdigkeiten. Kurz gesagt, wir bewegten uns wie zwei richtige Touristen. Als wir am dritten Tag Paris erreicht hatten, fand ich bei Diran und seiner Schwester Sonja irgendwo in Ivry Unterkunft, während Raymo bei seinen estnischen Landsleuten wohnte.

Bereits am nächsten Tag zeigte mir mein Gastgeber das Pariser Büro von „Radio Liberty", in dem Sonja als Sekretärin arbeitete. Chefsekretärin und gleichzeitig Mitarbeiterin von Max Ralis war eine gewisse Linda Petrouskiene, eine französische Bürgerin litauischer Abstammung. Ich wurde gewarnt, daß sie über Ralis engen Kontakt zur Residentur der CIA in Paris unterhielt, die Bekanntschaft sowjetischer Bürger suchte, die sich in Paris aufhielten, und diese in Hinblick auf eine mögliche Zusammenarbeit aushorchte.

Im Büro von „Radio Liberty" wurde ich liebenswürdig empfangen. Kaffee und Gebäck wurden auf den Tisch gestellt, man überhäufte mich mit Fragen und lud mich schließlich zu einem „Freundschaftslunch" mit den zahlreichen Mitarbeiterin des Büros ein. Der Chef des Büros (ich erinnere mich heute nicht mehr an seinen Namen) erklärte sich großzügig bereit, die Kosten für das Essen über den Repräsentationsfonds abzurechnen.

Wir gingen in ein nahegelegenes Bistro, wo wir an einem großen Tisch Platz nahmen. Die Bedienung brachte Zwiebelsuppe, Kalbfleisch und einige Karaffen sehr leichten, aber schmackhaften Wein. Neben mir saß Diran, der sich aus irgendeinem Grund in Schweigen hüllte, während die an der anderen Seite sitzende Linda im Gegensatz dazu ununterbrochen redete. Sie erzählte mir alle Einzelheiten über sich und die Kollegen und vergaß auch nicht, mich nach meiner Meinung über die Mitarbeiter des Münchner Büros von „Radio Liberty" zu fragen. Ich antwortete unbefangen und vermied dabei, irgendwelche Einzelheiten auszuplaudern. Plötzlich stellte sie in dem bisher völlig unverfänglichen Gespräch scheinbar belanglos die Frage:

„Sie sagten, daß Sie am Moskauer Institut für Internationale Beziehungen einige Semester studiert haben. Ich habe dort einen Bekannten, der ab und zu nach Paris kommt. Vielleicht kennen Sie ihn und haben bei ihm einige Vorlesungen gehört?"

„Wer ist es denn?" erkundigte ich mich bereitwillig.

Linda nannte den Namen eines Lektors, der wirklich bei uns zwei bis drei Vorlesungen über internationale Beziehungen gehalten hatte. Ich erinnerte mich, daß er in der sowjetischen Nomenklatura einen ziemlich hohen Rang innehatte.

„Ja, so einen Dozenten hatten wir", sagte ich gleichgültig zu Linda, doch sie schien ihre Frage bereits vergessen zu haben und war zu einem anderen Thema übergegangen.

Dann wurden Käse und Kaffee serviert. Meine neue Bekannte lehnte sich, ohne sich vor den anderen zu genieren, kokett an meine Schulter und flüsterte mir zu:

„Wollen wir nicht einmal in den nächsten Tagen zusammen zu Abend essen?"

Warum nicht? Ich lehnte nie die Gesellschaft einer schönen Frau ab, noch dazu, wenn dieses Zusammensein mir nützliche Informationen versprach.

Doch der Dozent vom Moskauer Institut für Internationale Beziehungen tauchte in unseren Gesprächen nicht wieder auf. Dafür etwas anderes. Linda hielt sich ihren Worten zufolge häufig in einem kleinen Hotel auf, das von sowjetischen Touristen und Dienstreisenden bevorzugt wurde, weil es preiswert war.

„Irgendwie ist es lustig", erzählte sie mir, „anfangs fürchten diese Leute ihren eigenen Schatten. Überall wittern sie Agenten der CIA und Provokateure. Doch wenn die sowjetischen Bürger Geld brauchen, dann holen sie aus ihren Koffern Wodka, Kaviar und Matrjoschkas raus und bitten mich ohne Scheu, ihnen beim Verkauf behilflich zu sein. Sie schenken mir dann volles Vertrauen. Die Möglichkeit, Devisen zu erwerben, läßt sie alle Verhaltensmaßregeln vergessen, die man ihnen in Moskau erteilt hat."

Dieses Gespräch war für mich ebenfalls sehr aufschlußreich.

Der Aufenthalt in Paris neigte sich inzwischen dem Ende zu. Über Diran hatte ich in Erfahrung gebracht, wie die Bücher und Broschüren illegal in die Sowjetunion eingeschleust wurden. Übrigens haben weder die Assoziation noch NTS auf den herkömmlichen Versand mit der Post verzichtet. In Paris habe ich Listen von Namen und Adressen meiner Landsleute in Moskau, Kiew, Leningrad und Sotschi gesehen. An diese Adressen wurden entsprechend einer Direktive der CIA (die Operation trug den Codename „Pfeil") Publikationen als Drucksache geschickt. Wie ich bereits sagte, war der Effekt gleich Null. Aber damit setzten die Amerikaner die Leute, denen sie die Bücher offen zuschickten, den Ermittlungen des KGB aus. Schließlich schrieben wir 1970, als jedes Andersdenken in der Sowjetunion noch hart bestraft wurde. Und in dieser Situation wurde nun jemand „aus dem Westen" eine Drucksache mit antisowjetischer Literatur zugestellt. Da erhob sich doch zwangsläufig die Frage: Warum gerade diese Person? Hatte sie Kontakte zu westlichen Geheimdiensten? Um wen handelte es sich überhaupt? Die

Staatssicherheit konnte einfach gar nicht anders, als diese Leute zu registrieren. Viele völlig unverdächtige und durchaus loyale Bürger gerieten durch solche Buchsendungen in Schwierigkeiten. Hatten das die Organisatoren der Aktion „Pfeil" nicht bedacht?

Bei meinem nächsten Treff mit einem Verbindungsmann aus der Zentrale übermittelte ich alle Informationen, die ich in Paris gewonnen hatte, und bat darum, dem Lektor aus dem Moskauer Institut für Internationale Beziehungen besondere Aufmerksamkeit zu widmen. Wie sich herausstellte, hatte er während meiner Abwesenheit in Moskau in der Hierarchie der sowjetischen Nomenklatura einen noch höheren Rang erreicht. Er hatte Zugang zu den wichtigsten Dokumenten der Partei- und Staatsführung, ging in den Arbeitszimmern der höchsten Funktionäre ein und aus und leitete eine der bekanntesten gesellschaftlichen Organisationen.

Hatte Linda etwa einen großen Fisch an Land gezogen?

Später klärte sich alles auf. Als sich dieser sowjetische Bürger auf einer Dienstreise in Paris befand, wurden die Amerikaner auf sein großes Interesse für alte russische Bücher aufmerksam, die in den Antiquariaten verkauft wurden. Nun wurde Linda auf ihn „angesetzt". Sie gab sich als Mitarbeiterin eines Buchladens aus und setzte ihren ganzen Charme ein, um dem Besucher aus Moskau zu gefallen. Er versprach ihr, bei seinem nächsten Besuch in Paris unbedingt vorbeizukommen.

In Moskau war man sich darüber im klaren, daß die Amerikaner, bevor sie irgendwelche Schritte zur Kontaktaufnahme unternehmen, den Werbekandidaten zuerst sorgfältig überprüfen und studieren würden. So geschah es denn auch. Unter Nutzung aller ihrer Quellen erarbeitete die CIA in den nächsten drei Jahren einen Dossier über den „Lektor". Doch auch der KGB war nicht untätig. Mit Zustimmung der Parteiführung (in solchen Fällen war dies unerläßlich) und dem Einverständnis des Liebhabers russischer Bücher erarbeitete man den Plan für ein operatives Spiel unter dem Decknamen

„Apostel". Mir wurde bei dieser Operation die Rolle eines Beobachters und Kontrolleurs zugewiesen.

Im Jahre 1973 reiste „Apostel" erneut nach Paris. Man kann dem amerikanischen Überwachungssystem für die Kontrolle der Einreise von Personen, die von operativem Interesse sind, wirklich bescheinigen, daß es tadellos funktioniert. Die Ankunft des Besuchers aus Moskau wurde prompt registriert. Sofort erschien auch wieder Linda Petrouskiene auf der Bildfläche. „Apostel" freute sich natürlich über die erneute Begegnung, erinnerte sich voller Dankbarkeit an das Parfüm, das ihm Linda das letzte Mal für seine Frau geschenkt hatte, klagte über seine Leiden und wie schwierig es in der Sowjetunion sei, sie behandeln zu lassen. Was die Krankheit und die Behandlungsschwierigkeiten betrifft, so entsprach dies der Wahrheit.

Linda reagierte erwartungsgemäß. Sie sagte, daß sie in Paris viele gute Ärzte kenne, aber die Behandlung bei ihnen natürlich teuer sei und auch die Medikamente ins Geld gingen. Doch was tut man nicht alles für einen wahren Freund. Danach trennten sie sich in gutem Einvernehmen. Beim nächsten Treffen war bereits Max Ralis zugegen, der sich einfach als Journalist ausgab, den die Sowjetunion sehr interessierte. Der Besucher aus Moskau war dann auch bereit, nach bestem Wissen die Neugier von Lindas Freund zu befriedigen. Indem er bei den Gesprächen ab und zu Gerüchte und Anekdoten aus dem Leben der höchsten Kremlführung zum besten gab, ließ „Apostel" durchblicken, daß er sehr gut informiert war. Er gab beim ersten Mal keinerlei Geheimnisse preis, sondern deutete vielmehr an, daß er über vieles nicht sprechen dürfe. Doch Ralis genügte das: Der Kandidat kam für eine Werbung in Frage.

„Übrigens macht uns Ihr Gesundheitszustand große Sorgen", sagte er gegen Ende des Gesprächs. „Linda hat mir einiges erzählt. Als Freunde fühlen wir uns verpflichtet, Ihnen zu helfen, diese schlimme Situation zu überwinden."

Er nahm einen Umschlag aus der Tasche und blätterte

„Apostel" eine ansehnliche Summe französischer Währung hin.

„Nehmen Sie das, Sie können hier ausgezeichnete Medikamente kaufen und Ärzte konsultieren."

Der Besucher aus Moskau wehrte zunächst ab, doch Ralis konnte ihn überzeugen:

„Das Geld ist kein Geschenk, sondern das Honorar für das Interview, das Sie mir gewährt haben. Was Sie gesagt haben, kann ich doch in meinen Artikeln verwenden, nicht wahr? Natürlich ohne Angabe der Quelle. Derartige Dienste werden bei uns im Westen sehr gut bezahlt."

... Viel später las ich in den Archiven des KGB den ausführlichen Bericht über dieses Treffen, das der Beginn eines großangelegten operativen Spiels war.

Einen Monat nach dem Besuch von „Apostel" in Paris fuhr ich ebenfalls in die Stadt und schaute natürlich im Büro von „Radio Liberty" vorbei. Linda und Sonja freuten sich über meinen Besuch. Wir tranken zusammen Kaffee und ich erfuhr so nebenbei, daß man Linda für gewisse Verdienste eine baldige Beförderung und eine Gehaltserhöhung versprochen hatte. Ich gratulierte ihr aufrichtig dazu, denn sie hatte das wirklich verdient.

Danach kam es bei den Kontakten zwischen „Apostel" und meinen Pariser Freunden zu einer längeren Unterbrechung, denn seine Krankheit hatte sich tatsächlich verschlimmert. Nach einer aufgrund seines Alters komplizierten Operation mußte er sich einer langen Rekonvaleszenzbehandlung unterziehen. Doch nicht von ungefähr heißt es ja, daß Spionage eine Frage der Ausdauer ist. Es siegt, wer die stärksten Nerven und die größte Geduld hat.

Schließlich konnte der amerikanische Geheimdienst doch noch seinen „Sieg" in Belgien feiern, wo die Werbung des hochrangigen Beamten aus Moskau stattfand. Als Werber fungierten operative Mitarbeiter des CIA, die sich „Apostel" als Michael Martin und Richard vorstellten. Was Michael anbelangt, so hatte die Abwehr der PGU schnell ermittelt, daß sein richtiger Name O. Selski lautete. Doch über Richard konnten weder ich noch meine Kollegen etwas in Erfahrung bringen.

Natürlich fiel „Apostel" dieses Doppelspiel nicht leicht, zumal er keine Spezialausbildung durchlaufen hatte, nicht mehr der Jüngste war und durch seine hohe dienstliche Position Privilegien genoß. Er hätte daher ohne besonderes Risiko für seine Karriere wenn nicht direkt, so doch unter einem passenden Vorwand dem KGB eine Absage erteilen können, beispielsweise aus Krankheitsgründen. Doch dieser Mann entschied sich, den Auftrag gewissenhaft zu erfüllen. Mit 52 Jahren absolvierte er im Schnellkurs eine Spezialausbildung, die auch autogenes Training und Arbeit mit einem Psychologen umfaßte. In Moskau befürchtete man, daß ihn die Amerikaner unter Einwirkung von Psychopharmaka oder durch den Lügendetektor überprüfen würden. Auch im KGB gab es einen Lügendetektor. Man beschloß, „Apostel" prophylaktisch mit diesem Gerät vertraut zu machen und ihn darin zu unterweisen, wie sich das Gerät täuschen ließ. Zu dieser Zeit hatte der KGB bereits eine Methode entwickelt, wie man sich beim Test mit dem Lügendetektor zu verhalten hatte. Das war nicht mehr wie früher, als man mir empfahl, vor dem Test ein Glas Wodka zu trinken, um die Nerven zu beruhigen ...

Die Amerikaner schützten ihren Agenten sorgfältig. Niemand nahm in Moskau zu ihm Verbindung auf, obwohl Möglichkeiten dafür reichlich vorhanden waren. Sie wollten die vielversprechende Operation vor jedem Risiko bewahren. Deshalb fanden alle Kontaktaufnahmen nur in westlichen Ländern, vornehmlich in Frankreich, statt. „Apostel" versorgte die CIA regelmäßig mit streng geheimen Informationen über die Situation im Politbüro, das Kräfteverhältnis in der höchsten sowjetischen Führung und die Perspektiven der gegenseitigen Beziehungen zwischen der UdSSR und anderen Ländern. Er wurde ausführlich über die Aussichten Juri Andropows befragt, erster Mann im Staat zu werden.

Man interessierte sich dafür, warum Andrey Gromyko vom Posten des Außenministers entbunden und zum Vorsitzenden des Präsidiums des Obersten Sowjets ernannt worden war. Man wollte wissen, wie sicher die Positionen der Führer der kommunistischen Parteien der Republiken waren, welche Gründe das vorübergehende Verschwinden Konstantin Tschernenkos von der politischen Bühne hatte, was das nächste Plenum des ZK der KPdSU bringen werde, welche Veränderungen in der Führung in absehbarer Zeit zu erwarten seien ... Hunderte Fragen dieser Art wurden ihm gestellt.

Es erübrigt sich zu erwähnen, daß „Apostel" vor jedem Treff vom KGB bis in alle Einzelheiten instruiert wurde, was er zu antworten hatte. Moskau war ebenfalls daran interessiert, dieses Spiel möglichst lange fortzusetzen. Aus den Fragen, die dem Doppelagenten gestellt wurden, konnten die Tschekisten Rückschlüsse darauf ziehen, wie gut der Gegner informiert war und über welche Kanäle Informationen abflossen. Außerdem konnte man der CIA über „Apostel" gegebenenfalls auch Falschinformationen zuspielen.

Die Amerikaner bezahlten ihn fürstlich – in Rubel und in Devisen. Allerdings wurde „Apostel" aus Sicherheitsgründen empfohlen, die Francs nur während seiner Auslandsreisen auszugeben. Für die Einfuhr der Rubel war ein spezieller Behälter in Form eines Spiegels für ein Reisenecessaire entwickelt worden. Dieser Spiegel ließ sich leicht in zwei Teile zerlegen, zwischen denen das Geld versteckt wurde. Da der Spiegel mit einer speziellen Substanz überzogen war, ließ sich das Geheimversteck mit den damals verfügbaren Mitteln des Zolls nicht feststellen. Dieser Spiegel wird heute im Museum der Staatssicherheit in der Lubjanka aufbewahrt.

Mehrere Anzeichen deuteten darauf hin, daß die Amerikaner beabsichtigten, sich häufiger mit dem Agenten zu treffen. Sie nahmen sein Wochenendhaus bei Moskau in Augenschein, erforschten die Anfahrtswege und sahen sich nach Möglichkeiten für das Einrichten von toten Briefkästen um. Doch alles endete unerwartet und bedauerlich für beide Seiten. „Apostel" starb nämlich im Jahre 1985.

Ich weiß bis heute nicht, ob die Amerikaner ahnten, daß man mit ihnen ein operatives Spiel getrieben hat. Wenn sie es nicht wußten, dann möchte ich ihnen hiermit mein Mitgefühl ausdrücken.

Ich habe den Mann mit dem Decknamen „Apostel" persönlich gekannt. Während einer meiner heimlichen Besuche in der UdSSR (noch vor meiner Rückkehr) hatte man für mich ein Treffen mit ihm arrangiert.

Der geschilderte Fall zeigt anschaulich, wie die CIA versuchte, ihr Projekt Nr. 46 zu realisieren, das speziell für „Radio Liberty" und „Radio Free Europe", d. h. für die unter dem Deckmantel der Sender arbeitenden Geheimdienstaußenstellen, erarbeitet wurde. Ich sagte bereits, daß ihr Hauptbereich die sogenannte Abteilung für Zuhörerbefragung und Wirksamkeit der Sendungen war. Sie wurde später von München nach Paris verlegt und ist gegenwärtig, soviel ich weiß, Bestandteil des „Forschungsinstituts" von „Radio Liberty" und „Radio Free Europe" in der bayerischen Hauptstadt München. Die Abteilung wurde durch hauptamtliche Mitarbeiter des amerikanischen Geheimdienstes und eng mit ihm liierte Personen verstärkt. Hauptaufgabe dieser Leute war das Studium sowjetischer Bürger, die sich zeitweilig im Ausland aufhielten – ihre Befragung nach einem konkreten Fragespiegel, Feststellung und Überprüfung ihrer Personalien und schließlich, wenn das „Objekt" für den Geheimdienst von operativem Wert schien, die Bearbeitung und Werbung. Die Abteilung unterhielt praktisch in allen westeuropäischen Ländern ein weitverzweigtes Netz von Informanten, die von den Residenturen geführt wurden. Die Residenturen arbeiteten in zwei Richtungen. Die erste Richtung war das bereits erwähnte „Projekt 46". Die zweite Richtung, das „Projekt 52", sah eine analoge Bearbeitung von Objekten vor, die ständig im Westen lebten.

Anhand der von den Residenturen eingehenden Informationen erarbeitete die Abteilung von Max Ralis Auskünfte für folgende Institutionen:

– die CIA und die DIA (Defence Intelligence Agency) – Aufklärungsinformationen sowie Angaben über russische Bürger, die Zugang zu geheimen Unterlagen haben;

– das Außenministerium – Angaben über die politische und wirtschaftliche Lage in der UdSSR;

– die Leitung von „Radio Liberty" und „Radio Free Europe" – Informationen, die bei der Aufstellung der Programme genutzt werden können.

Die Tatsache, daß ich über dies alles in der Vergangenheit berichte, bedeutet keinesfalls, daß in München diesbezüglich nichts mehr geschieht. Natürlich werden aufgrund der Veränderungen in unserem Land bei „Radio Liberty" und „Radio Free Europe" ebenfalls gewisse Korrekturen in der nachrichtendienstlichen Tätigkeit vorgenommen, doch im Prinzip ist alles beim alten geblieben. Das kann ich mit Sicherheit sagen. Ein Geheimdienst trennt sich nur ungern von gewohnten Klischees. Die Amerikaner werden uns noch lange als unberechenbaren „russischen Bären" betrachten, den man immer im Auge behalten muß. Übrigens glaube ich auch nicht, daß unser Agentennetz seine Aktivitäten in bezug auf die USA eingestellt hat. Natürlich haben es unsere Leute jetzt schwer. Hinter ihnen steht nicht mehr die einstige Supermacht, für die die Agenten (auf der Grundlage von Geld oder Ideologie) bereitwillig arbeiteten. Es fehlt an Devisen für die Bezahlung spezifischer Dienste, und die Zukunft ist ungewiß. Verräter aus den Reihen der Offiziere der legalen Residenturen verkaufen den Geheimdiensten ihre Kenntnisse über Agentennetze in verschiedenen Ländern. Viele haben sich auf ein doppeltes Spiel eingelassen. In der Geschichte der russischen Aufklärung hat es wohl noch nie eine derartige Situation gegeben. Doch was soll man machen? Wir sind jetzt alle in einer schwierigen Situation. In einer Hinsicht bin ich mir allerdings absolut sicher: Wir haben nicht das Recht, un-

rern hätte es wahrscheinlich kaum ins Konzept gepaßt, wenn nun so ein armseliger Agent enttarnt worden wäre. In der hohen Politik hätte es der Sowjetunion keinerlei Nutzen gebracht, und die bilateralen Beziehungen wären möglicherweise belastet worden.

Schließlich wurde die Operation sehr einfach beendet. Als sich Kari Kuiru wieder einmal mit seinem „Informanten" treffen wollte, erschienen an dessen Stelle Offiziere der Abwehr und baten den finnischen Journalisten höflich um ein „Interview". Man hielt ihm keinen Haftbefehl unter die Nase, legte ihm keine Handschellen an und brachte ihn nicht einmal zur nächsten Milizdienststelle. Für Außenstehende wirkte das Ganze wie ein freundschaftliches Gespräch zwischen alten Bekannten. Doch ich bin mir sicher, daß Kuiru der Schrecken in die Glieder fuhr und ihm sofort die von Solshenizyn geschilderten sibirischen Lager und die Verliese der Lubjanke vor Augen standen. Er hielt es daher für das beste, ehrlich zu sagen, wie er von Parta geworben wurde, wie ihn die Amerikaner für seine riskanten Reisen in die UdSSR entlohnten und welche Instruktionen sie ihm gaben. Am meisten hatte er davor Angst, daß diese Geschichte in Finnland bekannt werden könnte. Die finnischen Behörden würden wohl kaum Verständnis dafür haben, daß Kari Kuiru für die Einkünfte aus seiner Spionagetätigkeit Steuerhinterziehung begangen und gesetzwidrig für einen ausländischen Geheimdienst gearbeitet hatte.

Um die Abwehr gewogener zu stimmen, sagte er alles, was er über die gegen die UdSSR gerichtete Tätigkeit der CIA-Residentur in Finnland wußte. Danach ließ man ihn mit der Auflage laufen, sich mit derartigen Aufträgen nie wieder in der Sowjetunion sehen zu lassen. Außerdem sollte er Judgin Parta übermitteln, daß der KGB das Spiel für beendet betrachtete.

Diese Operationen können meiner Meinung nach als eindeutige Erfolge der sowjetischen Staatssicherheitsorgane, genauer gesagt der „ideologischen" Fünften Verwaltung des

KGB, gewertet werden. Außer mit der Überwachung der Massenmedien, der Intelligenz und religiöser Einrichtungen beschäftigte sich diese Verwaltung, in Zusammenarbeit mit der PGU, auch mit der Bekämpfung der „ideologischen Diversion" aus dem Ausland, der Bearbeitung von Emigrantenorganisationen, der Störung ausländischer Rundfunksendungen für Zuhörer in der Sowjetunion und der Kontrolle der Postsendungen, um antisowjetische Literatur und Flugblätter abzufangen. Dienststellen analog der Fünften Verwaltung gab es auch in den Strukturen der territorialen Staatssicherheitsorgane. Sie wollten sich natürlich ebenfalls im Kampf gegen die „feindliche Ideologie" und deren Anhänger auszeichnen. Mit Zustimmung der Leitung der Lubjanka versuchten sie, eigene Aktionen gegen ausländische antisowjetische Zentren und vor allem gegen den NTS zu organisieren, der stets als Hauptfeind galt.

Als Beispiel für eine weitere gelungene Operation kann das operative Spiel von Offizieren der Staatssicherheit Leningrads dienen, die in der Stadt eine fiktive Gruppe von NTS bildeten, welche sich angeblich mit der Verbreitung von Literatur und Flugblättern beschäftigte. Die sonst so vorsichtigen NTS-Funktionäre in Frankfurt am Main vertrauten damals aus irgendeinem Grund blindlings den Falschinformationen und schickten einige ihrer Leute nach Leningrad. Als sie schließlich Lunte rochen, war es bereits zu spät: Die Tschekisten starteten eine Pressekampagne ...

Aber in der Regel hatten die Abwehr-Leute von NTS ein gutes Gespür für Fallen und ließen sich nicht auf zweifelhafte Kontakte ein. Ich kann ihrem Chef Andrej Wassiljew zustimmen, der in einem Interview das Niveau der Arbeit des KGB gegen NTS ziemlich abschätzig bewertete:

„Die routinemäßigen und schablonenhaften Aktionen zeugten von einem geringen geistigen Niveau und Beschränktheit. Beispielsweise kamen bei uns in Westdeutschland ein Brief aus Moskau und ein Brief aus dem Gebiet Moskau an, in denen uns Hilfe angeboten wurde. Beide

Briefe sind auf einer IBM-Maschine geschrieben. Sie müssen schon entschuldigen, aber diese Schreibmaschinen waren damals in Moskau noch sehr selten ... Die meisten Operationen gegen NTS waren erfolglos und dienten nur der Statistik: Alle waren beschäftigt, alle arbeiteten."

Mit dieser Einschätzung hatte er vollkommen recht. Es ist mir ein Bedürfnis, über eine dieser Aktionen des KGB zu berichten, bei der „alle beschäftigt waren, alle arbeiteten" und außerdem noch Orden erhielten und vorzeitig befördert wurden, obwohl der Effekt gleich Null war. Vielleicht geht diese Episode als ein Kuriosum in die Geschichte der Geheimdienste ein.

Ende der sechziger Jahre wurden Leute von NTS in einem europäischen Land auf einen sowjetischen Bürger aufmerksam, der sich für antisowjetische Literatur interessierte. Dieser Bürger fuhr angeblich dienstlich häufig ins Ausland, was auf vielversprechende Kontakte hoffen ließ. Im Jahre 1969 erklärte er (inzwischen hatte er den Decknamen „Pjotr" erhalten) seinen neuen Freunden, daß die mitgeführte Literatur bei seinen Bekannten Interesse gefunden hätte. Beim nächsten Mal brachte er von diesen Bekannten einen Brief mit. Wie von den mit allen Wassern gewaschenen Abwehrexperten bei NTS festgestellt wurde, war der Brief professionell abgefaßt und ließ fast keinen Verdacht aufkommen. Fast ...

Darin wurde vorgeschlagen, in Rußland eine ständige Aktionsgruppe aufzubauen, einen regelmäßigen Kurierdienst einzurichten und die Kämpfer gegen die Sowjetmacht mit allem auszurüsten, was sie für die subversive Tätigkeit benötigten. Sehr gut! Die Gründung solcher Gruppen gehörte zu den Hauptaufgaben von NTS. Aber was erregte Verdacht? Es waren die etwas hochtrabenden Pläne (Bildung eines „Revolutionsstabs") und die Bitte, eine Verbindung zu anderen derartigen Gruppen auf sowjetischem Territorium herzustellen.

Hierbei ist zu beachten, daß von den NTS-Organisationen das „Dezentralisierungsprinzip" sehr genau eingehalten wurde und als Strukturgrundlage galt. Es wurde bei Gründung von NTS im Jahr 1930 als sicheres Mittel eingeführt, um die Organisation vor einer völligen Zerschlagung zu bewahren. In den zwanziger Jahren hatte die Tscheka mit der Operation „Trust" den antisowjetischen Untergrund vollkommen vernichtet. Damals waren die Bolschewiki deshalb so erfolgreich, weil die von ihnen eingeschleusten Gruppen mühelos zu den echten Untergrundgruppen Kontakt herstellen konnten. Diese Operation gilt noch heute als Glanzleistung in der Geschichte des sowjetischen Geheimdienstes. Ihr wurden mehrteilige Filme, Bücher und umfangreiche Ausstellungen in den Museen der Staatssicherheitsorgane gewidmet.

Nun wollte die Gebietsverwaltung des KGB für die Stadt Moskau und Umgebung ihre eigene Operation „Trust" organisieren. Anfang der siebziger Jahre trat ein gewisser „Juri" als neuer Akteur in Erscheinung. Er war der Autor dieser professionellen Briefe und Haupteld des Stückes. Als Tourist traf er sich in Finnland mit Leuten von NTS. Doch diese waren auf der Hut. Sie gingen davon aus, daß es sich hierbei um eine Provokation des KGB handelte und waren bereit, bis zu einer bestimmten Grenze darauf einzugehen (sofern die Organisation dabei keinen Schaden nahm), um die Pläne der Staatssicherheit zu ergründen, Material über die Formen und Methoden ihrer Arbeit zu erhalten und dem Gegner einfach eins auszuwischen. „Juri" gegenüber wurden alle für solche Fälle üblichen hehren Worte von Schuld gegenüber der Heimat, heiliger Pflicht jedes ehrlichen Menschen gegen den Kommunismus zu kämpfen, und darüber geäußert, daß der Westen dem Mut und der Bereitschaft, ihr Leben für den Kampf einzusetzen, Anerkennung zollte. Die Leute von NTS versprachen unverbindlich, der neuen Gruppe jegliche Unterstützung zu gewähren. So verblieben sie.

Beim nächsten Treffen meldete sich wieder „Pjotr" aus Moskau und brachte ein vervielfältigtes „Manifest" mit, das angeblich illegal in der sowjetischen Hauptstadt verbreitet worden war. Außerdem versprach er, Lokalzeitungen und Telefonbücher aus der UdSSR zu besorgen, an denen NTS stets als Informationsquelle für die Herstellung möglicher Kontakte interessiert war. Ein Jahr später tauchte „Juri", dem angeblich erneut eine Touristenreise genehmigt worden war, in Paris auf.

An dem Treff nahmen außer dem operativen Kontaktbeauftragten auch zwei Führungsmitglieder von NTS teil. Der Besucher aus Moskau enttäuschte sie nicht. Zwei Stunden lang schilderte er den NTS-Führern ausführlich die erbärmliche Lage in der Sowjetunion. Dann vermeldete er die Erfolge der von ihm geleiteten Gruppe, der sich seinen Worten nach immer mehr kampfentschlossene Menschen anschlossen. Die Herren aus Frankfurt brachten ihre Bewunderung zum Ausdruck. In all den Jahren und Jahrzehnten ihres Kampfes gegen den Kommunismus war ihnen ein solcher Held noch nicht begegnet. Ich kann mir vorstellen, wie groß ihre Versuchung war, den Amerikanern von dem Erfolg zu berichten, den sie verbuchen konnten. Möglicherweise haben sie es sogar getan, denn das Wohl und Wehe von NTS und der dort arbeitenden Leute hing direkt von der Unterstützung durch die westlichen Geheimdienste ab. Da kam dieser Erfolg sehr gelegen.

Aber gleichzeitig verstärkten sich bei den klugen und erfahrenen NTS-Führern die Zweifel, zumal „Juri" auch noch darauf drängte, daß ein verantwortlicher NTS-Führer nach Moskau kommen sollte. Das roch eindeutig nach Provokation. Auf gleiche Weise hatten die Tschekisten in den ersten Jahren der Sowjetmacht ihre Feinde nach Rußland gelockt und gnadenlos mit ihnen abgerechnet. „Juri" wurde gründlich überprüft. Dabei stellte sich heraus, daß die von ihm genannte Telefonnummer bei der Moskauer Telefonauskunft nicht registriert war. Auch der von ihm angegebene Name – Andrej Rodion – erwies sich als falsch. Nun war endgültig klar, daß es sich um eine Provokation handelte.

In Frankfurt gingen die Meinungen auseinander, wie man

sich weiter verhalten sollte. Die einen wollten, daß jede Verbindung sofort abgebrochen wurde, die anderen bestanden auf weiteren Treffs.

„Wir werden in Erfahrung bringen, was der KGB von uns will, wozu er uns drängt und wie er so etwas inszeniert", sagten sie. „Außerdem können wir sie desinformieren und irreführen." Darauf einigte man sich schließlich.

Diese Komödie wurde sieben oder acht Jahre lang gespielt. Alle zogen Nutzen daraus. „Juri", der Offizier der Moskauer Verwaltung des KGB Jaroslaw Karpowitsch, der an der Ausbürgerung Solshenizyns mitgewirkt hatte, erhielt den Rotbannerorden und wurde vorzeitig zum Oberst befördert. Die Operation selbst stand unter direkter Kontrolle des Vorsitzenden des KGB Juri Andropow. Selbst Leonid Breshnew wurde, wie ich gehört habe, mehrfach über das „erfolgreiche operative Spiel" Bericht erstattet. Aber auch in Frankfurt rieb man sich zufrieden die Hände. „Pjotr", „Juri" und andere Kuriere brachten regelmäßig aus Moskau Lokalzeitungen und Nachschlagewerke und berichteten über die „geleistete" Arbeit. Allen war gedient.

„Juri" hatte anfangs bei den Treffs in Helsinki auf die Leute von NTS einen sehr guten Eindruck gemacht. Er war klug, energisch, hatte eine kritische Haltung gegenüber der sowjetischen Führung und sah genau alle Gebrechen des kommunistischen Systems. Er hatte das Zeug zu einer Führerpersönlichkeit. Es brauchte ihm nur jemand ein Maschinengewehr in die Hand zu geben, und schon stürmte er den Kreml. Aber sehr bald wurde klar, daß er eindeutig überzog und nicht der war, für den er sich ausgab. Eine seiner Meldungen aus Moskau führte in Frankfurt fast zu einem Lachkrampf. „Juri" schrieb, daß ein Mitglied der Gruppe beim Verteilen antisowjetischer Flugblätter in Briefkästen gefaßt wurde, seine Genossen ihn aber befreien und anschließend flüchten konnten. Wäre es nicht möglich, nach Moskau mehrere Pistolen zu schicken, damit man sich künftig gegen den KGB zur Wehr setzen könne?

Das war purer Dilletantismus. Auf derart primitive Weise wollte man NTS zu einer terroristischen Organisation machen. Aus Frankfurt wurde ihm höflich, aber bestimmt geantwortet: Nein, Waffen geben wir euch nicht, denn die würden euch im Fall eines Mißerfolgs nur in die größten Schwierigkeiten bringen. Wendet also die alten bewährten Methoden an – Flugblätter, mündliche Agitation, Verbreitung von im Westen gedruckter Literatur ... Karpowitsch und seinen Leuten blieb nichts anderes übrig, als diese bittere Pille zu schlucken und weiterhin fingierte Berichte über Flugblattaktionen zu übermitteln.

Ende der siebziger Jahre erreichte diese großangelegte „Operation" einen toten Punkt und wurde schrittweise eingestellt. Der KGB hatte mit ihr hochgesteckte Ziele verbunden. Wie seinerzeit mit der Operation „Trust" wollten die Tschekisten mit einem Schlag alle Zellen von NTS auf sowjetischem Territorium ermitteln und zerschlagen. Gleichzeitig sollte kompromittierendes Material über die Bewegung insgesamt gesammelt oder organisiert werden, um sie in Mißkredit zu bringen. Von großem Nutzen war die Operation jedenfalls nicht, wenn man von den persönlichen Vorteilen absieht, welche die imaginären Erfolge Oberst Karpowitsch und seinen Offizieren einbrachten.

Muß ich sagen, daß ich mich mit meinen Kollegen aus der Zentrale natürlich am liebsten in Ostberlin traf? Bei diesen seltenen Treffs konnte ich mich zumindest für kurze Zeit wie zu Hause fühlen, etwas entspannen und mich gehenlassen. Ich durfte wieder der Moskauer Oleg Tumanow sein. Selbstverständlich waren alle diese Besuche in der DDR mit einem gewissen Risiko verbunden, doch das vom KGB gemeinsam mit der Staatssicherheit der Ostdeutschen ausgearbeitete System funktionierte tadellos. Es war bis in alle Einzelheiten durchdacht.

Nur einmal fühlte ich mich auf der üblichen Reiseroute ziemlich unwohl. Nachdem die Gespräche in Karlshorst beendet waren, passierte ich mit Hilfe der Freunde wohlbehalten die Grenz- und Zollkontrolle auf dem Flughafen Schönefeld und bestieg ein Flugzeug nach Kopenhagen. Wie gewöhnlich fehlte in meinem Ausweis der Vermerk über den Grenzübertritt, und der Name im Flugticket war wie üblich bis zur Unkenntlichkeit entstellt.

Plötzlich, ich weiß bis heute nicht, was passiert war, betraten bewaffnete DDR-Grenzer das abflugbereite Flugzeug. Zwei Posten mit Maschinenpistolen besetzten den Ausgang, während eine rundliche Frau in mausgrauer Uniform und mit Kappe begann, die Pässe und Flugtickets aller Passagiere zu kontrollieren. Was für eine Überraschung! Das fehlte gerade noch, daß ich vor allen Anwesenden befragt wurde, warum ich kein Ausreisevisum habe und mein Name im Flugticket so falsch geschrieben ist. Und schließlich wird man Mister Tumanow, wie er ja laut Paß heißt, auch noch auffordern, er möchte doch bitte mitkommen.

Ich saß im hinteren Teil des Flugzeugs und hatte so etwas Zeit, zu überlegen und nach einem Ausweg suchen. Doch mir fiel nichts Vernünftiges ein. So saß ich einfach da und wartete ab, wie alles enden würde.

Dann stand die mausgraue Grenzerin vor mir. Ich überreichte ihr meinen Paß und das Flugticket. Sie betrachtete ohne mit der Wimper zu zucken meine Dokumente und gab sie mir wortlos zurück. Fünf Minuten später war die Überprüfung beendet, die Streife verließ das Flugzeug und wir rollten zum Start.

Das rätselhafte Verhalten der Grenzer kann ich mir bis heute nicht erklären.

Abgesehen von diesem Vorfall verliefen meine regelmäßigen Kontakte mit der Zentrale ohne besondere Vorkommnisse. Das Schema war immer dasselbe: Zur festgelegten Zeit reiste ich nach Ostberlin oder seltener nach Österreich bzw. in die Schweiz, traf mich dort mit dem Verbindungsmann, übergab ihm neue Informationen und kehrte dann wieder zurück. Diese Treffs fanden niemals in München oder auf dem Territorium der BRD statt.

Wenn es dabei zu extremen Situationen kam, dann war dies ausschließlich unsere eigene Schuld.

So geschah es einmal in Berlin. Ich hatte mir für längere Zeit Urlaub genommen und geplant, daß ich die ersten drei Tage zu dem vereinbarten Treff mit meinem Führungsoffizier in die Hauptstadt der DDR fahre, dann nach Kopenhagen zu meinem Pseudofreund Wladimir Matussewitsch fliege, anschließend in Stockholm meinen wirklichen Freund Wolodja Kryssanow besuche und zum Schluß in Paris in russischen Antiquariaten stöbere, in der Außenstelle von „Radio Liberty" vorbeischaue und die Zigeuner im Nachtclub „Rasputin" besuche.

Als Nachfolger von Sergej in Karlshorst war damals bereits Jewgeni mein Gesprächspartner. Wir hatten diesmal nichts Besonderes zu bereden, alles war reine Routinearbeit. Wir klärten lediglich Anfragen zwischen der Zentrale und mir und präzisierten Informationen. Routine ist immer etwas ermüdend, so daß Jewgeni schon am nächsten Tag vorschlug, zur Abwechslung ins Haus der Offiziere zu gehen, wo gerade ein neuer sowjetischer Film gezeigt wurde.

„Wir gehen im Dunkeln in den Saal, wenn der Film bereits läuft, und setzen uns in die hinterste Reihe. Vor dem Abspann verschwinden wir wieder, so daß dich niemand sieht."

Das war ein eindeutiger Verstoß gegen die Konspiration, doch dies entsprach der russischen Mentalität: Es wird schon nichts passieren.

Ich war damals nicht in einer Wohnung, sondern in einer Villa mit Garten untergebracht. Von der Haustür führte eine Marmortreppe in den Garten – mit zwölf Stufen, wie ich mich noch deutlich erinnere. Mitten auf dieser Treppe stolperte ich, fiel hin und spürte heftige Schmerzen im Knöchel.

„Offensichtlich eine starke Sehnenzerrung", lautete die Diagnose von Jewgeni. „Bis morgen früh ist das wieder vorbei. Wir machen einen Druckverband und kühlen das Gelenk."

Doch die Schmerzen waren so stark, daß ich nicht ins Kino gehen konnte. Mühevoll stieg ich in mein Schlafzimmer im ersten Stock der Villa und legte mich nieder. Am Morgen konnte ich nicht aufstehen, denn der Fuß war stark geschwollen und jede unvorsichtige Bewegung bereitete unerträgliche Schmerzen. Als Jewgeni kam, traf er mich buchstäblich in einem erbarmungswürdigen, hilflosen Zustand an. Die Wirtschafterin der Villa bemühte sich, mir mit den wenigen vorhandenen Medikamenten – hauptsächlich Hausmittel – Linderung zu verschaffen.

Was tun? Sie müssen sich in die Lage meiner Gastgeber versetzen. Um einen Arzt hinzuziehen zu können, muß die Leitung verständigt und müssen Außenstehende eingeweiht werden. Das wäre ein außerordentliches Vorkommnis, wofür Jewgeni keineswegs ein Lob zu erwarten hatte. Doch andererseits bestand keine Hoffnung, daß die Verletzung von selbst heilen würde. Der Geheimagent krümmte sich vor Schmerz und sein Fuß schwoll immer mehr an. Der illegale Agent mußte von einem ganz legalen sowjetischen Arzt behandelt werden, und zwar dringend.

Schließlich waren alle Anrufe getätigt. Der zum Hausbesuch herbeigebrachte Oberstleutnant im weißen Kittel erklärte kategorisch, daß sofort eine Röntgenaufnahme gemacht werden mußte. Man griff mir stützend unter die Arme, führte mich zum Wagen und brachte mich ins Militärhospital. Bevor man mich dort aus dem Wagen holte, entfernte man aus der Röntgenabteilung das gesamte Personal und alle anderen Patienten. Nur ein einziger Militärarzt blieb zurück und behandelte mich. Nach kurzer Zeit verkündete er sein schreckliches Urteil: Gipsverband und zwei Wochen Bettruhe!

„Wieviel?" fragte Jewgeni entsetzt und wurde bleich.

„Zwei Wochen!" wiederholte gnadenlos der Arzt. „Das heißt, wenn alles gut verheilt. Sonst kann es auch länger dauern."

Mein entmutigter Kollege setzte sich erneut telefonisch

mit der Leitung in Verbindung, denn in dieser schwierigen Lage durfte er nicht selbständig entscheiden.

Der Arzt verstand natürlich nicht, was die ganze Aufregung bedeuten sollte, da sich der Patient ja nur einen Fußknöchel gebrochen hatte. Ein gewöhnlicher und ganz normaler Krankheitsfall, an dem noch niemand gestorben war. Warum also dieses ganze Theater, als ob es sich nicht um einen jungen Burschen, sondern um den Verteidigungsminister oder ein Politbüromitglied handelte? Aus der chirurgischen Abteilung wurden alle Anwesenden entfernt, vor den Türen hätte man am liebsten Posten aufgestellt, und nun berät man in Klausur, wie es mit dem Patienten weitergehen soll. Ja, was ist er denn für ein hohes Tier?

Während sich Shenja telefonisch Rat holte, wurde mein Fuß bis zum Knie eingegipst. Aus der Vertretung des KGB in Berlin kam ein höherer Leiter zu einer vertraulichen Unterredung mit der Leitung des Hospitals. Es ging um die Frage, ob man mich nicht ambulant behandeln könnte. Die Ärzte sprachen sich jedoch kategorisch dagegen aus. Der blasse Jewgeni sah schon die Folgen auf sich zukommen. Wird man ihn degradieren, nach Moskau zurückholen und eine dienstliche Untersuchung einleiten? Wenn er mich nicht zu dem Besuch im Haus der Offiziere eingeladen hätte (schon dies allein war ein grober Verstoß), wäre das Unglück nicht passiert. Ich nutzte einen günstigen Moment, um ihn zu beruhigen, daß niemand etwas von dem geplanten Kinobesuch erfahren würde. Soll die Leitung denken, daß wir vor dem Schlafengehen nur etwas im Garten spazierengehen wollten, das war ja schließlich nicht verboten.

Man fand letztendlich einen Ausweg und brachte mich in der von den anderen Räumen des Hospitals entsprechend abgeschirmten „Marschallstation" unter. Sie bestand aus Zweizimmerappartements, die mit Dusche, Toilette, Teppichen und Kristall ausgestattet waren. Diese Luxusstation war ausschließlich für die höchste militärische Führung bestimmt und damals glücklicherweise nicht belegt. Für mich wurde eine einfache Legende gefunden – „ein berühmter Journalist aus Moskau". Zutritt zu mir hatten nur der behandelnde Arzt und eine Krankenschwester, die außer dem Thermometer auch Frühstück, Mittagessen und das Abendbrot brachte. Diese Frau stammte ebenfalls aus Moskau und löcherte mich mit ihren Fragen, was es gegenwärtig in unserer Heimatstadt Neues gebe. Sie selbst war seit zwei Jahren nicht zu Hause gewesen, ich aber seit fast zehn Jahren. Was kann man da schon über Moskau berichten . . .

Am nächsten Tag besuchte mich Jewgeni und berichtete mit Erleichterung, daß das Gewitter vorübergezogen war.

„Jedes Unglück hat sein Gutes", meinte er. „Jetzt haben wir Gelegenheit, der Auswertungsverwaltung zuzuarbeiten."

Wir haben dann zwölf Tage lang Aufklärungsinformationen für die Verwaltung Analyse und Auswertung erarbeitet. Wie ich später erfuhr, war die Zentrale mit dem Ergebnis dieses Krankenhausaufenthalts sehr zufrieden.

Als man mich aus dem Krankenhaus entließ, gab es ein kleines Problem. Während der eine Schuh tadellos paßte, kam ich mit dem verletzten Fuß in den anderen einfach nicht hinein. Es mußte ein Bote nach Westberlin geschickt werden, um mir Schuhe zu kaufen, die zwei Nummern größer waren. Am nächsten Tag flog ich nach Kopenhagen und von dort nach Paris. Stockholm mußte ich von meinem Besuchsprogramm streichen, denn dafür reichte die Zeit nicht mehr aus.

Dieses Mal hatte ich noch Glück. Doch wenn ich nicht auf Urlaub gewesen wäre, was dann? Mit einem im sowjetischen Militärhospital vergipsten Fuß auf Krücken aus Ostberlin in den Westen zurückkehren? Meine Legende wäre zweifellos hochgegangen. So aber fand alles noch ein gutes Ende . . .

Die Praxis zeigt, daß es gewöhnlich zu Pannen dieser Art kommt, weil eiserne Regeln der Aufklärung verletzt werden. Einem illegalen Agenten ist vieles strikt untersagt, was sich normale Menschen leisten können. Verstöße gegen die Regeln haben oft ernste Folgen. Dazu möchte ich noch ein Beispiel anführen.

Nachdem wir einmal unsere Arbeit in Karlshorst im wesentlichen abgeschlossen hatten, beschlossen Sergej und ich, etwas auszuspannen und zum Angeln zu fahren. Für mich war Angeln lediglich ein Zeitvertreib, mein Kollege aber betrieb es leidenschaftlich. Unser Fahrer vom Personenschutz gehörte ebenfalls zu den Fanatikern, die beim Anblick einer Rute alles andere in der Welt glatt vergessen. Wir angelten an einem unserem Fahrer gutbekannten See und fingen einige Karpfen, ohne irgendeine Angelberechtigung zu besitzen. Unseren beiden Petrijüngern schien der Fang jedoch zu gering. Der Fahrer meinte unzufrieden, daß man aus diesen fetten Fischen keine schmackhafte Fischsuppe zubereiten könne, dafür brauche man noch Barsche und Hechte. Deshalb schlug er vor, noch zu einem anderen See zu fahren. Sergej stimmte zu, ohne nach Einzelheiten zu fragen.

Wie sich herausstellte, war der andere See gar nicht weit entfernt. An der Abzweigung vom Hauptweg stand ein Schild „Einfahrt verboten!". Da aber kein Posten zu sehen war, fuhr unser Fahrer langsam dicht an den See heran, wo wir den „Wolga" im Gebüsch tarnten. Wir nahmen unsere Angelruten und verteilten uns am See. Er wirkte irgendwie seltsam. In seiner Mitte befand sich eine kleine Insel mit einem sympathischen Haus, Musik erklang. Auf dem See ruderte jemand.

Ich konzentrierte mich ganz auf die Fische. Plötzlich spürte ich, wie mir jemand von hinten seine Hand auf die Schulter legte.

„Ihre Papiere!" befahl eine Stimme im strengen Ton auf Deutsch.

Als ich mich umdrehte, erblickte ich einen jungen Burschen im nagelneuen Anorak. Auch meine Kameraden waren, wie ich sah, in der Zwischenzeit von einigen anderen jungen Männern gestellt worden. Ich hatte keinerlei Papiere bei mir, nur Zigaretten und Zündhölzer hiesiger Produktion. Was sollte ich dem „Burschen im Anorak" also zeigen? Ich wies in Richtung meiner Freunde und deutete an, daß sie alle

Papiere hätten. Sergej zeigte den Deutschen seinen Ausweis, worauf ihn einer von ihnen in gebrochenem Russisch zurechtwies:

„Ihr seid vom KGB, hier aber handelt es sich um ein MfS-Objekt. Ihr habt hier keinen Zutritt."

Der Streit wurde schließlich friedlich beigelegt. Die Deutschen begleiteten uns zum Wagen und ließen uns fahren, nachdem sie uns eindringlich davor gewarnt hatten, nochmals hier aufzutauchen.

Wie sich herausstellte, waren wir unwissentlich auf das Gelände der Datscha von Erich Mielke, des Chefs der Staatssicherheit der DDR, geraten. Dies war eine streng bewachte Zone, zu der niemand Zutritt hatte. Ich konnte mir lebhaft vorstellen, was es für einen Skandal gegeben hätte, wenn die Deutschen prinzipientreu meine Personalien festgestellt hätten. Ein Mitarbeiter des Senders „Radio Liberty" (was gleichbedeutend war mit CIA) angelt direkt vor der Nase des Chefs der Staatssicherheit des Arbeiter- und Bauernstaates! Ich hätte ihnen doch nicht erklären können, daß ich kein wirklicher Sowjetfeind war, sondern einen Geheimauftrag Moskaus erfüllte, von dem niemand etwas wußte.

Dem Himmel sei Dank, daß auch diesmal alles ohne Folgen blieb.

Ein guter Schachspieler plant sein Spiel weit im voraus, überlegt die eigenen Züge und die möglichen Reaktionen des Gegners. So ist es auch in der Aufklärung. Bei der Organisation jeder, auch der einfachsten Operation müssen alle Faktoren berücksichtigt werden, die mit der Sache verbunden sind. Es heißt, daß die Amerikaner für solche Zwecke schon seit langem Computer einsetzen. Man gibt die Aufgabe in das Gerät ein und erhält nach einigen Sekunden verschiedene Antwortvarianten. Man braucht nur die beste auszuwählen. Wunderbar! Vielleicht gibt es so etwas inzwischen auch schon in unserer Aufklärung. Ich weiß es nicht ... Zu meiner Zeit war das jedenfalls nicht der Fall. Die Offiziere des KGB verließen sich auf ihre Erfahrungen, die erarbeiteten Prinzipien und die Intuition. Vor allem in heiklen Situationen ist man auf die Intuition angewiesen, da kann auch der modernste Computer nicht helfen.

Ich sagte bereits, daß unsere Treffs nicht immer in Berlin stattfanden. Einmal kam Sergej auf den Gedanken, den nächsten Treff in einem winzigen Städtchen an der Donau in Österreich durchzuführen. Um von München dorthin zu gelangen, mußte ich mit dem Zug fahren, in einen Bus umsteigen und dann noch zehn Minuten in Richtung Donau laufen. Dort am Ufer der Donau, in der Touristenzone, inmitten des bunten Publikums von Deutschen, Amerikanern und Skandinaviern, sollte ich meinen Verbindungsmann treffen.

Ich bin ein verantwortungsbewußter Mensch. Bei den Treffs hatte ich mich immer vertrauensvoll auf meine Führungsoffiziere verlassen, die den besseren Überblick hatten. Was sie sagten, wurde getan, denn in bezug auf Konspiration und Kontaktaufnahme hatte ich ihnen keine Vorschriften zu machen. Doch diesmal, muß ich offen sagen, hatte ich bei diesem Plan kein gutes Gefühl. Etwas störte mich daran. Ich wußte auch nicht, was es war. Der Treff war für Ende September/Anfang Oktober vereinbart, d. h. zum Ausklang der Touristensaison. Vieles würde vom Wetter abhängen. Wir könnten dort die einzigen Besucher inmitten der leeren Pavillons und Uferterrassen sein. Ich teilte Sergej meine Bedenken mit, doch er winkte nur ab:

„Wir haben alles überprüft – dort halten sich noch viele Menschen auf. Es ist ein vielbesuchter Ort, mache dir keine Sorgen.“

An dem festgelegten Tag stieg ich in den Zug und fuhr zum Treffort. In München war noch herrliches Wetter, so daß ich sogar auf den Mantel verzichtete. Aber als wir die Grenze überquerten, waren die Berge in dichten Nebel gehüllt, und später schlug das Wetter vollkommen um. Es wurde empfindlich kalt und regnete. Am Ankunftsort in Österreich wurde ich von einem richtigen Unwetter begrüßt – alles war in schwarze Wolken gehüllt. Es goß in Strömen. Ich wußte, daß der fahrplanmäßige Bus vom Bahnhof zehn Minuten nach Ankunft des Zugs abfahren sollte. Doch weit und breit waren weder Menschen noch ein Bus zu sehen.

Schließlich ging ich ins Bahnhofsrestaurant und fragte die Wirtin, ob überhaupt ein Bus fuhr.

„In zwei Stunden oder noch später", meinte sie. „Vielleicht auch gar nicht."

„Seltsam, mir hat man versichert, daß der Bus pünktlich nach Fahrplan fährt."

„Ja, solange das Wetter schön ist", schränkte sie ein. „Da nun aber keine Touristen mehr kommen, wurden die Fahrten abgesetzt. Warum sollen die Busse leer fahren . . ."

„Gibt es hier vielleicht ein Taxi?"

Die redselige Wirtin winkte nur ab und sagte:

„Wo soll denn hier bei uns, in dieser abgelegenen Gegend, ein Taxi herkommen?"

Offensichtlich machte ich einen total niedergeschlagenen Eindruck, denn sie fragte mich mit spürbarem Mitgefühl:

„Wohin wollen Sie denn eigentlich?"

Mir fielen zwei Restaurants ein, deren Namen ich mir auf Sergejs Weisung eingeprägt hatte. Ich sagte, daß in einem davon mein Bekannter arbeitete, den ich besuchen möchte.

„Oh", schüttelte sie bedauernd den Kopf. „Fast alle Restaurants sind bereits geschlossen. Die Besucher sind in wärmere Gegenden gefahren. Übrigens, wo kommen Sie denn her? Ihrer Aussprache nach sind Sie kein Einheimischer."

„Ich bin aus Polen."

„Das dachte ich mir. Entweder Pole oder Jugoslawe. Bei uns arbeiten viele Jugoslawen, besonders in der Urlaubssaison. Wie heißt denn Ihr Bekannter, den Sie besuchen wollen? Ich kenne hier fast jeden."

So leicht kann es passieren. Ein Wort ergab das andere, und schon saß ich fast in der Falle. Ich hatte mich törichterweise auf ein Gespräch eingelassen. In einer Kleinstadt, wo jeder den anderen kennt, ist es sehr gefährlich, fingierte Namen zu nennen. Doch was sollte ich tun? Auf die Straße konnte ich nicht gehen, denn dort war es kalt, regnerisch und windig. Weit und breit war niemand zu sehen. Sicherlich wurde ich schon lange am Treffort erwartet. Man machte sich dort Gedanken, während ich mich langsam aber sicher immer mehr in das für mich gefährliche Gespräch verstrickte.

„Mein Bekannter ist erst seit kurzem hier. Er ist auch Pole und kam hierher, um in der Saison Geld zu verdienen."

„Das kann nicht sein", meinte sie zweifelnd. „Die Restaurants hier sind schon seit einer Woche geschlossen. Ohne die Touristen ist hier nichts los. Da werden Sie kein Glück haben . . ."

„Nachdem ich nun schon die lange Reise hinter mir habe, will ich auch versuchen, ihn zu finden. Wenn alles umsonst ist, fahre ich am Abend wieder zurück."

. . . Offensichtlich hatte ich einen Schutzengel. Als ich aus dem Fenster blickte, sah ich, wie ein blauer „Volvo" mit Wiener Kennzeichen vor dem Bahnhof hielt. Aus dem Wagen stieg ein mir gut bekannter Fahrer der Residentur in Wien. Er steuerte geradewegs auf das Restaurant zu, kam herein und kaufte sich eine Flasche Slivovitz. Natürlich „übersah" er mich geflissentlich, doch mir war klar, daß er meinetwegen gekommen war.

„Entschuldigen Sie, können Sie mich nicht zum Donauufer bringen", wandte ich mich an ihn. „Der Bus fährt nicht und draußen regnet es . . . Ich zahle auch gut."

„Zweihundert Schilling", forderte unverfroren der Fahrer des „Volvo".

Ich gab ihm zu verstehen, daß mir das sehr hoch vorkam, ich aber keine andere Wahl hatte.

„Das liegt nicht auf meiner Strecke", erklärte der Fahrer seinen unverschämten Preis. „Dazu kommt noch das schlechte Wetter."

„Ich bin ja einverstanden", beschwichtigte ich ihn und gab ihm das Geld. „Fahren wir los."

Wir fuhren in Richtung Donau und nahmen unterwegs

den durchnäßten und durchgefrorenen Verbindungsmann auf. Uns allen war klar, daß es nicht nur dumm, sondern auch gefährlich gewesen war, den Treff hier durchzuführen. Wir fuhren deshalb nach Linz, wo ich ihnen bei einem schmackhaften Mittagessen im Restaurant „Wienerwald" meine Informationen übermittelte. Übrigens hat mir der Fahrer die zweihundert Schilling nicht zurückgegeben. Um das Geld tat es mir absolut nicht leid. Er hatte seine Rolle des zufälligen Helfers in der Not wirklich großartig gespielt, zumal er mich noch dazu aus meiner verzwickten Lage gerettet hatte.

Ehrlich gesagt, hätte ich dem Fahrer für seine Bravourleistung gern noch zusätzlich hundert oder zweihundert Schilling gegeben. Er gefiel mir, und ich habe immer gern mit ihm zusammengearbeitet. Doch in Gegenwart des unbekannten Verbindungsmanns war das nicht angebracht. Mir war bekannt, wie neidisch meine Landsleute auf Deviseneinnahmen waren und vor anderen jeden Nebenverdienst verbargen. In jeder sowjetischen Kolonie im Ausland gab es Parteikomitees, für welche derartige Vorkommnisse ein gefundener Anlaß waren, um mit einem Kommunisten, der gegen den „Moralkodex" verstoßen hat, streng ins Gericht zu gehen. Da die Mitarbeiter der Auslandsvertretungen alle Parteimitglieder waren, fürchteten sie das Parteikomitee ebenso sehr wie die Sicherheitsoffiziere der Abwehr.

Dem sympathischen Fahrer stand noch bevor, anschließend mit dem Verbindungsmann nach Wien zu fahren, dort in der Residentur einen Treffbericht zu verfassen und dabei möglichst alle Probleme unerwähnt zu lassen, die mit dem Treff verbunden waren. Sonst war zu befürchten, daß eine Ermittlung eingeleitet, nach Schuldigen gesucht und letztendlich der „Initiator", d. h. der Fahrer, bestraft wurde. Nicht von ungefähr ist in Rußland der Spruch weitverbreitet, daß „Initiative strafbar ist".

Übrigens habe ich diesen Verbindungsmann niemals wieder getroffen. Er gehörte zu den Sonderkurieren, die nur einmal auftauchen. Gewöhnlich arbeitet man mit einem ständigen Partner ein bis zwei Jahre zusammen und hat vor dem ersten operativen Kontakt Zeit, ihn persönlich kennenzulernen (z. B. in Karlshorst), um ein Minimum an Informationen auszutauschen, sich menschlich näherzukommen und ungezwungen bei einem Spaziergang miteinander zu reden ... Die letzte Entscheidung über eine Zusammenarbeit trifft der Agent. Er kann auch einen Verbindungsmann ablehnen. Damit ist dessen Auslandseinsatz und operative Tätigkeit unter einer Legende im Westen in Frage gestellt.

In meiner Praxis hat es einen derartigen Fall gegeben.

Einmal wurde mir in Karlshorst ein zukünftiger Verbindungsmann vorgestellt. Er war älter als ich, sehr liebenswürdig und intelligent, so daß ich anfangs einen guten Eindruck von ihm hatte. Wir lernten uns in einem Dienstobjekt des KGB in Karlshorst kennen. Soja hatte in gewohnter Gastfreundschaft den Tisch gedeckt und uns dann allein gelassen. Nachdem wir dem Alkohol schon etwas zugesprochen hatten, wurde der neue Verbindungsmann plötzlich mitteilsamer. Aus seinen Ausführungen entnahm ich, daß er zur Aufklärung durch das „Parteiaufgebot" gekommen war, d. h. er hatte in der Vergangenheit in der russischen Provinz als Parteiarbeiter der mittleren Ebene gearbeitet, sich in dieser Funktion bewährt und war dann als Auszeichnung an die Schule des KGB delegiert worden. Nach Abschluß der Schule wurde er sofort zum Major ernannt und nun zum Einsatz ins Ausland geschickt.

Ich war laut Legende der geflüchtete Matrose Tumanow, der mit der Aufklärung nur deshalb zusammenarbeitete, um „seine Schuld gegenüber der Heimat zu sühnen". Von seinem Parteistandpunkt aus gesehen, konnte ich ihm also nicht das Wasser reichen. Und so begann der angehende James Bond, mich herablassend zu belehren: „Du mußt dich wirklich mit aller Kraft bemühen, dann läßt dich deine sozialistische Heimat vielleicht wieder zurückkehren." Er erging sich in Ausführungen über „die großen Erfolge und Errungenschaften des kommunistischen Aufbaus", an denen er per-

sönlich mitgewirkt hatte, und an denen auch ich möglicherweise in Zukunft beteiligt sein könnte. Ich goß ihm Wodka
nach, hörte zu und nickte zustimmend. Als spät abends noch
Sergej zu uns stieß, nahm ich meinen alten Freund beiseite
und bat ihn ohne Umschweife, mich in Zukunft vor diesem
Typ zu bewahren. Sergej fragte mich verständnislos nach
dem Grund. Ich bat ihn zu uns an den Tisch. Schon nach kurzer Zeit verstand er mich.

Mit Besuchern aus Moskau kam es auch zu kuriosen Vor-
kommnissen. Eines ereignete sich während der Olympischen
Spiele 1972.

Im Sommer dieses Jahres rief mich ein Freund an – ein
früherer sowjetischer Filmregisseur, der für das Büro von
„Radio Liberty" in London arbeitete. Wenn ich in London
war, wohnte ich fast immer bei ihm, während er in München
meine Wohnung benutzte. Deshalb war ich nicht sehr verwundert, als mein Freund den Wunsch äußerte, die Olympiade zu besuchen und einige Tage bei mir zu wohnen. Bei
seiner Ankunft teilte er mir ganz nebenbei mit, daß er unbedingt seinen Jugendfreund treffen wollte, der mit einer sowjetischen Touristengruppe nach München gekommen war.
Ich nahm dies zur Kenntnis und maß seinen Worten keine
besondere Bedeutung bei. Das war schließlich seine Sache
und betraf mich nicht weiter. Ich war damals sehr beschäftigt.

Doch als ich einmal nach Hause kam, mußte ich zu meiner
größten Verwunderung feststellen, daß mein Freund aus
London seinen Moskauer Freund in meine Wohnung eingeladen hatte. Das war einfach unglaublich. Wie konnte es ein
Sowjetbürger wagen, die Gastfreundschaft eines Mitarbeiters
von „Radio Liberty" in Anspruch zu nehmen? Wenn der
KGB Wind davon bekommt, ist es um ihn geschehen. Er
wird verhört, seine Karriere ist futsch und ihm droht Entlassung. Auslandsreisen kann er für immer vergessen, seine Frau
verläßt ihn, und seine Kinder werden in der Schule von den
Klassenkameraden wie Aussätzige behandelt. Ich erinnerte
mich an einen Fall, bei dem ein Sportreporter von „Radio Li-

berty" während der Winterolympiade im Pressezentrum nur ganz kurz einen alten Freund aus Moskau begrüßte, mit dem er jahrelang zusammengearbeitet hatte und den er hier als Berichterstatter über die Eishockeyspiele wiedertraf. Für den Kollegen aus Moskau bedeutete dies das Ende seiner Karriere. Er wurde entlassen und durfte nicht mehr für die zentralen sowjetischen Zeitungen schreiben. Dabei war das Gespräch vollkommen harmlos gewesen, zwei alte Freunde hatten lediglich einige Grußworte gewechselt. Aber für die Fünfte Verwaltung des KGB reichte das, um den Journalisten hart zu bestrafen.

Und da tauchte unerwartet ein Besucher aus Moskau in meiner Wohnung auf und fand überhaupt nichts dabei! Ich hatte gleich den Verdacht, daß es sich bei ihm nicht um einen gewöhnlichen Touristen handelte. Entweder war er ein KGB-Offizier oder ein V-Mann der Staatssicherheitsorgane, den man speziell in diese Touristengruppe eingeschleust hatte, um eine alte Jugendfreundschaft zu einem jetzigen Emigranten für die Herstellung von Kontakten zu hauptamtlichen Mitarbeitern von „Radio Liberty" zu nutzen.

Ich fand die Situation äußerst amüsant. Es fehlte nur noch, daß er den Versuch unternahm, mich zu werben. Und auch das brachte er noch fertig.

„Kann ich bei Ihnen übernachten?" fragte er ungezwungen. „Es ist schon spät und das Hotel ist weit weg . . ."

„Aber bitte. Sie können während der ganzen Olympiade bei mir wohnen. Ich möchte nur nicht, daß Sie Schwierigkeiten bekommen."

„Wie kommen Sie denn darauf? Was denn für Schwierigkeiten?" log mich der Besucher aus Moskau frech an. „Wir haben jetzt andere Zeiten. In unserem Land hat sich das Verhältnis zu Auslandsreisen geändert. Es ist mir überlassen, ob ich im Hotel oder bei Freunden übernachte. Wir müssen doch dazu beitragen, das gegenseitige Verständnis zu fördern."

„Natürlich, natürlich", pflichtete ich ihm bei und drückte

ihm freundschaftlich die Hand. Insgeheim dachte ich, daß dies ja eine interessante Woche werden konnte.

Mir war vollkommen klar, um was für einen Vogel es sich hier handelte. Andererseits war mir auch bewußt, daß ich meinen direkten Vorgesetzten möglichst schnell über diesen Gast aus der Lubjanka Meldung machen mußte. Es fehlte gerade noch, daß sie aus anderen Quellen etwas über den Tschekisten erfahren und mich verdächtigen, Kontakte zum KGB zu unterhalten.

Früh morgens, als meine Freunde noch schliefen, rief ich bei „Radio Liberty" an und berichtete über den kühnen sowjetischen Besucher. Kurze Zeit später kam der Rückruf von „Radio Liberty".

„Vielleicht möchte der russische Gast sich mit jemand von der Leitung des Senders treffen? Wir könnten gemeinsam frühstücken und Eindrücke von der Olympiade austauschen."

Als um sieben Uhr der Wecker klingelte und meine Freunde aufstanden, unterbreitete ich ihnen diesen Vorschlag.

Ich war keineswegs verwundert, daß der „Tourist" das Angebot ohne Zögern annahm. Allerdings kam mir auch ein gewisser Zweifel, ob er nicht vielleicht ein Dissident war, der um politisches Asyl im Westen ersuchen wollte.

In einem Cafe in der Nähe von „Radio Liberty" wurden wir, wie ich erwartet hatte, von meinem Freund George Perry, dem Stellvertreter von Max Ralis, empfangen. Doch nicht nur er gab sich die Ehre. Der Direktor von „Radio Liberty", Francis Ronalds, ließ es sich nicht nehmen, den sowjetischen Gast persönlich kennenzulernen und zu sprechen. Vielleicht hatten auch sie den Verdacht, daß diese Person vom KGB war, doch wollten sie sich die Chance nicht entgehen lassen, die neuesten Informationen von einem Besucher aus Moskau zu hören. Vielleicht erwarteten sie auch, daß er um Hilfe ersuchen würde, im Westen Zuflucht zu finden.

Mir als jungem Mitarbeiter des Senders blieb in dieser Situation nur übrig, eine Tasse Kaffee zu trinken und mich zu verabschieden. Erst am Abend erfuhr ich einige Einzelheiten über diese ungewöhnliche Begegnung.

Um politisches Asyl hatte der „Tourist" nicht ersucht, doch er war äußerst gesprächig, redete selbst viel und versuchte, seine Gesprächspartner aus der Reserve zu locken. Er erzählte über die neuen progressiven Strömungen in der UdSSR, über den bevorstehenden allgemeinen Durchbruch zu noch größeren positiven Veränderungen und über die grandiosen Erfolge der sowjetischen Gesellschaft auf ausnahmslos allen Gebieten. Er war eifrig bemüht, sich ins rechte Licht zu setzen, und entblödete sich nicht zu behaupten, daß die Sendungen von „Radio Liberty" eine wichtige Rolle im Leben der sowjetischen Menschen spielten und ebenso populär wie die Zeitung „Prawda" seien. (Ich kann mir vorstellen, wie angenehm meinen Vorgesetzten diese grobe Schmeichelei in den Ohren klang.)

„Es ist nur schade", meinte der Gast, „daß in diesen Sendungen die Kritik an der sowjetischen Wirklichkeit überwiegt. Man müßte mehr die positiven Prozesse in der Sowjetunion zeigen und der Kultur, dem Sport und der Musik mehr Aufmerksamkeit widmen. Oh, unsere Jugend liebt die moderne Musik!"

Der „Tourist" hatte die Leitung derart von sich eingenommen, daß man nach dem Frühstück noch in einem soliden Restaurant zusammen speiste und meine Chefs ihm zum Abschied Geld und Sachgeschenke überreichten. Eine Quittung verlangten sie wie gewöhnlich nicht, dafür gaben sie ihm die Telefonnummer von „Radio Liberty" und baten ihn: „Wenn Sie wieder einmal im Westen sind, rufen Sie uns an, damit wir nochmals miteinander reden können."

Mit der Zeit hatte ich diese Episode fast vergessen, bis mich dann einmal in Karlshorst Sergej mit hinterhältigem Lächeln fragte:

„Möchtest du mal was Lustiges lesen?"

Er überreichte mir einen maschinengeschriebenen Bericht eines gewissen Besuchers über seinen Aufenthalt in München.

Das war wirklich ein interessantes Dokument. Unser Besucher (offensichtlich Mitarbeiter einer peripheren Verwaltung des KGB) charakterisierte ausführlich alle Personen bei „Radio Liberty", mit denen er sich während der Olympiade in München getroffen hatte. Der Freund aus London wurde sehr gründlich eingeschätzt, sogar Empfehlungen für seine mögliche Werbung wurden gegeben. Er beschrieb auch mich, George Perry und Francis Ronalds. Mich charakterisierte er unter anderem folgendermaßen: „Wenn Tumanow tatsächlich der geflüchtete Matrose ist, für den er sich ausgibt, so hat er im Westen eine gute Ausbildung erhalten. Er ist klug und scharfsinnig. Man muß sich vor ihm als gefährlichen Feind des sowjetischen Staates in acht nehmen."

Ich freute mich innerlich, denn diese Einschätzung war für mich das größte Lob.

Auch George Perry wurde von dem „Touristen" sehr treffend beurteilt: „Dieser Amerikaner polnischer Abstammung (dem Akzent nach zu urteilen) ist schwerlich der Journalist, für den er sich ausgibt. Bei ‚Radio Liberty' hat er eindeutig andere Funktionen, offenbar ist er ein amerikanischer Aufklärer. Er ist ein Weiberheld." Auch unser Direktor kam nicht gut weg: „Francis Ronalds ist ein intelligenter Mensch, der in sich Nachgiebigkeit und Entschlossenheit vereint. Er hat überhaupt keine Ahnung von den sowjetischen Verhältnissen. Ihm kann man alles Mögliche erzählen. Er nimmt das für bare Münze und läßt sich davon manchmal bei seinen Entscheidungen leiten."

Das waren harte, aber ziemlich objektive Beurteilungen.

Vielleicht wurde unser junger Mann in Moskau für seinen so „erfolgreichen" Vorstoß ins Lager des Feindes sogar ausgezeichnet.

Natürlich hatte der Besucher in Moskau nichts Neues melden können. Zur damaligen Zeit wußte der KGB über die

Flug 546 München – Las Palmas, November 1973. In der blauen Reisetasche des Urlaubers Tumanow befinden sich geheime Unterlagen
aus München, die bereits wenige Tage danach in Moskau ausgewertet
werden.

235

wichtigsten Emigrantenorganisationen im Westen zwar nicht alles, doch sehr viel. Und natürlich vor allem über „Radio Liberty". In der Lubjanka und in Jassenowo wurden Dossiers über buchstäblich alle Mitarbeiter des Senders geführt. Man studierte ihre starken und schwachen Seiten, erfaßte kompromittierendes Material, analysierte journalistische Arbeiten und wühlte in der Vergangenheit. Natürlich ließen sich die Tschekisten hierbei nicht von reiner Neugier leiten. Wie ich schon sagte, betrachtete das Politbüro unter den Bedingungen der harten ideologischen Konfrontation „Radio Liberty" als den gefährlichsten Gegner. Und wenn man es mit einem Feind zu tun hat, dann muß man ihn studieren, schwächen und seine Positionen unterminieren.

Ich vermute, daß ich damals bei weitem nicht der einzige Kundschafter des KGB in München und in Frankfurt war (dort befand sich das Hauptquartier von NTS). Es kam vor, daß meine Führungsoffiziere bei Treffs, wenn ich ihnen eine meines Erachtens sehr wichtige Information übermitteln wollte, nur abwinkten und erklärten, daß ihnen das bereits bekannt sei. Manchmal wußten sie über Einzelheiten aus dem Leben meiner Kollegen bei „Radio Liberty" so gut Bescheid, daß ich vollkommen verblüfft war. Wenn ich dann später Nachforschungen anstellte, bestätigten sich ihre Angaben.

Nach meiner Rückkehr nach Moskau zeigte man mir bei einem Besuch in dem bewußten Gebäude am Dshershinski-platz Panzerschränke mit dicken Mappen und Tausenden von Dokumenten über verschiedene Aspekte der Tätigkeit von „Radio Liberty" und seines Personals. Gewisse (und ziemlich viele) Informationen stammten auch von mir. Die anderen Auskünfte kamen von hauptamtlichen Mitarbeitern der Aufklärung und Agenten, die unter den Emigranten geworben wurden. Ob es auch heute noch welche gibt und wie groß ihre Zahl ist, werden wir sicherlich niemals erfahren.

Während der ganzen sechzehn Jahre meiner aktiven Tätigkeit für den Geheimdienst habe ich niemand geworben und auch keine Werbeversuche unternommen. Die Zentrale hatte mir kategorisch jedes eigenständige Handeln untersagt. In Moskau war man vor allem daran interessiert, mich in meiner Position zu halten und jedes Risiko zu vermeiden. Meiner Meinung nach haben sie manchmal in dieser Hinsicht übertriebene Vorsicht walten lassen.

Wenn ich beispielsweise anbot, einige geheime Dokumente zu beschaffen (es bestand die Gelegenheit, Dokumente einfach zu stehlen, abzulichten und wieder zurückzubringen), dann wurde mir das strikt verboten. „Du bist allzu übereifrig", wies man mich bei den Treffs zurecht. „Du mußt die Sache so organisieren, daß dir die gewünschten Dokumente von selbst in die Hände fallen." Das war leicht gesagt. Die Zurückhaltung fiel mir schwer, denn als junger Heißsporn liebte ich Risiko und Nervenkitzel. Übrigens ist es wirklich manchmal vorgekommen, daß mir interessante Dokumente ganz von selbst, ohne mein Zutun in die Hände fielen.

In unserer Redaktion arbeiteten zwei Sekretärinnen – die Russin Irina und die Deutsche Gerda. Sie waren beide fleißig, doch während Gerda gewissenhaft arbeitete, unterliefen Irina zuweilen aus Zerstreutheit unverzeihliche Fehler. Das kam mir einmal sehr gelegen. Zu den Aufgaben der Sekretärin gehörte es auch, die Post zu verteilen – Briefe, Zeitungen und die Morgenpost. Einmal gab mir Irina ein vom Präsidenten des Senders „Radio Liberty" unterzeichnetes Schreiben. Ich war schon auf dem Heimweg und steckte es deshalb unbesehen in meinen Aktenkoffer. Als ich es dann zu Hause las, wurde mir doch etwas mulmig. Der Präsident hatte ein geheimes Informationsschreiben an das Leitungskollektiv von „Radio Liberty" – den Direktor des russischsprachigen Dienstes, den Leiter der Forschungsabteilung und zwei weitere höhere Leiter – geschickt. Zu diesem erlesenen Kreis gehörte ich natürlich nicht. Aber die Sekretärin hatte zu meinem Glück die Verteilermappen verwechselt, so daß ich anstelle von Robert Tuck oder Gerda Deming (ich erinnere mich nicht mehr, wer zu besagter Zeit Direktor war) das Dokument erhielt.

Es handelte sich um eine sehr ausführliche Analyse des Gesundheitszustands von Leonid Breshnew. Sogar der Zeitpunkt seines voraussichtlichen Ablebens war angegeben. Aus dem Dokument ging hervor, daß diese Information nur aus der engsten Umgebung des Generalsekretärs oder von seinen Ärzten stammen konnte. Außerdem wurden Prognosen über die Nachfolger Breshnews angestellt und dabei die Namen Andropow und Tschernenko genannt. Andropow, hieß es, werde nicht mehr lange leben. Es folgten Diagnosen und Varianten des Krankheitsverlaufs.

Dieses Dokument konnte nur von einer Institution – der CIA – stammen. Vom Präsidenten des Senders war das Schreiben mit „Zur Kenntnisnahme, streng vertraulich" eingestuft worden.

Ich nahm das Dokument auf Mikrofilm auf und machte mir Gedanken, wie ich das Material meinen Leuten zukommen lassen konnte. Der nächste geplante Treff sollte erst in einem Monat stattfinden. Ich mußte also das vereinbarte Sondersignal benutzen und schickte einen Brief mit völlig belanglosem Inhalt an eine Deckadresse in Ostberlin. In dem Brief teilte ich in Geheimschrift mit, daß ich wichtige Informationen hätte und darum bitte, umgehend einen Treff zu vereinbaren. Nach fünf Tagen erhielt ich mit der üblichen Post Antwort aus Westdeutschland. In verschlüsselter Form teilte man mir Zeit und Ort des außerordentlichen Treffs mit. Das Material gelangte wohlbehalten nach Moskau, doch in der Zentrale konnte man sich nicht dazu durchringen, es dem ZK der KPdSU zu unterbreiten. Die CIA hatte ein allzu düsteres Bild der Perspektiven der Parteiführer gezeichnet.

Man muß den Amerikanern jedoch zugestehen, daß sich alle ihre Prognosen erfüllten.

Über den tragischen Tod des amerikanischen Präsidenten John F. Kennedy sind viele Bücher geschrieben worden. Es gibt unterschiedliche Versionen darüber, wer auf den Präsidenten geschossen und sorgfältig alle Spuren verwischt hat. In allen diesen Studien spielt mehr oder weniger Lee Harvey Oswald eine Rolle. Zum Unglück für uns alle war dieser Mann kurz vor dem Terrorakt aus der Sowjetunion, wo er eine Zeitlang gelebt und sogar eine Russin geheiratet hatte, in die USA zurückgekehrt. Da bot es sich natürlich an, dem KGB die Schuld für das Attentat zu geben. Einfacher geht es wirklich nicht mit der Beweisführung: Oswald wurde in Moskau geworben, als Scharfschütze ausgebildet und zur Ausführung des geplanten Attentats wieder in die Staaten geschickt. Das glauben heute noch viele Amerikaner.

Die Version von der Beteiligung des Kreml am „Mord des Jahrhunderts" wurde noch populärer, als definitiv verlautete, daß Oswald wirklich Kontakte zum KGB unterhalten hatte. In diesem Zusammenhang erlangte im Westen der Name von Oberst Oleg Netschiporenko skandalumwitterten Ruhm.

Sie erinnern sich wahrscheinlich an den elegant gekleideten Herrn, der im Jahre 1965 mit mir im Hotel „Sowjetskaja" in Moskau sprach. Ich hatte versprochen, über ihn noch ausführlicher zu berichten, und das will ich jetzt tun. An den Namen Netschiporenko erinnert man sich im Westen nicht nur im Zusammenhang mit der Ermordung Kennedys. Barron beschreibt in seinen berühmten Büchern über den KGB die „mexikanische Periode" Oleg Maximowitschs und bezeichnet ihn als den erfolgreichsten Offizier der sowjetischen Aufklärung in Mexiko. General Oleg Kalugin hat in seinen Artikeln, in denen er die Operationen des KGB enthüllte, Netschiporenko beschuldigt, gefangene amerikanische Piloten in Vietnam verhört zu haben. Ich möchte auch ein Geheimnis lüften, das mit seinem Namen verbunden ist: Dieser Mann hat sich in Moskau um Ramon Mercader, den Mörder Leo Trotzkis gekümmert, nachdem Mercader seine Haftstrafe in dem mexikanischen Gefängnis verbüßt hatte.

Anfang der achtziger Jahre führte mich das Schicksal erneut mit Oleg Netschiporenko zusammen.

Doch kehren wir erst noch einmal zu den Ereignissen vor 27 Jahren zurück.

Es war an einem Herbsttag 1963 in Mexiko-City, in der Calsada Tacubaja 204. Mitarbeiter der Residentur der Auslandsaufklärung des KGB veranstalteten im Botschaftshof ein Volleyballturnier. Als das Spiel seinen Höhepunkt erreicht hatte, ließ der diensthabende Kommandant den Stellvertreter des Kulturattachés, d. h. den Offizier der Staatssicherheit Nikolai Leonow, zu sich kommen.

„Da ist ein seltsamer Typ aufgetaucht. Er sagt, daß er Amerikaner ist, und bittet umgehend um ein Gespräch mit jemand von der Botschaft. Er ist wirklich ein seltsamer Typ."

So wie er vom Sportplatz gekommen war, in Turnhose und Sporthemd, empfing Leonow den Amerikaner in einem speziell für solche unerwartete Besucher präparierten Raum. Lee Harvey Oswald verhielt sich ungewöhnlich. Er erweckte den Eindruck eines Menschen, der gerade erst Todesangst ausgestanden hat. Flackernde Augen, unkontrollierte Bewegungen, verschwitzte Hände und zusammenhanglose Rede. Da war es kein Wunder, daß der Besucher den Botschaftskommandanten in Erstaunen versetzt hatte. Und als Krönung zog Oswald, nachdem er sich in dem angebotenen Sessel niedergelassen hatte, einen großkalibrigen Revolver aus dem Gürtel und legte ihn vor sich auf den Tisch. Nikolai Leonow sah mit einem Blick, daß alle Kammern mit Patronen gefüllt waren.

„Ich werde verfolgt", erklärte der Amerikaner. „Sie sitzen mir buchstäblich im Nacken. Jeden Augenblick können sie mich ermorden."

„Beruhigen Sie sich, hier sind Sie sicher. Erzählen Sie ausführlich, von wem sie sprechen."

„Von den Agenten des amerikanischen Geheimdienstes, von wem sonst!" antwortete der Besucher aggressiv. „Sie folgen mir auf den Fersen. Sie sind überall. Doch ich werde mich ihnen nicht einfach ergeben. Sie werden teuer bezahlen!" Er griff nach dem Revolver und schwenkte ihn in der Luft.

Leonow hatte große Mühe, den ungewöhnlichen Besucher zu beruhigen und ihm einige zusammenhängende Sätze zu entlocken, aus denen hervorging, daß Lee Harvey Oswald in der Sowjetunion gelebt und in einer Fabrik in Minsk gearbeitet hatte. Dann kehrte er mit seiner russischen Frau in die USA zurück und fühlt sich jetzt von irgendwelchen Unbekannten bedroht.

„Was hat Sie veranlaßt, zu uns zu kommen?" fragte er Oswald.

„Ich möchte wieder in die UdSSR zurück. Darin besteht meine Rettung. Geben Sie mir ein Visum. Jetzt gleich, sofort."

„Das ist nicht möglich. Sie müssen einen Antrag stellen, der dann vorschriftsmäßig geprüft und entsprechend entschieden wird. Sie müssen verstehen, daß ich diese Frage nicht allein entscheiden kann."

„Aber ich kann nicht warten!" schrie Oswald verzweifelt. „Sie wollen mich heute ermorden, direkt im Hotel. Sie haben eine Frau geworben, die mein Zimmer aufräumt. Aber ich werde ihr zuvorkommen und sie töten."

Wie mir Leonow später erzählte, war er ernsthaft erschrocken. Wenn dieser Irre wirklich jemand ermordete, dann wird bei den Nachforschungen zweifellos auch festgestellt, daß er die sowjetische Botschaft aufgesucht hat. Und daraus wird man Schlüsse ziehen. Er versuchte deshalb energisch, Oswald zu beruhigen und ihm unüberlegte Handlungen auszureden.

„Kommen Sie am Montag zu uns. Ich bin überzeugt, daß wir etwas für Sie tun können."

Schließlich beruhigte sich der Besucher etwas und sagte enttäuscht:

„Nun, wenn Sie einem Freund nicht helfen wollen, gehe ich zu den Kubanern. Vielleicht sind sie entgegenkommender."

In der nächsten Woche tauchte er noch zweimal in unserer Botschaft auf. Mit ihm sprach nun ein Mitarbeiter der Konsularabteilung, der Offizier der Auslandsabwehr Oleg Netschi-

Der Oberst des KGB Oleg Maximowitsch Netschiporenko.

porenko. Danach verschwand der Amerikaner. Und einige
Zeit später erfuhr die ganze Welt von den verhängnisvollen
Schüssen in Dallas.

Wie mir Oleg Maximowitsch berichtete, verliefen seine
Gespräche mit Oswald in der gleichen Weise. Netschiporenko bat mich jedoch, keine Einzelheiten darüber zu berichten, weil er beabsichtigt, ein Buch über Oswald zu schreiben
und darin viel Interessantes mitzuteilen.

Übrigens wurde Nikolai Sergejewitsch Leonow später
Leiter der Verwaltung für Information und Auswertung in
der Ersten Hauptverwaltung. Er beendete seine Karriere als

Generalleutnant und Stellvertreter des Vorsitzenden des KGB der UdSSR. Er kennt viele Intrigen und Geheimnisse der Auslandsaufklärung. Einzelheiten seines erwähnten ersten Treffs mit Lee Harvey Oswald wurden bisher nicht veröffentlicht. Ich habe erstmals darüber berichtet, so wie er sie mir schilderte.

Netschiporenko hat noch anderthalb Jahre erfolgreich unter dem Deckmantel der Konsularabteilung gearbeitet und ist dann nach Moskau zurückgekehrt. Damals fand unsere Begegnung im Hotel „Sowjetskaja" im Vorfeld meiner „Flucht" vom Kriegsschiff statt. Danach begab sich Netschiporenko erneut auf eine „lange Dienstreise" nach Mexiko. Er beherrschte perfekt spanisch, war jung, energisch und sehr ehrgeizig. Die Aufklärung war sein Metier. Einmal sagte er mir: „Die Werbung eines Agenten ist für mich der gleiche Genuß wie die Nacht mit einer geliebten Frau."

Er arbeitete auf der Linie der Auslandsabwehr gegen die Amerikaner. Barron, der in seinem Buch über den KGB Oleg Netschiporenko viele Seiten widmete, schreibt, daß dieser sehr gut Spanisch beherrscht und in der Lage ist, im Jargon eines Bauern, eines Lastwagenfahrers oder eines Studenten zu sprechen und, wenn erforderlich, sich der tadellosen Sprache der Diplomaten und Grandes zu bedienen. Barron nimmt sogar an, daß ein Elternteil von ihm spanischer Herkunft sei. Doch dem ist nicht so. Netschiporenko ist gebürtiger Moskauer und Absolvent des Fremdspracheninstituts. Sein leiblicher Bruder Gleb diente ebenfalls bei der Auslandsaufklärung auf der illegalen Linie. Als talentierter Maler und Kupferstecher beteiligte er sich lange Zeit an der Herstellung von gefälschten Pässen für Agenten, arbeitete für sie Übersiedlungsrouten und Legenden aus und wechselte später zur operativen Arbeit über. In Jassenowo saß er in einem Arbeitszimmer mit Oleg Gordijewski, der, wie später bekannt wurde, viele Jahre lang für den englischen Geheimdienst tätig war.

Es stimmt, daß Oleg Maximowitsch während seines achtjährigen Aufenthalts in Mexiko wirklich große Erfolge erzielte. Zutreffend sind auch die vielen lobenden Worte, die Barron in seinem Buch über den hohen Professionalismus Netschiporenkos findet. Davon konnte ich mich später wiederholt überzeugen. Zweifellos war er wirklich der beste operative Mitarbeiter des KGB in Lateinamerika. Die Amerikaner unterbreiteten ihm wiederholt verlockende Angebote, die Seiten zu wechseln. Er lachte jedoch nur und setzte sein operatives Spiel fort. Netschiporenko brachte es sogar fertig, einmal in die geheimsten Räume der US-Botschaft einzudringen und sich dort als angebliches Mitglied einer offiziellen Delegation aus Washington umzusehen. Die Abwehr des Gegners reagierte darauf entsprechend sauer. Als sich die technische Mitarbeiterin Raissa Kisselnikowa im März 1971 in den Westen absetzte, verwiesen die mexikanischen Behörden auf der Grundlage ihrer „Enthüllungen" (welchen Einblick hatte schon eine einfache Sekretärin?) fünf sowjetische Diplomaten, darunter auch Netschiporenko, des Landes. Diese Aktion war von einer spektakulären Pressekampagne begleitet, um eine angebliche Verschwörung des KGB in Mittelamerika zu enthüllen.

Die Enttarnung und Ausweisung eines Offiziers der legalen Residentur bedeutet in der Regel, daß für ihn fortan kein Einsatz im Westen mehr in Frage kommt. Allerdings gab es auch Ausnahmen. Ich kannte einen Kundschafter, dem man in den USA einen skandalösen Abschied bereitete, nachdem der mit ihm zusammenarbeitende Agent – ein „Lockvogel" – ein Buch über ihn veröffentlichte. Doch das war für ihn nicht das Ende. In Moskau konnte dieser Pechvogel Andropow von seiner Unersetzlichkeit überzeugen und wurde nicht etwa nach der Mongolei oder Vietnam, sondern nach Japan geschickt. Später wurde er sogar zum General befördert. In Afghanistan leitete er alle geheimen Operationen des KGB nach dem Abzug der sowjetischen Truppen aus diesem Land. Er ist sogar heute noch als Mitarbeiter der Auslandsaufklärung Rußlands im aktiven Dienst.

Auch die Karriere Netschiporenkos war mit seiner Ausweisung aus Mexiko nicht beendet. In der Verwaltung „K" leitete er die Abteilung, die sich mit internationalem Terrorismus und ideologischer Diversion beschäftigte. Er beriet den Geheimdienst Nikaraguas und reiste mit gefälschten Dokumenten zu Treffs mit KGB-Leuten in anderen Ländern. Zweimal war er in Vietnam, was wahrscheinlich den Anlaß für die Gerüchte lieferte, daß er amerikanische Kriegsgefangene „verhört hat".

„Im Jahre 1973 traf ich mich dort wirklich mit einem gefangenen Amerikaner", erzählte mir Oleg Maximowitsch. „Doch zu mehr als einem allgemeinen Gespräch kam es nicht. Die Aufklärung der Vietnamesen ließ uns nicht zu dicht an die Amerikaner heran und überwachte alle unsere Schritte in dieser Richtung. Ein Jahr später reiste ich nochmals nach Hanoi. Diesmal gestattete man mir nur noch, in Verhörprotokolle Einsicht zu nehmen. Übrigens muß ich sagen, daß sich die Amerikaner, diesen Unterlagen nach zu urteilen, in der Gefangenschaft sehr ehrenvoll verhielten. Niemand hat versucht, durch Verrat sein Leben zu retten."

Netschiporenko beendete seine Karriere, wie viele andere Aufklärer, in der Schule der Ersten Hauptverwaltung (PGU), im sogenannten Rotbannerinstitut (KI). Er hatte den Lehrstuhl für Aufklärungswissenschaft inne. Interessant ist, daß mit seinem Ausscheiden diese Fachrichtung eingestellt wurde. Offensichtlich gibt es nur wenige Aufklärer, die ihren Beruf zur hohen Kunst machen. Für die meisten ist er nur Routine wie Archivarbeit oder Buchhaltung. Jedenfalls bin ich keinem weiteren Spion begegnet, der von seiner Arbeit so beseelt war wie Oleg Maximowitsch.

Der letzte Tropfen, der die Schale seiner Geduld zum Überlaufen brachte und ihn veranlaßte, um seine Entlassung aus dem aktiven Dienst zu ersuchen, war die Weisung des KGB-Chefs Wladimir Krjutschkow, daß am 7. November 1990 zur traditionellen Massendemonstration anläßlich des Jahrestags der Oktoberrevolution alle Mitarbeiter des zentralen Apparates der Staatssicherheit, einschließlich der Auslandsaufklärung, geschlossen zu erscheinen hatten.

„Das ist ja der reinste Wahnsinn", meinte Netschiporenko. „Menschen, die sogar voreinander ihre Zugehörigkeit zum Geheimdienst verborgen haben, waren jetzt gezwungen, vor den Augen der Moskauer, unter den wachsamen Objektiven der Fernsehkameras, gemeinsam über den Roten Platz zu gehen. Das Ende des Marschblocks des KGB bildeten die Kursanten des Rotbannerinstituts – die zukünftigen Offiziere der Auslandsaufklärung, die sich auf spätere Einsätze unter der Legende von Diplomaten, Geschäftsleuten, Mitarbeitern von Außenhandelsgesellschaften und Journalisten vorbereiteten. Nur ein Wahnsinniger konnte dies zulassen."

Als Oleg Netschiporenko zum erstenmal nach Österreich zu einem Treff mit mir kam, war ich sehr verwundert. Er reiste mit einem gefälschten Paß auf einen anderen Namen, hatte sich aber nicht die geringste Mühe gegeben, sein Äußeres zu verändern. Inzwischen war aber schon Barrons Buch mit seinem Bild und einer Beschreibung seiner Taten in Mexiko erschienen. Er lachte nur über meine Befürchtungen:

„Man soll die Möglichkeiten der österreichischen Abwehr nicht überschätzen. Ich bin für sie einfach nicht von Interesse. Der bekannte Terrorist Iljitsch Carlos ist mit gefälschten Pässen durch die ganze Welt gereist und hat sein Aussehen praktisch nicht verändert. Seine Paßfotos wiesen lediglich kleine Raffinessen auf, da jedesmal nur die Beleuchtung und der Aufnahmewinkel geändert wurden."

„Haben Sie sich etwa auch mit diesem Mörder getroffen?"

„Er war mehrmals in der UdSSR auf der Durchreise", antwortete Netschiporenko unbewegt. „Und wir wußten davon. Doch Andropow hat mir kategorisch alle Kontakte mit Carlos untersagt. Er fürchtete, daß darüber etwas bekannt werden und es zu einem großen Skandal kommen könnte."

Ich bin Oleg Maximowitsch dafür zu Dank verpflichtet, daß er sich gegenüber der Leitung der Aufklärung dafür eingesetzt hat, daß meine Verwandten die Wahrheit über mich erfuhren. Mein Vater war zu dieser Zeit bereits verstorben und hat nicht mehr erfahren, womit ich mich in der Fremde beschäftigte. Das belastete mich sehr. Mir war klar, daß auch meine Mutter nicht mehr lange leben wird. Soll auch sie in Unkenntnis und mit der schweren Schande im Herzen sterben, daß ihr Sohn ein Verräter und Flüchtling ist, der seine Eltern für immer im Stich gelassen hat? . . . Ich stellte mir vor, wie schwer sie das belastete. Offensichtlich hatte man in Moskau geahnt, was mich quälte und deshalb einen so erfahrenen Führungsoffizier wie Netschiporenko eingeschaltet.

Viel später bestätigte er mir, daß dem so war.

„Ja", erklärte er mir offen, „wir spürten, daß du dringend psychologische Hilfe brauchtest. Die Anzeichen dafür lassen sich schwer erklären. Es handelte sich um ein Gesamtbild von kaum wahrnehmbaren Einzelheiten aus deinem Verhalten und deinen letzten Berichten an die Zentrale. Nach außen hin war alles wie bisher und niemand hatte den geringsten Grund, an dir zu zweifeln. Und doch war da etwas . . . Um das zu verstehen, muß man schon sein ganzes Leben in der Aufklärung arbeiten.

Du warst müde geworden und hast zeitweise die Wachsamkeit vernachlässigt. Auf der Jagd nach wertvollen Informationen bist du ein zu großes Risiko eingegangen. Das ist auch verständlich, wenn man so viele Jahre ohne irgendwelche Vorkommnisse gearbeitet hat. Bei einem anderen an deiner Stelle wäre sogar das Gefühl für eine drohende Gefahr verlorengegangen."

„Deshalb" fuhr Netschiporenko fort, „habe ich der Leitung entsprechende Vorschläge unterbreitet, dir unbedingt starke psychologische Hilfe zu gewähren. Sie wurden akzeptiert, darunter auch der ungewöhnliche Vorschlag, deine Verwandten über den Auftrag in Kenntnis zu setzen. Gewöhnlich sind wir niemals zu einem solchen Schritt bereit. Doch diesmal erteilte die Leitung nach Abwägung aller Argumente, die dafür und dagegen sprachen, die Erlaubnis. Ich habe mich mit deinem älteren Bruder getroffen und bin mit ihm zusammen zu deiner Mutter gefahren. Sie war durch die Nachricht, die wir ihr überbrachten, zu Tränen gerührt. Danach bin ich zu dir nach Österreich gekommen."

... Ich erinnere mich noch gut an den Treff mit Oberst Netschiporenko. Er brachte mir einen Brief von meinem Bruder – den ersten Brief ohne Furcht vor der Zensur durch den KGB, einen wirklich herzlichen Brief von einem nahestehenden Menschen. Er berichtete mir von unserer Mutter. Zum erstenmal wurde mir verständlich erklärt, was meine Arbeit bei „Radio Liberty" für die Zentrale bedeutete.

„Deine Informationen, Oleg, gelangen direkt zu den Mitgliedern des Politbüros", sagte der Oberst. „Auf ihrer Grundlage werden wichtige Entscheidungen der Partei- und Staatsführung zur Bekämpfung der feindlichen Propaganda und ideologischen Diversion getroffen. Mit deiner Hilfe wissen wir alles über die Pläne dieses gefährlichen Gegners und können Präventivschläge führen."

... Wir saßen an einem Ecktisch in einem kleinen verrauchten Restaurant, in dem sich viele Touristen aufhielten. Niemand interessierte sich für uns. Doch in diesem Augenblick dekorierte der Besucher aus Moskau meine Brust moralisch mit Kampforden.

„Unter Verwendung deiner Informationen haben wir einige CIA-Mitarbeiter, die gegen unser Land arbeiteten, kompromittiert. Wir haben eine ganze Reihe größerer und langfristiger subversiver Operationen vereitelt. Die Leitung der Auslandsaufklärung des KGB der UdSSR hat mich gebeten, dir dafür zu danken."

... Wir erhoben die Gläser und tranken nach russischem Brauch ohne anzustoßen.

Danach begann der Oberst mit der Erfüllung des zweiten, komplizierteren Teils seiner Aufgabe. Er sollte, ohne meine Ambitionen zu verletzen, mich als Agenten instruieren und das Hauptaugenmerk dabei auf Vorsicht und Umsicht lenken. Er bat darum, übermäßige Initiativen zu unterlassen, sich häufiger mit der Zentrale zu beraten und kein Risiko einzugehen. Ich habe ihm das alles natürlich versprochen.

Netschiporenko übertrieb offensichtlich nicht, als er davon sprach, daß meine Arbeit in Moskau geschätzt würde. Eine Gelegenheit, die mich davon überzeugte, bot sich bald. Der nächste turnusmäßige Treff sollte in Karlshorst stattfinden. Dort war alles wie schon zehn Jahre zuvor. Die gastfreundliche Soja bereitete ein hervorragendes Abendessen, aus Moskau reiste speziell mein Freund Sergej an. Doch ich empfand, daß der Tisch irgendwie anders und feierlicher gedeckt war. Nicht nur teurer Whisky, Gin und guter französischer Wein waren bereitgestellt, sondern auch das kalte Büfett stammte offensichtlich aus dem Westen. Fragend schaute ich Sergej an:

„Was soll das, erwarten wir Gäste?"

„Ja", sagte er zögernd. „Ein hochrangiger Leiter möchte mit dir zu Abend essen. Er hat von deinen Taten gehört und will dich näher kennenlernen."

Der Leiter hatte wirklich einen hohen Rang, wenn er auch von kleiner Gestalt war. Später bekleidete er eine sehr hohe Stellung in der Struktur des KGB. Sein Verhalten drückte die Mentalität eines typischen höheren Leiters aus – für Einzelheiten meiner Arbeit interessierte er sich nicht besonders, dafür langte er reichlich bei Kaviar und Whisky zu.

„Wir sind mit Ihrer Arbeit zufrieden", sagte er mir und arbeitete dabei energisch mit den Kiefern. „Viele Ihrer Informationen gelangen direkt auf den Tisch von Leonid Iljitsch Breshnew. Für einen Kundschafter gibt es kein größeres Lob, das ist Ihnen doch bewußt?"

Ich nickte zustimmend und äußerte gewisse Dankesworte.

„Und wie ist Ihre Stimmung? Haben Sie vielleicht irgendwelche Bitten oder Wünsche?" fragte der hohe Chef routinemäßig.

„Ja", antwortete ich verwegen. „Ich habe seit langem eine Bitte, die man mir hier nicht erfüllen kann."

Sergej, der neben mir saß, zuckte nervös zusammen und

versuchte, mir unter dem Tisch auf den Fuß zu treten. Ich rückte daraufhin etwas von ihm ab. Mir war klar, daß ich gewisse unerschütterliche, unausgesprochene Regeln verletzte, doch ich wollte aufs Ganze gehen. Der höhere Leiter aus Moskau unterbrach erschrocken den Verzehr von Kaviar und blickte mich mit einer gewissen Neugier an.

„Ich habe schon mehrmals darum gebeten, für mich eine Reise nach Moskau zu organisieren. Doch diese Frage kann offenbar nicht entschieden werden. Sie müssen verstehen, ich war bereits fünfzehn Jahre nicht mehr zu Hause . . .“

Mit sichtbarer Erleichterung setzte nun der Leiter den unterbrochenen Genuß der Delikatessen fort. Offensichtlich hatte er befürchtet, daß ich von ihm eine Million Dollar verlangen würde.

„Worin liegt das Problem?“ wandte er sich an Sergej. „Ist es denn so kompliziert, diesen Wunsch zu erfüllen? Jeden Tag fliegen Flugzeuge nach Moskau. Kaufen Sie alle Tickets für die erste Klasse auf und organisieren Sie, daß er vor allen übrigen Passagieren an Bord ist. Ehrlich gesagt, ich sehe hier keine größeren Schwierigkeiten. Der Mann leistet eine wichtige und risikoreiche Arbeit. Also muß man ihm helfen.“

„Zu Befehl, Genosse General!“ antwortete Sergej.

Bald darauf war ich endlich zu Besuch in Moskau, was meine Kollegen von der Auslandsabwehr, die diese Reise organisieren und absichern mußten, mit größter Furcht und Angst erfüllte. Man fuhr mich in einem Wagen mit verhängten Fenstern durch Moskau. Zur Tarnung mußte ich mir einen Bart wachsen lassen, eine dunkle Brille aufsetzen und eine russische Pelzmütze tragen, wie sie mir von Kindheit an zuwider war. Doch ich ließ mich gern auf diese Maskerade ein und verstand, daß sie notwendig war. Nichts konnte mir meine gehobene Stimmung verderben: Ich war in Moskau, ich war zu Hause!

Als erstes war ein Treffen mit meinem Bruder Igor angesagt. Spät abends brachte er mich in Begleitung einer Eskorte Tschekisten zu meiner Mutter. Sie wußte nichts von meiner

Ankunft. Mein Bruder öffnete mit seinem Schlüssel die Tür der Wohnung, in der ich meine Kindheit verbracht hatte, und führte mich ins Zimmer. Meine Mutter hielt sich gerade in der Küche auf. Sie betrat nach uns das Zimmer und war nicht weiter verwundert, als sie Igor sah. Schweigend trat ich hinter ihrem Rücken hervor. Der Teller fiel ihr aus der Hand und zerbrach. Sie weinte.

Meine Mutter war merklich gealtert. Sie tat mir leid. Sie erzählte mir, was aus meinen Jugendfreunden geworden war. In ihren Augen war mein ganzes Leben durch diesen seltsamen langen Auslandseinsatz durcheinandergeraten.

„Was hast du für ein Schicksal gewählt", klagte sie mitfühlend.

Am nächsten Tag besuchte ich auf dem Friedhof das Grab meines Vaters.

Solche kurzen „Abstecher" nach Moskau gab es in den ganzen zwanzig Jahren nur zwei.

Reiche Leute haben ihre Launen und Eigenheiten. Ich will damit nicht sagen, daß ich im Westen ein großes Vermögen erworben habe, doch mein Unterhalt war abgesichert und ich brauchte auf nichts zu verzichten. So eignete ich mir Gewohnheiten eines wohlhabenden Mannes an. Um meine Garderobe zu ergänzen oder zu erneuern, reiste ich unbedingt nach England, wo die Kleidung zwar teuer war, dafür aber dem neuesten Modetrend in Europa entsprach. Ich kaufte in den renommierten Geschäften ein, weil es mir gefiel, dort zu verkehren und dort zu den Stammkunden zu zählen.

Als ich wieder einmal nach London reiste, wohnte ich bei meinem Freund Wladik Dawidenko. Das war eine sehr buntschillernde Persönlichkeit. Nachdem er seine Flucht aus der Sowjetunion beschlossen hatte, ließ er sich im Leningrader Hafen als Schauermann einstellen. Er machte sich sorgfältig mit dem Grenz- und Zollregime vertraut und studierte dessen Schwachstellen. Nach reiflichem Überlegen nutzte er eine günstige Gelegenheit und schlich sich an Bord eines Schiffs nach Liverpool. Er versteckte sich im Laderaum und reiste unbemerkt als blinder Passagier zu den in Nebel gehüllten Britischen Inseln. Einige Tage mußte er ohne Wasser und Nahrung auskommen. Doch dann war er in England, am Ziel seiner illegalen Reise. Er mischte sich unter die vielen englischen Schauerleute und verließ mit ihnen wohlbehalten das Schiff.

Als erstes beschloß Wladik Dawidenko, seinen Hunger zu stillen. Er ging in die erstbeste Gaststätte und gab durch Zeichen zu verstehen, daß er essen wollte. Natürlich brachte man ihm alles, was er verlangte. Und er aß sich satt. Dann wurde ihm die Rechnung präsentiert. Dawidenko schob den Zettel entschlossen von sich und bat, die Polizei zu holen. Den eingetroffenen Polizisten erklärte er folgendes:

„Ich, Wladik Dawidenko, bin im Auftrag der Ukrainischen Nationalen Front heimlich nach Großbritannien gekommen, um mich mit dem Schriftsteller Anatoli Kusnezow zu treffen. Ich habe für ihn eine äußerst wichtige Depesche."

Am erstaunlichsten ist, daß die offiziellen britischen Behörden dieser offensichtlichen Täuschung glaubten und Dawidenko zu einem Treffen mit Anatoli Kusnezow brachten. Als er mit dem leicht erregten Schriftsteller allein war, der, wie ich schon sagte, in ständiger Furcht vor der Rache des KGB lebte, bekannte Wladik Dawidenko ganz ehrlich, daß er überhaupt keine Depesche habe, aber von dem Wunsch beseelt sein, im Westen zu bleiben.

Sein neues Leben begann er mit Arbeit in einer Autoreparaturwerkstatt. Dann eröffnete er, wie es viele vor ihm getan haben, ein eigenes russisches Restaurant mit dem Namen „Rasputin" und ging wie die meisten seiner Vorgänger sehr schnell pleite. Um sich vor Gläubigern zu retten, fuhr er nach München, wo er eine zeitlang bei uns im Sender „Radio Liberty" als Zimmermann arbeitete. Damals freundeten wir uns an. Wladik Dawidenko kehrte später nach London zurück und beschäftigte sich dort mit Autoschmuggel. Seine abenteuerliche Natur verlangte einfach danach. Natürlich kam die Polizei meinem Freund sehr schnell auf die Schliche. Er konnte zwar fliehen, wurde aber doch verhaftet und zu einer Freiheitsstrafe verurteilt.

Als ich ihn diesmal besuchte, hatte er sich einem vollkommen neuen Business verschrieben. Er hatte eine kleine Bar eröffnet und versuchte erneut, durch zweifelhafte Operationen schnell reich zu werden. Mit einem Wort, er fühlte sich in seinem Element.

Wladik war über meinen Besuch wirklich erfreut. Er lud zwei seiner Freundinnen ein und wir gingen zusammen aus – zuerst in ein Restaurant und dann in den „Playboy Club". Eines dieser Mädchen hieß Swetlana oder Sweta, doch nach westlicher Manier stellte sie sich mir als Jetta vor. Sie war Jüdin, stammte aus Riga und arbeitete als Sekretärin in der russischen Redaktion von BBC. Vor einigen Jahren war sie aus der Sowjetunion nach Israel emigriert und siedelte von dort, um der allgemeinen Wehrpflicht zu entgehen, nach Großbritannien über. Hier lebte Jetta natürlich nur „auf Widerruf". Die BBC hatte ihr einen Antrag verfaßt, auf dessen Grundlage sie eine zeitweilige Aufenthaltserlaubnis für Großbritannien erhielt. In London wohnte sie in einer winzigen Einzimmerwohnung.

Ich hatte mich damals von meiner letzten Freundin in München getrennt und machte mir Gedanken, ob es nicht an der Zeit war, den Hafen der Ehe anzusteuern. Um es ehrlich zu sagen, mir war das ungeregelte Junggesellenleben über und ich spürte Verlangen nach ständiger häuslicher Wärme. Auch war ich der schiefen Blicke meiner Kollegen überdrüssig, die sich fragten, warum Tumanow noch immer unverheiratet war. Ist er etwa homosexuell? In diese Zeit fiel meine Begegnung mit dem jungen und hübschen Mädchen. Sie war dreizehn Jahre jünger als ich. Bei meinem nächsten Aufenthalt in London wohnte ich bei ihr. Während des dritten Besuches bestellten wir das Aufgebot und heirateten. Das war im Frühjahr 1978.

Tumanow mit seiner Frau Swetlana, München 1979.

Als wir im deutschen Konsulat ein Visum für Jetta beantragten, stellte sich heraus, daß ihre Unterlagen für ein Einreisevisum nach Deutschland nicht ausreichten.

„Ja, wenn Sie, Herr Tumanow, einen richtigen deutschen
Paß und nicht nur einen Fremdenpaß hätten, dann gäbe es
keine Probleme", erklärte mir mitfühlend der Konsularbe-
amte.

Was tun? Ich ließ meine junge Frau in London, fuhr allein
nach München zurück und nahm zu einem bewährten Mittel
für die Lösung von Problemen Zuflucht – ich wandte mich an
meinen alten Freund Alex, der mir damals geholfen hatte,
mich in Deutschland einzuleben. Alex verstand alles auf An-
hieb. Er bat nur darum, ihm einige Zeit zu lassen, um die erforderlichen Auskünfte über Jetta einzuholen. Bald darauf
rief er mich an und lud mich zu einem Treffen mit General

Wagner, dem Leiter der amerikanischen militärischen Abwehr in Deutschland, ein. Zwei Tage später erteilte das deutsche Konsulat Jetta das Einreisevisum für Deutschland. Sie kam sofort nach München und erhielt innerhalb von zwei Tagen von Alex persönlich ihren eigenen Ausweis.

Jetta lernte sehr schnell Deutsch. Zuvor hatte sie sich schon erfolgreich Englisch und Iwrith angeeignet. Als ich kurz darauf zum Leiter der Nachrichtenabteilung ernannt wurde, nahm sie das zum Anlaß für einen Scherz:

„Siehst du, mit mir zusammen machst du noch schneller Karriere."

Übrigens war das nicht ganz unberechtigt. Mein Leben verlief nun in geordneten Bahnen. In den Augen meiner Umgebung stieg mein Ansehen. Wir empfingen oft Gäste zu Hause, veranstalteten Abendgesellschaften, Cocktails und Parties ... Das alles war auch meiner Haupttätigkeit in der Aufklärung dienlich, denn je umfassender mein Bekanntenkreis war, um so größer wurde der Zugang zu verschiedenartigen Informationen.

Einmal erklärte Jetta, daß sie sich eine Arbeit suchen wollte. Ich protestierte und erklärte, daß ich doch auch allein für die sorglose Existenz unserer Familie arbeiten könne. Aber meine Frau war unerbittlich. Ihre Energie ließ sich nicht mehr bändigen, sie suchte nach einer Selbstbestätigung. Gerade zu dieser Zeit brauchte das Russischinstitut der US-Army in Garmisch-Partenkirchen einen Dozenten. Von diesem Stellenangebot, das auch bei uns im Sender an der Anschlagtafel hing, hatte einer unserer gemeinsamen Bekannten Jetta informiert. Als ich abends nach Hause kam, empfing sie mich mit der Mitteilung:

„Ich habe bereits in Garmisch angerufen und soll zu einem Vorstellungsgespräch kommen."

Zum Teufel noch mal! Das war eine böse Überraschung. Damit begannen die Schwierigkeiten, die mit einem Ehepartner verbunden sind. Soll sie sich doch in Gottes Namen eine Arbeit suchen, aber doch nicht gerade in Garmisch! Jeder weiß, daß sich dort auf demselben Gelände außer dem öffentlichen Spracheninstitut auch eine geheime Dienststelle der amerikanischen Aufklärung befindet. Andererseits ist es natürlich verlockend, auch dort eine Quelle zu haben, die zu unerwarteten Erfolgen in meiner geheimen Tätigkeit führen konnte. Aber wie wird die Zentrale auf die Entwicklung der Ereignisse reagieren? Möglicherweise ist das ein verhängnisvoller Fehler, der zu meiner Enttarnung führen kann? Denn jetzt wird sich die amerikanische Abwehr mit meiner Frau beschäftigen und in allen Richtungen Nachforschungen anstellen, bevor man sie im Institut einstellt. Das bedeutet aber, daß man sich auch mit mir erneut beschäftigen wird. Ich hatte zwar nichts zu befürchten, trotzdem kam ein ungutes Gefühl in mir auf ...

Ich versuchte erneut, Jetta dieses unerwartete Vorhaben auszureden, doch meine Bemühungen waren vergebens. Schließlich konnte ich ihr ja nicht sagen, daß ich ein sowjetischer Spion war ... Mit Zustimmung der Zentrale hätte ich das zwar tun können, doch damit wäre Jetta automatisch zur Mitwisserin mit allen sich daraus ergebenden Folgen geworden.

„Garmisch ist zu weit entfernt", sagte ich ihr. „Du mußt jeden Tag 60 Kilometer fahren."

„Aber du weißt doch, daß ich eine gute Fahrerin bin", antwortete sie.

„Und auch das Gehalt ist nicht sehr hoch – lediglich 2000 Mark. Lohnt sich deshalb der ganze Aufwand?"

„Aber es geht doch nur um zwei Unterrichtsstunden täglich."

Einige Tage später wurde ich in die Sicherheitsabteilung von „Radio Liberty" bestellt und gefragt, was ich dazu meinte, daß meine Frau am Russischinstitut der US-Army unterrichten wolle. Ich zuckte mit den Schultern und erklärte, daß ich nichts dagegen hätte, sich das aber nicht negativ auf meine Arbeit als Leiter der Nachrichtenabteilung auswirken dürfte. Zu meiner Verwunderung bat mich mein

Auf dem Korridor des Appartement-Hotels „Arabella" in München, 1983: Tochter Sascha mit dem Windhund „Krylat".

Gesprächspartner, meiner Frau den Wunsch nicht abzuschlagen.

„Sie haben einen guten Leumund und sind überprüft worden", erklärte er. „Es dürfte daher mit der Arbeitsaufnahme Ihrer Frau keine größeren Probleme geben. Wenn sie unter den Bewerbern für die ausgeschriebene Stelle ausgewählt wird und als Dozentin tätig ist, dann gereicht das unserem Sender zur Ehre. Wir sind daran interessiert, daß die Ehefrauen unserer Mitarbeiter in solchen Prestigeeinrichtungen arbeiten."

Jetta war bis 1982 in Garmisch als Dozentin beschäftigt. Nach der Geburt unserer Tochter Sascha suchte sie sich eine andere Arbeit in der näheren Umgebung.

Mit der Existenz unserer Tochter und ihren ersten Kriechversuchen über den Fußboden ist ein Ereignis verbunden, das mir bis heute ein Rätsel ist. Einmal, sie war gerade ein Jahr alt, kam sie aus unserem Schlafzimmer gekrochen und hatte irgendeinen fremden Gegenstand im Mund. Ich nahm sie auf den Arm und ließ sie den Gegenstand ausspucken. Oho! Es handelte sich um ein raffiniertes Miniaturabhörgerät, das mit einem Saugnapf versehen und als Schraube getarnt war. Wo hatte Sascha diese „Wanze" abgerissen, wann war sie installiert worden und von wem? Ich war über diese unerwartete Entdeckung sehr beunruhigt. Was hatte das zu bedeuten? War es eine übliche Routineüberprüfung, der von Zeit zu Zeit alle Mitarbeiter unterzogen wurden? Oder war mir die Abwehr auf der Spur? Wurde die „Wanze" vielleicht vom KGB installiert, um zu überprüfen, ob ich nicht vielleicht ein doppeltes Spiel trieb?

Nach kurzem Überlegen hielt ich es für das beste, den Fund einfach in den Müllcontainer zu werfen. Ich habe weder meiner Frau noch dem Sicherheitsdienst gegenüber etwas davon erwähnt. Allerdings berichtete ich bei meinem nächsten Treff in Karlshorst meinen Kollegen von der „Wanze", was sie offensichtlich sehr beunruhigte. Sie rieten mir, die ganze Wohnung sorgfältig zu durchsuchen, dabei bestimmte Stellen als mögliche Verstecke besondersn zu beachten und die Regeln der Konspiration noch strikter einzuhalten. Nach meiner Rückkehr habe ich alle Zimmer gewissenhaft durchkämmt, die Wände und die Möbel abgesucht, doch ich konnte keine weiteren verdächtigen Gegenstände feststellen.

Für das Personal von „Radio Liberty" war es ein offenes Geheimnis, daß die Mitarbeiter des Sicherheitsdienstes keine Skrupel hatten, in Abwesenheit der Wohnungsinhaber in jede Wohnung einzudringen und diese zu durchsuchen. Aus diesem Grund bewahrte ich zu Hause auch keinerlei operative Technik mit Ausnahme eines Mikrofilmbehälters auf, der in einer elektrischen Batterie untergebracht war. Es handelte sich hierbei um eine echte Batterie, die mein Transistorradio speiste, aber im Innern das Versteck enthielt.

Einmal, etwa Mitte der siebziger Jahre, fuhr ich morgens

zur Arbeit und ließ meine neue Freundin in der Wohnung zurück. Gegen Mittag rief sie mich erregt an:

„Sag mal Oleg, wem hast du die Schlüssel zu deiner Wohnung gegeben?"

„Niemandem!"

„Dann ist mir das unbegreiflich."

„Beruhige dich und sage, was passiert ist."

„Wie soll ich mich beruhigen? Ich wurde wach, als jemand voller Selbstsicherheit, als ob er hier zu Hause sei, die Wohnungstür aufschloß. Da ich dachte, daß du von der Arbeit zurückgekommen bist, lief ich halbnackt in den Korridor. Dort standen mir zwei völlig unbekannte Männer gegenüber. Sie grüßten kurz, machten kehrt und verschwanden wieder. Sage mir bitte, wer das gewesen ist."

Nachdem sie mir die ungerufenen Besucher beschrieben hatte, zweifelte ich nicht daran, daß dies der Chef des Sicherheitsdienstes von „Radio Liberty" und einer seiner Mitarbeiter gewesen waren.

Die Geschichte mit der „Wanze" blieb übrigens ein Einzelfall und ist mir bis heute unerklärlich.

Doch ich möchte auf das Familienleben zurückkommen. Unsere Ehe verlief gut bis zum Jahre 1985, als ich plötzlich feststellte, daß ich nicht der einzige Mann war, der mit meiner Frau ins Bett ging. Wir trennten uns sofort und leiteten die Scheidung ein. Die Scheidungsurkunde habe ich erhalten, als ich bereits in Moskau war. Jetta und Sascha leben gegenwärtig im Westen. Leider sind die Kontakte zwischen mir und meiner Tochter sehr unregelmäßig. Sie hat mich erst einmal in Moskau besucht.

Ja, für alles muß man bezahlen. Und macnhmal ist der Preis sehr hoch.

DRITTER TEIL

Rückkehr nach Moskau
oder
Ein Fremder im eigenen Land

Februar 1986, München.

Der größte Schrecken jedes Geheimdienstes sind Verräter.
Sie sind die Ursache für die meisten Pannen und Verluste
von Agenten. Ihr Seitenwechsel versetzt die Residenturen in
Aufregung, löst in der Zentrale Panik aus, erschüttert mitun-
ter Regierungen und ist Anlaß für spektakuläre internationale
Skandale. Unter Verrätern verstehe ich vor allem Offiziere
des zentralen Apparats des Geheimdienstes, die Zugang zu
Informationen über das Agentennetz haben.

Im allgemeinen gilt in unserem Beruf, daß selbst hochrangige Mitarbeiter nur das wissen, was mit ihrem Aufgabenge-
biet unmittelbar zu tun hat. Es ist nicht zulässig, sich für die
Angelegenheiten der Kollegen zu interessieren und die Nase
in fremde Angelegenheiten zu stecken. Doch wenn jemand
Verrat plant, dann wird er verständlicherweise bestrebt sein,
sich möglichst teuer zu verkaufen. Er wird versuchen, Zugang
zu geheimen Informationen anderer Bereiche zu erhalten
und alle erreichbaren Angaben, auch wenn sie nur indirekt
und dürftig sind, über Agenten in dem betreffenden Land zu
sammeln, bei dessen Geheimdienst er sich als Anbieter von
Informationen melden will. Er muß dafür nicht unbedingt
die Namen der Agenten kennen. Mitunter ist schon ein kleiner Teil der von diesen Agenten übermittelten Informationen ausreichend. Erfahrene Auswerter sind in der Lage, anhand von Bruchstücken ein ganzes Gebäude zu rekonstruie-
ren und so einem Spion auf die Spur zu kommen. Die
Geschichte der Geheimdienste kennt viele solcher Fälle.

Der Oberst unserer Auslandsabwehr Vitali Jurtschenko, der 1985 zu den Amerikanern übergelaufen ist, teilte bei den Verhören unter anderem mit, daß ihn während seiner fünfjährigen Tätigkeit unter dem Deckmantel unserer Botschaft in Washington ein Amerikaner angerufen hatte, der darum bat, für ihn ein Treffen mit einem Mitarbeiter der Botschaft zu arrangieren. Jurtschenko sagte weiter aus, daß dieser Mann, der Mitarbeiter der National Security Agency war, später für uns unter dem Decknamen „Mister Long" gearbeitet hat. Das war alles, was er über diesen Mann wußte – ein Telefonanruf, die Zugehörigkeit zur NSA und der Deckname. Wirklich nicht viel.

Doch selbst diese spärliche Informationen waren für das FBI ausreichend, um zweieinhalb Monate später den geheimnisvollen „Mister Long" zu enttarnen. Für die Mitarbeiter der Abwehr aus Washington war dies eine mühevolle und schwierige Aufgabe, doch dafür übertraf das Ergebnis all ihre Erwartungen.

Sie begannen damit, die Tonbandaufzeichnungen aller bei der sowjetischen Botschaft im Januar 1980 eingegangenen Anrufe aus dem Archiv zu holen. Ziemlich schnell fanden sie das betreffende Gespräch zwischen Jurtschenko und einem unbekannten Amerikaner, der um ein Treffen ersuchte. Parallel dazu studierten sie das Aufzeichnungsbuch des Observationspostens vor der sowjetischen Botschaft und stießen dabei auf eine Eintragung vom 15. Februar. Darin hieß es, daß ein amerikanischer Besucher das Gebäude betreten hatte, aber es war nicht registriert, wann er es wieder verließ. Wohin war dieser Mann verschwunden? Offensichtlich handelte es sich um jenen Anrufer, der dem KGB seine Dienste angeboten hatte und den man nach der Werbung wieder heimlich aus der Botschaft herausgebracht hatte.

Zu diesem Zeitpunkt wurden vier Dutzend der erfahrensten Abwehrspezialisten zur Fahndungsaktion hinzugezogen. Mit Hilfe eines Computers wurden die Personalakten der NSA analysiert, worauf man eine Liste mit hundert Namen erhielt. Eine von diesen Personen konnte der sowjetische Spion sein. In speziell eingerichteten Räumen spielte man dann das Band mit der Aufzeichnung des Telefonats absolut zuverlässigen NSA-Mitarbeitern vor, die die Stimme des Anrufers identifizieren sollten. Zwei Monate später, als man fast schon die Hoffnung auf Erfolg aufgegeben hatte, erklärte Donald Bacon, dem man das mitgeschnittene Telefonat vorspielte:

„Natürlich kenne ich ihn. Das ist Ron Pelton."

Neun Tage später traf sich der FBI-Agent für Sonderaufgaben Dave Falkner mit Pelton in einem mit operativer Technik ausgestatteten Zimmer im Hotel Annapolis Hilton und nahm ihn richtiggehend psychisch in die Mangel. Er unterbreitete Pelton seine Version, wie die Zusammenarbeit mit dem KGB zustande gekommen war. Ron Pelton war bestürzt über die vielen von der Abwehr gesammelten Fakten, die gegen ihn sprachen. Ihm blieb nichts weiter übrig, als ein ehrliches Geständnis abzulegen.

Von diesem Mann hatte Moskau erfahren, daß es den Amerikanern gelungen war, das Unterwasserkabel der streng geheimen Nachrichtenverbindung im Ochotskischen Meer anzuzapfen und alle Gespräche unserer Militärs in dieser wichtigen strategischen Region abzuhören. Für seinen Verrat wurde der ehemalige NSA-Mitarbeiter zu lebenslanger Haft verurteilt.

Auch dem berühmten Kim Philby, der fast drei Jahrzehnte für die sowjetische Aufklärung gearbeitet und einen leitenden Posten im britischen Secret Intelligence Service bekleidet hatte, wären Verräter aus Moskau fast zum Verhängnis geworden. Das erste Mal drohte ihm bereits 1937 die Enttarnung. Der Überläufer Walter Kriwizki, ein hoher Offizier der sowjetischen Aufklärung, hatte den Engländern verraten, daß die Russen in Großbritannien eine Quelle hatten, die zu besagter Zeit als Journalist in Spanien arbeitete. Philby schrieb damals für die „Times" Reportagen über den spanischen Bürgerkrieg. Es ist völlig unverständlich, warum die Engländer dieser Information nicht nachgegangen sind.

Dafür schenkten sie 25 Jahre später den Angaben von Anatoli Golizyn, eines übergelaufenen KGB-Mitarbeiters, weitaus mehr Aufmerksamkeit. Golizyn hatte sich sorgfältig auf seine Flucht in den Westen vorbereitet und alles gesammelt, was für die Geheimdienste von operativem Interesse sein konnte: Angaben über Agenten, Fakten aus von ihnen übermittelten Informationen, Decknamen, Namen der Verbindungsleute und der Offiziere der legalen Residenturen. Es wird angenommen, daß durch seine Informationen die benötigten Fakten im Dossier der Abwehr über Philby geliefert wurden, die noch fehlten, um ihn endgültig als sowjetischen Agenten zu enttarnen.

Oberst Oleg Gordijewski war schuld daran, daß eine ganze Reihe wertvoller Quellen in Europa und auch in Südamerika enttarnt wurden. Er war Mitarbeiter der Ersten Hauptverwaltung des KGB gewesen und 1985 zu den Engländern übergelaufen, für die er bereits zuvor 13 Jahre gearbeitet hatte. Unter Verrat hatte in jüngster Zeit auch die wissenschaftlich-technische Aufklärung des KGB zu leiden, nachdem Offiziere der legalen Residenturen in Italien und Frankreich übergelaufen sind und die Agentennetze preisgegeben haben.

Ich wurde durch den Offizier unserer Auslandsabwehr Gundarew, der sich aus Griechenland in den Westen abgesetzt hatte, enttarnt. Er wußte genau, daß der KGB bei „Radio Liberty" eine Quelle hatte und konnte einige indirekte Angaben machen, die auf mich verwiesen. Er wußte sehr viel. Nachdem er übergelaufen war, erkannten meine Führungsoffiziere in Moskau sofort die Gefahr und entschieden, mich zurückzuholen.

Am 23. Februar wurde traditionsgemäß in der Sowjetunion der Tag der Sowjetarmee und der Seekriegsflotte begangen. Wir haben ihn in München ebenfalls gefeiert. Einige, so wie

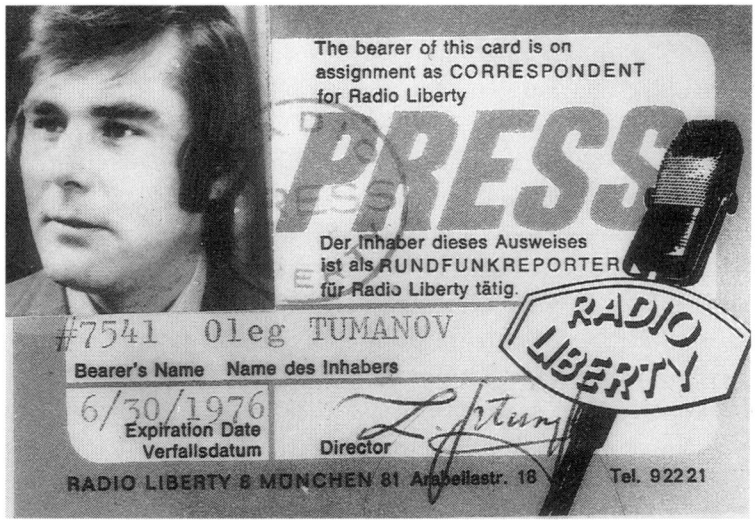

Presseausweis vom Anfang der siebziger Jahre.

ich, hatten früher wirklich in den sowjetischen Streitkräften
gedient, andere kämpften in der Wlassow-Armee oder bei
den Weißgardisten. Wer einmal beim Militär war, hatte
Grund zum Feiern. An diesem Tag trafen sich alle Gedienten
zu einem geselligen Herrenabend und machten ordentlich
einen drauf.

Der 23. Februar 1986 verlief wie immer. Nach dem kame-
radschaftlichen Zechgelage kam ich ziemlich spät nach Hause.
Dort trank ich noch halbes Glas Wodka, wozu ich einen Kan-
ten Brot und eine Salzgurke verzehrte, um die Alkoholwir-
kung etwas zu neutralisieren. In Gedanken weilte ich bei
meinen Verwandten im fernen Moskau, die einst in den sowjetischen Streitkräften gekämpft hatten.

Der 23. Februar fiel in diesem Jahr auf einen Sonntag. Da
montags mein freier Tag war, hatte ich es nicht eilig, ins Bett
zu kommen. Die vergangene Woche war anstrengend gewesen. Ich hatte ziemlich schwer gearbeitet und wollte daher

morgens etwas länger schlafen. Für das Frühstück hatte ich mir in dem kleinen chinesischen Restaurant neben dem „Arabella" ein Dutzend Piroggen, die mit Garnelen, Fleisch und scharf gewürzten Zutaten gefüllt waren, bestellt. Diese Piroggen, die auf der Karte als „Frühlingsrollen" angeboten wurden, waren eine Lieblingsspeise von mir.

Um sechs Uhr morgens riß mich das Telefon aus dem Schlaf. Ich nahm dies nicht weiter tragisch, denn Anrufe zu so früher Stunde waren keine Seltenheit. Wahrscheinlich war wieder die Nachtschicht mit irgendeinem Problem konfrontiert, das ich klären sollte. Es handelte sich bestimmt um Kleinigkeiten, doch jeder wollte sich rückversichern. Wenn man den Chef angerufen und informiert hat, dann ist man die Verantwortung los ... Es ging selten um wirklich wichtige Dinge, um die ich mich unverzüglich kümmern mußte.

So nahm ich wie üblich den Hörer auf, knipste das Licht an und wartete auf einen der üblichen Notrufe. („Was sollen wir machen, wir können das Band mit der Aufzeichnung, die jetzt gesendet werden soll, nicht finden?") Am anderen Ende der Leitung knackte und rauschte es, dann meldete sich eine fröhliche russische Stimme:

„Schläfst du noch, Redakteur? Kennst du schon die neuesten Nachrichten?"

Da scheint einer zuviel getrunken zu haben, dachte ich wütend. Ich werde ihn gleich zur Räson bringen.

Doch die fröhliche Stimme fuhr fort:

„Tanja hat einen Knaben geboren. Der Junge ist gesund und wiegt vier Kilogramm. Wir alle erwarten dich zur Taufe. Laß alles stehen und liegen und komm her. Alle erwarten dich."

O ja, die Stimme klang wirklich fröhlich und gut gelaunt. Doch ich fühlte mich wie vom Schlag gerührt.

„In Ordnung, ich komme", sagte ich und ließ den Hörer fallen, als ob ich mir an ihm die Hand verbrannt hätte.

Das war das vereinbarte Alarmsignal. Wenn der Satz „Tanja hat einen Knaben geboren" durchgegeben wurde, sollte ich weisungsgemäß meine Zelte abbrechen und unverzüglich fliehen. Bei meiner Flucht konnte ich jeden der für diesen Fall vereinbarten Kanäle nutzen, ohne erst bei der Zentrale nachzufragen und zu versuchen, mit ihr Verbindung aufzunehmen. Es war keine Zeit mehr zu verlieren.

Es war etwas passiert und ich war ernsthaft in Gefahr. Möglicherweise wurde ich schon von der Abwehr observiert. Vielleicht wollte man mich bereits in den Morgenstunden festnehmen. Dieses Signal „Tanja hat einen Knaben geboren" warf mein ganzes geregeltes und gewohntes Leben über den Haufen und verlangte, schnell und entschlossen zu handeln. Diese „Geburt" bedeutete das Ende meiner zwanzigjährigen Karriere in München. Ja, es war keine Zeit zu verlieren.

Ich zündete mir eine Zigarette an und versuchte, die erforderlichen nächsten Schritte zu planen. Es war sechs Uhr morgens und draußen noch dunkel. Doch ich wußte, daß Taxis vor dem Hotel auf die ersten Fahrgäste warten, die zum Bahnhof, zum Flugplatz oder anderswohin müssen. Für Geld fahren sie überall hin ... Doch ich unterdrückte schnell meinen Wunsch, unverzüglich in ein Taxi zu steigen und mußte mich zwingen, wie üblich aufzustehen, mich in aller Ruhe zu waschen und anzukleiden, im chinesischen Restaurant meine Lieblingspiroggen abzuholen und spazierenzugehen, d. h. mich so zu benehmen, als sei nichts passiert. Das war meine Chance. Wenn man mich beobachtete, durfte man keinen Verdacht schöpfen. Sie mußten denken, daß ich völlig ahnungslos war.

In meiner Wohnung befand sich kein kompromittierendes Material, rein gar nichts. Einen Fotoapparat „Nikon" konnte sich jeder vermögende Gentleman leisten. Und in meinem Notizbuch waren nur die Adressen und Telefonnummern von unverdächtigen Freunden und Bekannten vermerkt. Den Chiffrierblock, der äußerlich einem ganz normalen Notizbuch glich, verbrannte ich vorsorglich. Ich besaß weder ein Funkgerät, eine Waffe noch Gifttabletten, die, wie in Spionageromanen geschrieben wird, ein Agent schlucken soll, wenn ihm die Verhaftung droht. Nichts dergleichen ...

Dafür besaß ich andere Dinge, die ich mir in diesen Jahren in München angeschafft hatte und die mir nicht nur teuer waren, sondern auch echten materiellen Wert besaßen. Hierbei handelte es sich um russische Originalstiche aus dem 18. Jahrhundert, Bilder der begabten Maler des sowjetischen „Untergrunds" Oskar Rybin, Michail Schemjakin und Oleg Zelkow, eine Ikone aus dem 19. Jahrhundert aus dem Zentrum der Ikonenmalerei Palech, eine einmalige Bibliothek mit dem gesamten Weißen Archiv und besonders seltenen Bänden des Roten Archivs sowie Periodika der russischen Emigration der zwanziger bis dreißiger Jahre. Jahrelang und sorgfältig hatte ich die Werke russischer Philosophen, die vollständige Ausgabe der Zeitungen der Wlassow-Bewegung, Sammelbände der Zeitschriften „Grani", „Posew", „Kontinent", „Syntaxis", „Wremja i my", „22" u. a. zusammengetragen. Sollte ich das alles nun im Stich lassen? Doch einen anderen Ausweg gab es nicht. Ich konnte nur einen Bruchteil, das Allernötigste, mitnehmen.

Da war auch noch meine Briefmarkensammlung. In zehn Jahren hatte ich als fanatischer Sammler eine Kollektion einmaliger Exemplare und ganze Serien erworben. Ich besaß sechs Alben mit tausenden gekauften und getauschten Marken. Von diesen wollte ich wenigstens die wertvollsten hundert Marken, an denen ich besonders hing, in einem kleinen Steckalbum mitnehmen ...

Als erstes legte ich die in ein Handtuch eingeschlagene Ikone in den Koffer. Dann folgten einige Kleidungsstücke, das Briefmarkenalbum und der Fotoapparat mit den Wechselobjektiven. In den Aktenkoffer kamen die persönlichen Dokumente und in die Umhängetasche verschiedene Toilettenartikel. Das war alles. Ich hatte gepackt.

Draußen war es bereits völlig hell geworden. Als nächste Schritte plante ich, auf der Bank (genauer auf zwei Banken) Bargeld abzuheben, in einem Reisebüro ein Flugticket nach

Berlin zu kaufen und natürlich bei dem Chinesen vorbeizu-
schauen, um die Piroggen abzuholen. Übrigens bewahrte ich
stets zu Hause eine beachtliche Geldsumme auf – fünf bis
sechstausend Mark, einige tausend österreichische Schillinge
und einen Packen Dollars ... Das war meine Reserve für un-
vorhergesehene Ausgaben.

Ich öffnete vorsichtig die Tür und fuhr dann mit dem Lift
nach unten. „Arabella" ist, wie ich bereits sagte, nicht nur ein
großes Appartementhaus, in dem man eine Wohnung mie-
ten konnte. Hierzu gehören auch ein Nobelhotel, Restaurants, Geschäfte, Bars, Schwimmbäder ... Dort herrscht
ständig Leben. Ich kaufte mir Zeitungen, trank an der Bar
einen Kaffee und unternahm einen Spaziergang um das Gebäude herum. Niemand schien mir zu folgen. Ich konnte
nichts Verdächtiges bemerken. Dann nahm ich mir ein Taxi
und fuhr zur Bank, wo ich einen Teil meines Geldes abhob.

Mit einem anderen Taxi fuhr ich zurück, suchte eine weitere Bank direkt im „Arabella" auf und hob auch hier Geld
ab. Im Reisebüro kaufte ich ein Ticket für den Nachmittags-
flug nach Westberlin. Am Schalter sprach ich meinen Namen wie immer undeutlich aus, so daß der Flug nicht für
Tumanow, sondern für Kumpan oder so ähnlich registriert
wurde.

Ich beschloß, kein Risiko einzugehen und für meine
Flucht die bewährte Route zu benutzen. Obwohl die Worte
„Alle erwarten dich" bedeuteten, daß man bereit war, mich
auf jedem vereinbarten Fluchtweg zu treffen und abzuholen.
Doch Berlin schien mir am günstigsten, weil man dort beim
Grenzübergang von mir keinen Paß verlangen würde und
demnach das Risiko, Aufmerksamkeit zu erregen, gering
war. Natürlich konnte es auch dort für mich Komplikationen
geben.

Danach ging ich zu dem Chinesen, holte meine Piroggen
ab, kaufte mir dazu eine Flasche Rotwein und kehrte nach
Hause zurück. Bis zum Abflug verblieben nur noch wenige
Stunden. Es galt, Abschied zu nehmen. Ich ging noch einmal

durch die Zimmer, strich über die Rücken der geliebten Bücher, berührte die Rahmen der Bilder und trank den Wein.

Reichlich zwanzig Jahre waren vergangen, seit der junge Matrose Tumanow im Schutz der Nacht sein Kriegsschiff verlassen und den Weg eingeschlagen hatte, von dem er nicht wußte, wo er enden würde. Das Ende hätte schon direkt an der Küste sein können, wenn mich damals die Ägypter aufgegriffen hätten. Auch die Libyer hätten die Reise des flüchtigen russischen Matrosen beenden können. Die Amerikaner von der militärischen Abwehr in Frankfurt schenkten mir Glauben, doch es hätte auch anders kommen können. Ich hatte keinerlei Spezialausbildung oder besondere Fähigkeiten, doch das Glück blieb mir weiter hold. Ich wurde bei „Radio Liberty" eingestellt und machte dort Karriere. Ich bekam eine Wohnung und begegnete einer Frau, die ich liebte und mit der ich eine Tochter hier in München hatte. In meiner jetzigen Wohnung war ich von geschmackvollen Möbeln umgeben, und an den Wänden hingen wertvolle Bilder. Von meinem Monatsgehalt konnte der Generalsekretär des ZK der KPdSU nur träumen.

Den Hauptabschnitt meines bewußten Lebens hatte ich hier in München verbracht. Und dieser bestand nicht nur aus Spionagetätigkeit. Ich kann schwerlich sagen, was dabei überwog, wenn sich das überhaupt ermessen läßt – das normale bürgerliche Leben eines gutsituierten Emigranten oder die illegale Tätigkeit als KGB-Agent. Alles war miteinander verflochten und bildete eine Einheit.

Die Befürchtung einer Enttarnung hatte ich schon lange verdrängt, so daß ich mich auf der Straße nicht mehr nach Verfolgern umsah und am Telefon keine Angst mehr vor möglichem Abhören hatte. Ich verdächtigte keinen meiner Freunde und Bekannten, daß jemand von der Abwehr geworben und auf mich angesetzt war. Das war ganz normal. Gefühle lassen mit der Zeit nach, so auch die Furcht. Selbst an der Front ducken sich Soldaten nicht mehr vor den heranfliegenden Kugeln, wenn sie den bisherigen Kugelhagel überlebt haben. Ich glaubte, daß die für mich bestimmte Kugel schon lange an mir vorbeigeflogen wäre. Doch letztendlich hatte mich doch jemand „aufs Korn" genommen.

Es war Zeit zu gehen.

Plötzlich ertappte ich mich bei dem Gedanken, daß ich mir niemals ernsthaft Gedanken über die mögliche Rückkehr nach Moskau gemacht hatte. Natürlich bestand diese Möglichkeit immer, doch sie schien in weiter Ferne zu liegen.

Ich ging in den Flur, nahm mein weniges Gepäck und öffnete die Tür. Unwillkürlich mußte ich bei dem Gedanken lächeln, daß diese Tür in eine völlig andere Welt führte, in der ich nun den Rest meines Lebens verbringen würde.

Doch ich hegte keinerlei Zweifel, ob ich die Schwelle übertreten mußte.

Auf dem Flughafen war alles wie gewohnt. Ich bemerkte nichts Verdächtiges. Nachdem ich mir in aller Ruhe meine Bordkarte geholt und mein Gepäck aufgegeben hatte, setzte ich mich in eine abgelegene Ecke der Bar außerhalb der Sichtweite anderer Passagiere. Ich mußte mich ja nicht nur vor Spitzeln, sondern auch vor ganz normalen Bekannten vorsehen. Es hätte mir absolut nicht ins Konzept gepaßt, wenn mich jetzt jemand gefragt hätte, wohin ich denn fliege. Im Unterschied zu früheren Reisen nach Berlin bestand diesmal bedeutend mehr Anlaß zu Verdacht. Ich hatte eine sehr hohe Summe Bargeld bei mir und im Reisegepäck wertvolle Briefmarken, eine Ikone und viele persönliche Dinge . . . Endlich wurde mein Flug aufgerufen. Doch ich hatte keine Eile, mein Versteck zu verlassen, sondern betrat das Flugzeug als letzter. Gleich darauf wurde die Tür geschlossen und wir rollten wenige Minuten später zur Startbahn. Ich schloß die Augen . . .

Vor meinem geistigen Auge liefen wie ein Film die Ereignisse vor mehr als zwanzig Jahren ab. In der dunklen, mondlosen Nacht lasse ich mich an einem Seil vom Deck des Zerstörers herab und erstarre vor Schreck, als plötzlich eine Verschlußkappe scheppernd herunterfällt. Ich schwimme auf die fremde Küste zu. In der Wüste trinke ich Tee mit Bedui-

273

nen. Der Morgen im britischen Luftstützpunkt und die erneuten Befürchtungen, daß man mich der sowjetischen Botschaft ausliefert. Der Abend auf dem Territorium Westdeutschlands. Der „Lügendetektor" ... In Gedanken konnte ich zwar zu dem damaligen Ausgangspunkt zurückkehren, doch meine persönliche Entwicklung ließ sich nicht mehr rückgängig machen. Wenig war von dem naiven, abenteuerlichen und noch kindlichen Mann geblieben, der im November 1965 unbemerkt im Mittelmeer untertauchte, um dann bei „Radio Liberty" wieder aufzutauchen.

Doch diese verklärten Erinnerungen führten zu nichts. Ich sollte mich lieber mit der Gegenwart befassen. Habe ich alles Notwendige getan? Ist mir auch kein Fehler unterlaufen? Ich lenkte meine Gedanken wieder auf den heutigen Morgen, als um sechs Uhr früh das Telefon klingelte und mich eine fröhliche Stimme über die Gefahr informierte, in der ich schwebte. Ich habe ruhig und besonnen gehandelt und nicht den Kopf verloren. Ich könnte beschwören, daß ich nicht verfolgt wurde. Sie haben mich nicht im Bett überraschen und verhaften können. Nun blieb ihnen noch die Chance, mir den Übergang von West- nach Ostberlin zu versperren. Das ist ihre letzte Möglichkeit. Warten wir es ab ...

Im Sender wird man mich erst am nächsten Morgen vermissen, wenn man feststellt, daß ich nicht zur Arbeit erschienen bin. Aber auch das nicht sofort. Der Redakteur der russischsprachigen Sendung hat am Morgen noch viel zu tun ...

Bei der Landung auf dem Flugplatz Tegel war ich völlig ruhig. Sicherheit gab mir auch der Gedanke, daß mich von nun an sehr wahrscheinlich die eigenen Leute beobachten und absichern würden. Schließlich hatte der fröhliche Mensch bei seinem Anruf am frühen Morgen gesagt, daß „alle mich erwarten". Demnach hat man auch für den Fluchtweg über Berlin Vorbereitungen getroffen.

Es wurde langsam Abend. Der Strom der Berliner, die den Grenzübergang passierten, war wahrscheinlich schon abgeebbt oder gänzlich versiegt. Wenn ich ganz allein im dunklen

Tunnel unter der Friedrichstraße auftauchte, konnte ich möglicherweise auffallen. Also mußte ich warten und noch eine Nacht im Westen verbringen. Ich stieg in einem Hotel nicht weit von der Grenze entfernt ab, in dem man nicht nach Ausweispapieren gefragt und nicht von Mädchen zum Trinken animiert wurde. Nachdem ich die mitgebrachten Piroggen zum Abendbot gegessen und noch etwas Fernsehen geschaut hatte, legte ich mich schlafen, um am nächsten Morgen frisch und ausgeruht für alle Überraschungen gewappnet zu sein.

Am 25. Februar verließ ein gut gekleideter Herr mit einer Tasche über der Schulter und einem Aktenkoffer in der linken Hand das kleine Hotel in der Nähe der Friedrichstraße. An der nächsten Kreuzung kaufte er einen Strauß Nelken und fuhr dann mit der U-Bahn in Richtung Friedrichstraße. Er erweckte den Eindruck eines typischen Westdeutschen, der seinen armen Verwandten jenseits der Berliner Mauer einen Besuch abstatten will. Er fiel in der Menge nicht weiter auf, als er aus der U-Bahn ausstieg und ruhig bis zu der Stelle ging, wo die Grenzposten der DDR die Pässe kontrollieren. Doch unmittelbar vor der Grenze zwischen den beiden Welten scherte er aus den Reihen anderer rechtschaffender Herren aus und blieb vor einer kaum erkennbaren Tür stehen. Er drückte einen Klingelknopf. Die Tür öffnete sich und der Herr wurde blitzschnell in den dahinterliegenden Raum gezogen. Im Handumdrehen klappte die Tür wieder zu.

Ja, für mich gab es nun kein Zurück mehr. Ich hatte die Schwelle überschritten. Meine Kollegen, die seit gestern hier auf mich warteten, umarmten mich herzlich.

Wie ich von ihnen erfuhr, hatten mich KGB-Mitarbeiter bereits seit meiner Ankunft auf dem Flughafen Tegel beobachtet. Sie sahen, wie ich mein Gepäck entgegennahm und einiges in einem Schließfach deponierte. Sie beschatteten mich bis in die Nähe des Hotels, doch dann verloren sie mich aus den Augen. Um mögliche Verfolger abzuschütteln, war ich kreuz und quer durch die Stadt gelaufen. Ich wollte die Gegner täuschen, hatte aber dadurch meine eigenen Leute in Aufregung versetzt. Meinetwegen hatten sie die ganze Nacht nicht geschlafen und sich Sorgen gemacht. Vielleicht dachten auch einige, ich hätte es mir in letzter Minute anders überlegt und vorgezogen, im Westen zu bleiben. Bekanntlich kann man einem illegalen Kundschafter nie voll und ganz vertrauen. Kurz gesagt, ich hatte sie letzte Nacht um den Schlaf gebracht, während ich mich prächtig erholte.

Zu dem Empfangskomitee, das mich hier in dem unterirdischen Raum begrüßte, gehörte auch Shenja – der Offizier, der sich damals um mein verletztes Bein gekümmert hatte. Die anderen Anwesenden telefonierten erregt mit ihren Dienststellen und meldeten meine Ankunft. Dann gingen wir nach oben, nahmen in einem hellblauen „Lada" Platz und fuhren in Begleitung zweier weiterer Fahrzeuge nach Karlshorst.

In einer kleinen Dienststelle war ein kaltes Büfett angerichtet – belegte Brote, Bier und Wodka. Doch keiner wagte zuzulangen, alle warteten noch auf jemand. Die Leute, die uns nach Karlshorst begleitet hatten, gehörten zu der Absicherungsgruppe, die mich bereits seit Tegel in ihre Obhut genommen hatte. Keiner stellte irgendwelche Fragen, nur Shenja wollte wissen, ob sie nun mein restliches Gepäck aus dem Schließfach holen könnten. Ich gab ihm den Schlüssel und nannte die Nummer meines Schließfachs. Bereits am selben Abend befanden sich meine Briefmarken, die Ikone, meine Bilder und andere Überbleibsel des früheren Lebens in Ostberlin.

In der Dienststelle erschien schließlich der Mann, auf den alle gewartet hatten. Nachdem er sich mir kurz mit dem Namen Max vorgestellt hatte, lud er uns ein, zuzugreifen. Shenja fuhr dann weg, um sich um mein Gepäck zu kümmern. Auch die anderen verließen den Raum, so daß ich mit Max ganz allein blieb. Ich wußte und weiß bis heute nichts über ihn. Allem Anschein nach war auch er nur oberflächlich über mich informiert. Daher schlug er mir nach kurzer Unterhaltung vor:

„Laß uns zu deinem neuen Heim fahren. Es ist eine Villa, die dir uneingeschränkt zur Verfügung steht. In einigen Tagen kommen deine Leute aus Moskau, um dich zu holen."

In einem „Wolga" fuhren wir dann nur wenige Minuten durch Karlshorst zu einem Sperrgebiet, wo mehrere Villen standen. Äußerlich machte mein neues Heim keinen guten Eindruck, doch seine Innenausstattung war komfortabel und behaglich – ein großes Wohnzimmer, ein Flur, eine Küche, ein Wintergarten und im Obergeschoß drei Schlafzimmer und ein Bad. Dazu kam noch eine freundliche und tüchtige Wirtschafterin namens Galja. Sie erwartete uns, wie es sich gehört, mit einem reich gedeckten Tisch.

In der Sowjetunion wurde damals die Antialkoholkampagne entfacht und niemand wagte es, wie ich später erfuhr, während der Arbeitszeit zu feiern und Wodka oder Wein zu trinken. Die Parteikomitees waren wachsam und bestraften derartige „Vergehen" sehr hart. Doch hier galten offensichtlich eigene Gesetze. Der Kampf gegen den Alkohol wurde gern bei einer Flasche „Moskowskaja" erörtert und diente als Zielscheibe für Witze.

Als Shenja mit meinem Gepäck kam, verabschiedeten sich die Gäste. Die Wirtschafterin machte sich an den Abwasch, während ich beschloß, mich etwas in dem Haus umzusehen, das für einen ganzen Monat mein Heim werden sollte. Ich fand auch gleich ein passendes „Spielzeug" für mich – einen Sony-VHS-Videorecorder und viele Kassetten mit sowjetischen Filmen. Das war eine gute Möglichkeit, die Zeit totzuschlagen und sich gleichzeitig mit der Wirklichkeit vertraut zu machen, von der ich sehr wenig wußte.

Damit begann die „Stagnationsperiode" in meinem Leben. Morgens trank ich eine Tasse Kaffee und verschlang wißbegierig die neuesten Zeitungen. Nach dem Frühstück kam ein junger Mann zu mir und befragte mich über das Leben im Westen. Er war zu diesem Zweck extra aus Moskau hergekommen. Ich vermute, daß er entweder Sergej ablösen oder sich sachkundig machen sollte, um illegal im Westen zu arbeiten. Er wußte viel über „Radio Liberty" und die Emigrantenkreise, wollte aber noch mehr wissen und fragte mich deshalb gründlich aus. Diese Befragungen dauerten etwa bis Mittag. Am Abend leistete mir Galja beim Fernsehen Gesellschaft. Wir sahen die Nachrichten aus Moskau und stellten dann den Videorecorder an. In dieser ganzen Zeit durfte ich das Haus nicht verlassen.

Die „Stagnation" endete so gegen Mitte März, als Max erneut in Begleitung des lächelnden Sergej in der Villa auftauchte. Sergej war der einzige in meiner Umgebung, der die volle Wahrheit über mich wußte. Ich freute mich über sein Kommen, denn das bedeutete baldige Veränderungen in meinem eintönigen Leben. So kam es denn auch: Gleich nachdem Sergej mich herzlich begrüßt und mir zum glücklichen Ende meines Einsatzes gratuliert hatte, sagte er, daß ich in den nächsten Tagen nach Moskau reisen würde. Dort sei alles normal, für mich sei bereits eine zeitweilige Wohnung vorbereitet worden. Mein Bruder wisse zwar noch nichts von meiner Rückkehr, doch bei ihm sei auch alles in Ordnung. Sergej hatte ihn vor der Abreise besucht.

„Und noch ein Geschenk für dich", sagte Sergej und reichte mir lächelnd eine dünne Mappe mit Zeitungsausschnitten. „Du kannst viel Interessantes über dich erfahren."

Das waren in der Westpresse veröffentlichte Versionen über mein plötzliches Verschwinden. Der KGB konnte es sich nicht verkneifen, seine Gegner möglichst lange im ungewissen zu lassen. Man hielt mich in einer streng bewachten Villa in Karlshorst fest und hatte mir verboten, an der frischen Luft spazierenzugehen, so daß auch nicht die geringsten Informationen über mein Schicksal durchsickern konnten. Während der ganzen Zeit verfolgte man genüßlich die Reaktion der Geheimdienste und der Massenmedien.

Begierig vergrub ich mich in die Lektüre. Mich freute irgendwie, daß in den meisten Zeitungsmeldungen meine Ergebenheit gegenüber dem Westen nicht angezweifelt wurde. Vielmehr wurden meine antikommunistische Gesinnung, mein hohes Ansehen bei „Radio Liberty" und meine Wertschätzung für die westliche Lebensweise hervorgehoben. Die Journalisten erinnerten daran, daß ich in der UdSSR wegen Fahnenflucht in Abwesenheit zum Tode verurteilt worden war. Man erging sich in unterschiedlichsten, teilweise sehr abenteuerlichen Vermutungen über mein Schicksal. Hier sind einige Zitate:

INTERNATIONAL HERALD TRIBUNE: „Viktor Gregory, der stellvertretende Direktor von ‚Radio Liberty' und ein Freund des vermißten Redakteurs, sagt, daß ihn die Nachricht vom Verschwinden Tumanows erschüttert. Seinen Worten zufolge war Oleg sehr ausgeglichen und hielt sich aus den erbitterten Intrigen heraus, die in dem Sender Unruhe stifteten. Andere Kollegen schätzten besonders sein fachliches Können als Redakteur."

DER TAGESSPIEGEL: „Die Freundin Tumanows konnte der Polizei keine Hinweise in Zusammenhang mit seinem Verschwinden geben. Laut ihrer Aussage sind in Tumanows Wohnung die Briefmarkensammlung und eine wertvolle Ikone verschwunden. Möglicherweise ist er nach Wien oder Stockholm gefahren, um Briefmarken zu tauschen oder zu verkaufen . . ."

NEW YORK DAILY NEWS: „Oleg Tumanow, der Chefredakteur einer Abteilung des unter amerikanischer Leitung arbeitenden Senders ‚Radio Liberty', ein überzeugter Antikommunist, ist in der vergangenen Woche in München verschwunden. Seine Freunde befürchten, daß er von Agenten des KGB ermordet wurde. Seine Feinde sind hingegen der Meinung, daß er eines Tages als Mitarbeiter des KGB auf einer Pressekonferenz in Moskau wieder auftauchen wird.

Vor 21 Jahren war der heute zweiundvierzigjährige Tumanow, der äußerlich einem Teddybär ähnelt, ins Mittelmeer gesprungen und sechs Meilen weit geschwommen, um dem Kommunismus zu entfliehen. In den vergangenen zwanzig Jahren arbeitete er im Münchener Hauptquartier von ‚Radio Liberty' und stieg in eine leitende Position auf, in der er alle russischsprachigen Programme kontrollierte und freigab.

Seine Freunde meinen, daß er sich finanziell ruiniert und verschuldet habe, dem Alkohol verfallen sei und Liebeskummer habe ... Andere Kollegen halten ihn für einen sowjetischen Geheimagenten."

NOWOJE RUSSKOJE SLOWO: „Im Jahre 1966 war der damals einundzwanzigjährige Tumanow von einem sowjetischen U-Boot, auf dem er als Funker gedient hatte, geflohen und hatte um Asyl ersucht. Nach seinem jetzigen Verschwinden hat die westdeutsche Polizei seine Wohnung geöffnet, die von ihm in einem chaotischen Zustand verlassen wurde. Tumanow hat alle Wertsachen und Dokumente mitgenommen. Bereits eine Woche zuvor hatte Tumanow seine Ersparnisse abgehoben. Es wird vermutet, daß Tumanow in die Sowjetunion zurückgekehrt ist, obwohl auch nicht auszuschließen ist, daß er von KGB-Agenten entführt wurde."

ARAB TIMES (Kuweit): „Wie aus bundesdeutschen Quellen verlautet, ist der Chefredakteur der russischsprachigen Sendung von ‚Radio Liberty', Oleg Tumanow, in einem See in der Nähe von München ertrunken."

... Kurz gesagt, die Journalisten schrieben ihre Stories. Zunächst geisterte unter Berufung auf meine Freunde die Version durch die Welt, daß ich alles stehen- und liegengelassen hätte und in Italien Urlaub machte. Dann tauchte irgendwo das Gerücht von Schulden und einer unglücklichen Liebe auf. Die unterschiedlichsten, zum Teil diametral entgegengesetzten Vermutungen wurden angestellt. War ich nun ein Opfer des KGB oder ein Spion aus Moskau? Meine ehemaligen Leiter von „Radio Liberty" bezweifelten nicht, „daß Tumanow ein unversöhnlicher Antikommunist und Verfechter der westlichen Lebensweise war und mit vollem Einsatz gegen die Sowjetmacht gekämpft hat". Natürlich ging es den Machern von „Radio Liberty" dabei nicht um mein Ansehen, sondern in erster Linie um ihre eigene Position. Schließlich hatten sie ja Tumanow in leitende Funktionen eingesetzt und seine Karriere gefördert.

Im Gegensatz dazu stand die Version, die vor allem von Vertretern der in den letzten Jahren übergesiedelten Emigrantenkreise geäußert wurde. Sie behaupteten nachdrücklich, daß Tumanow als KGB-Agent speziell bei „Radio Liberty" und „Radio Free Europe" eingeschleust worden sei, um Informationen zu sammeln und konkrete subversive Aktionen zu organisieren. Ihren Worten zufolge hätte ich einen Keil zwischen die Juden und die Emigranten anderer Nationalitäten getrieben. Ich hätte sogar die Zionisten verfolgt und die Ausstrahlung antisemitischer Sendungen unterstützt. Natürlich war das alles gelogen. Allerdings muß anerkannt werden, daß sie mit ihrer aufgestellten Behauptung „Tumanow wird in allernächster Zeit in Moskau auftauchen und auf einer Pressekonferenz versuchen, ‚Radio Liberty', ‚Radio Free Europe' und die CIA zu diskreditieren" recht hatten. Das war dann wirklich der Fall. Meine ehemaligen Kollegen hatten damit ins Schwarze getroffen.

… Mit dem Erscheinen Sergejs wurde der mir auferlegte Hausarrest in der Villa teilweise aufgehoben. In Begleitung von Shenja und Galja durfte ich mich nun in Ostberlin frei bewegen. Von Zeit zu Zeit besuchten wir Buchhandlungen und Briefmarkenläden, außerdem hatte ich die Möglichkeit, meine Garderobe zu ergänzen. So verging die Zeit bis Anfang April.

Eines Tages informierte mich Galja, daß morgen ein „hoher Chef" aus Moskau kommen würde. Schon morgen früh, wiederholte sie und fing an, sauber zu machen, Staub zu saugen und die ohnehin gepflegten Räume der Villa zu putzen. All dem war zu entnehmen, daß sehr hoher Besuch erwartet wurde. Shenja tauchte an diesem Tag nicht auf, auch das Telefon blieb still. Ich wußte nicht einmal, wie ich mich diesem „hohen Chef" gegenüber zu präsentieren hatte – offiziell mit Anzug und Binder oder ganz leger. Galja bestand kategorisch auf dem Anzug.

Am nächsten Tag klingelte es Punkt 9 Uhr an der Tür. Galja zog schnell einen Mantel über, öffnete und ging dann sofort „etwas besorgen". Das Gästezimmer betraten Max und ein älterer solider Herr, den ich insgeheim mit „der Alte" betitelte. Später erfuhr ich, daß der „Alte" ein Stellvertreter von Wladimir Krjutschkow, dem Chef der Auslandsaufklärung des KGB, war. Seinen Namen habe ich nie erfahren. Ich weiß nicht, wie es gegenwärtig gehalten wird, doch damals hat sich mir in dieser geheimen Institution selten jemand mit seinem richtigen Namen vorgestellt. Das war eine „eiserne Regel" der Konspiration. Es war einfach unvorstellbar, sich für den Namen eines Mitarbeiters und erst recht für Einzelheiten seiner Biographie zu interessieren.

Der „Alte" machte zwar einen würdigen Eindruck (man merkte, daß es sich um einen hohen Chef handelte), doch sein Anzug wirkte ziemlich abgetragen. Außerdem stachen seine zu kurzen braunen (farblich eindeutig unpassenden) Baumwollsocken in die Augen. Unwillkürlich entzog ich meine Füße, die in eleganten Schuhen und Socken steckten, seinem Blickfeld. Wer weiß, vielleicht galt jetzt im KGB ein schickes Outfit für unangebracht. Max war allerdings genauso elegant gekleidet wie ich.

Der „Alte" äußerte den Wunsch, die Villa zu besichtigen. Als er in der Küche die beachtliche Batterie leerer Wein- und Schnapsflaschen sah, monierte er unzufrieden: „Dagegen kämpfen wir jetzt in Moskau hart an." An der herrschenden Ordnung und Sauberkeit hatte er nichts auszusetzen. Er kritisierte lediglich, daß wir zu seiner Ankunft keinen Tee, sondern Kaffee gekocht hatten. Und das anschließende Gespräch dauerte auch nicht länger als eine Viertelstunde.

„Nun gut, Oleg Alexandrowitsch. Sie haben sich hier in Berlin eingelebt, etwas erholt und unseren Leuten geholfen . . . Ihre Freunde in München sind ziemlich verstört und ratlos. Sie wissen nicht, wo sie nach Ihnen suchen und an welche Botschaft sie sich wenden sollen. Allerdings muß ich Ihnen sagen, daß einige vermuten, wohin Oleg Tumanow verschwunden ist. Nun gut . . . Wahrscheinlich ist es jetzt an der Zeit, nach Hause zurückzukehren. Wie sehen Sie das?"

Die Frage war rein rhetorisch. Ich hatte Sehnsucht nach Moskau, die „Stagnationsperiode" zog sich schon zu lange hin und ging mir bereits auf die Nerven.

„Übrigens haben wir für Sie in Moskau eine Wohnung eingerichtet. Sie leben sich dort erst einmal ein, akklimatisieren sich und ziehen dann in eine eigene Wohnung. Wenn Sie einverstanden sind, bitte ich Sie, sich morgen früh 7 Uhr zur Abreise bereitzuhalten."

Ich begleitete die Gäste bis zum Tor und wartete, bis die beiden „Wolgas" hinter der Kurve verschwunden waren. Galina kam bald darauf zurück. Als sie von meiner bevorstehenden Abreise erfuhr, jammerte sie, daß das alles so unverhofft käme und so wenig Zeit zum Packen bliebe . . . Was heißt hier unerwartet, dachte ich. Mein Weg nach Hause hat länger als zwanzig Jahre gedauert. Galja half mir beim Packen und legte fürsorglich mehrere Flaschen Kognak und zwei Stangen Zigaretten aus dem Repräsentationsfonds der Villa in den Koffer. Ich wollte protestieren, doch meine erfahrene Wirtschafterin meinte nur sachlich: „Die Antialkoholkampagne haben Sie wohl vergessen? Außer Limonade gibt es in Moskau nichts Trinkbares zu kaufen. Unsere Führer sind vollkommen durchgedreht." Die Zukunft zeigte, daß sie vollkommen recht hatte.

Bei meiner Ankunft wurde ich weder mit Musik noch mit Blumen empfangen. Keiner holte mich vom internationalen Flugplatz Scheremetjewo-2, auf dem unser Flugzeug aus Ostberlin landete, ab. Nur etwa ein Dutzend KGB-Mitarbeiter wußten, daß der Geheimagent Oleg Tumanow nach zwanzig Jahren Auslandseinsatz zurückgekehrt war.

Meine Rückkehr wurde so geheimgehalten, als müßte ich nach einiger Zeit wieder zurückreisen. Auf dem Flughafen Schönefeld hatten der „Alte" und ich bereits im Salon erster Klasse der Aeroflot-Maschine unsere Plätze eingenommen, bevor die anderen Fluggäste an Bord gingen. Danach wurde die erste Klasse mit einem dichten Vorhang von den übrigen Reisenden abgeschirmt. Als ein Mitarbeiter der Aeroflot-Vertretung in Berlin meinen Begleiter naiv fragte, für welche Institution er unseren Gepäckschein ausstellen solle, blickte ihn der „Alte" so durchdringend an, daß sich für den Ärmsten alle weiteren Fragen erübrigten. „Schreiben Sie, was Sie wollen", knurrte er unfreundlich . . .

Er war eindeutig nicht in bester Stimmung. Später erfuhr ich auch den Grund dafür. Der General vertrug das Fliegen nicht. Doch nachdem er in der Luft zwei Kognaks getrunken hatte, ging es ihm wieder besser. In Moskau verließen wir das Flugzeug als letzte, nachdem der Bus mit den Passagieren von der Gangway abgefahren war. Ein Offizier der Grenztruppen geleitete uns achtungsvoll zu einem direkt neben dem Flugzeug wartenden grauen „Wolga". Wir stiegen ein, wobei der General sich neben den Fahrer setzte, und fuhren los.

Ich war zu Hause. Nicht nur für einen kurzen Aufenthalt, nicht als ausländischer Gast, sondern als Bürger dieses Landes, als Moskauer. Aber warum war ich nicht von einem Hochgefühl des Glücks erfüllt? Vielleicht, weil das Spiel noch weiterging und ich nicht wie ein normaler Sowjetbürger leben konnte? Man bringt mich in einer Dienstwohnung des KGB unter, die ich, wie mir der „Alte" gesagt hatte, „vorläufig noch nicht verlassen darf". Ich werde rund um die Uhr bewacht, um nicht nur meine Sicherheit zu gewährleisten, sondern auch meine Telefonanrufe zu kontrollieren. Selbst mit meinem Bruder darf ich mich noch nicht treffen.

Ich war wieder zu Hause, doch ich war nicht mehr der Tumanow, der im Jahr 1965 Moskau in Matrosenuniform verlassen hatte. Ein anderer Mensch war zurückgekehrt. Hinter mir lagen zwei völlig voneinander getrennte Lebensabschnitte. Nun werde ich einen dritten beginnen. Wie wird er sein? Was wird er mir bringen? Vorläufig stand nur eines fest: Wer sich einmal mit dem Geheimdienst eingelassen hatte, mußte sich auch dessen Spielregeln unterordnen.

Wir fuhren in einen der neuen Moskauer Stadtbezirke, die sich mit ihren Hochhäusern völlig gleichen. Hier war ich zuvor noch nie gewesen. Alles deutete darauf hin, daß diese gigantische monotone Schlafstadt gerade erst erbaut worden war. Die Leute hier waren alle erst vor kurzem eingezogen und fanden sich noch nicht zurecht. Mein neues vorübergehendes Domizil war eine möblierte Dreizimmerwohnung. Außerdem waren mir die obligatorische Wirtschafterin namens Tamara und ein junger Mann, der Gena hieß und für die innere Sicherheit verantwortlich war, zur Verfügung gestellt. Dieser Gena bereitete sich offensichtlich auf einen längeren Auslandseinsatz in einer Residenz vor, denn er fragte mich später stundenlang über die kleinsten Einzelheiten des Lebens im Westen aus. Außerdem gab es noch eine Objektwache. Rund um die Uhr standen zu beiden Seiten des Hauses zwei Dienstwagen mit je drei Mann Besatzung. Meistens hielten sie sich jedoch in einem speziell eingerichteten Dienstraum im Halbparterre auf und kontrollierten alle, die den Aufgang betraten. Die Wache wurde alle acht Stunden abgelöst.

Ich weiß nicht, inwieweit diese Vorsichtsmaßnahmen berechtigt waren. Es war kaum anzunehmen, daß meine Kollegen aus München oder Frankfurt versuchen würden, mich zurückzuholen. Doch wer weiß? Die Geschichte der Geheimdienste kennt auch solche scheinbar unglaublichen Fälle. So wurden gesuchte Personen von Tschekisten aus Westdeutschland und Frankreich entführt. Es ist auch bekannt, daß der britische Geheimdienst und die USA Pläne schmiedeten, um Donald MacLean, ein Mitglied der berühmten „Fünfergruppe" von Cambridge, aus Moskau zu entführen. MacLean hatte lange für den KGB gearbeitet und konnte kurz vor seiner Verhaftung in die UdSSR fliehen. Bei der Planung dieser Operation zogen die Engländer sogar Spezialisten für die Analyse von Satellitenaufnahmen hinzu, um die aus großer Höhe über dem Moskauer Stadtbezirk, in dem MacLean wohnte, gemachten Fotos auszuwerten. Dieser Fakt wird in westlichen Biographien der „Spione aus Cambrige" erwähnt. Kim Philby, der nach seiner Flucht aus Beirut noch volle 25 Jahre in Moskau lebte, mußte sich zeitlebens damit abfinden, daß sich in seiner Nähe stets ein verantwortlicher Sicherheitsoffizier befand . . .

Obwohl in der Wohnung der Tisch bereits gedeckt war, bat mich der „Alte", noch etwas mit dem Essen zu warten. Er selbst fuhr sofort weg. Bald darauf traf eine aus sechs Mann bestehende Ärztekommission mit medizinischen Geräten und Reagenzröhrchen ein. „Machen Sie sich keine Sorgen", beruhigte mich ihr Leiter, „wir sollen nur Ihren allgemeinen Gesundheitszustand überprüfen." Eines der Zimmer wurde sogleich in eine Praxis umfunktioniert. Ich leistete schwachen Widerstand, doch es schien sie nicht besonders zu interessieren, ob ich mit der Untersuchung einverstanden war. Sie hatten einen Auftrag, den sie erfüllen mußten. Eine Stunde später hatte die Kommission ihre Arbeit beendet und war mit den Ergebnissen offensichtlich völlig zufrieden. Sie fuhren wieder weg, ohne meiner Einladung zu Tisch Folge zu leisten.

Da ist noch eine Einzelheit, die ich erwähnen möchte. Der Offizier, der uns vom Flugplatz zur Wohnung begleitet hatte, erklärte mir beim Anblick des gedeckten Tischs: „Oleg Alexandrowitsch, ich möchte Sie darauf aufmerksam machen, daß auf dem Tisch keine hochprozentigen Getränke stehen. Wir trinken von nun an nur noch Bier oder Mineralwasser. Mit Wodka ist Schluß." Immer schön langsam, dachte ich bei mir. Wir werden ja sehen, wie lange ihr das durchhaltet. Ich selbst dachte jedenfalls nicht daran, meine Gewohnheiten zu ändern, was ich dem neuen Bekannten auch vorbehaltlos sagte.

Schon in den ersten Tagen nach meiner Ankunft in Moskau erklärten mir der „Alte" und noch andere Leiter, daß ich auf einer Pressekonferenz im Pressezentrum des Außenministeriums sprechen sollte.

„Sie werden unseren eigenen und den ausländischen Journalisten die Wahrheit über ‚Radio Liberty‘ sagen und berichten, wie eng der Sender mit den Geheimdiensten der USA verbunden ist und wie er den Kalten Krieg anheizt. Sie werden konkret Namen und Funktionen nennen. Das wird eine Sensation werden.“

Eine Sensation? Offen gesagt erweckte dieser Gedanke bei mir nicht die geringste Begeisterung. Es ist eine Sache, wenn man als Geheimagent Informationen über Menschen, die man für Feinde des eigenen Landes hält, weitergibt. Etwas anderes ist es aber, vor versammeltem Publikum Vorträge zu halten. Ich wußte, daß die Journalisten, besonders die westlichen, mir kein einziges Wort glauben und Beweise fordern würden. Ich hatte mich niemals vor einem großen Publikum sicher gefühlt, zumal mir auch entsprechende Erfahrungen fehlten. Diese Pressekonferenz drohte, in eine peinliche Konfrontation auszuarten. Doch am meisten bedrückte mich etwas anderes.

Die Einzelheiten dieser bevorstehenden Show für die Presse waren offensichtlich „ganz oben“, d. h. in der obersten Partei- und Staatsführung, festgelegt worden. Nach der Vorstellung des KGB sollte ich vor Journalisten als Kundschafter, also über meine geheime Mission sprechen. Es wäre töricht gewesen, diese zu leugnen. Doch unerwartet mischte sich Andrej Gromyko ein, der damals als Vorsitzender des Präsidiums des Obersten Sowjets der UdSSR formal das höchste Amt im Staat innehatte. Auf internationaler Ebene ist er mehr als langjähriger Außenminister bekannt, den die Westpresse wegen seiner ständigen Ablehnungen „Mister Njet“ nannte. Nachdem sich Gromyko mit dem in der Lubjanka sorgfältig ausgearbeiteten Szenarium der Pressekonferenz vertraut gemacht hatte, lehnte er mein Auftreten als Kundschafter entschieden ab und erklärte dem Vorsitzenden des KGB finster: „Wir haben keine Aufklärung und haben nie eine gehabt . . . Dieses Thema steht nicht zur Diskussion."

Hochgestellten Persönlichkeiten wie Gromyko wurde niemals widersprochen, egal welchen Unsinn sie auch redeten. Der ehemalige Außenminister der UdSSR war natürlich (und besser als viele andere) über die Tätigkeit der sowjetischen Aufklärung informiert. Er hatte jahrelang als Mitglied des Politbüros jeden Morgen die in der Ersten Hauptverwaltung des KGB zusammengestellten Aufklärungsübersichten und einzelne besonders wichtige Auskünfte der Agenturen erhalten. Er kannte viele Generäle aus dem Hauptquartier der PGU (Erste Hauptverwaltung) in Jassenowo persönlich und war mit einigen sogar befreundet. Das hinderte ihn jedoch nicht daran, deren Existenz zu verneinen. Das war kein Scherz und keine Laune eines alten Mannes, sondern eine schon unter Stalin geltende Regel des Verhaltens der Nomenklatura zur Wahrheit. Während die Existenz und die Tätigkeit der Auslandsaufklärung weltweit diskutiert wurden, hatte sie für die sowjetischen Menschen noch immer ein Geheimnis zu sein.

Meine Vorgesetzten machten sich fieberhaft daran, das Szenarium umzuarbeiten. Jetzt lautete die Legende, mit der ich vor das Publikum treten sollte, daß ich als flüchtiger Matrose in das geschickt geknüpfte Netz der CIA geraten, nun aber einsichtig und reumütig in die Heimat zurückgekehrt war. Diese Version war weder glaubwürdig noch überzeugend. Die Leute, die mir für die neue Legende Verhaltensmaßregeln gaben, fühlten das selbst. Ich merkte, wie unbehaglich ihnen zumute war. Doch ich brachte einfach nicht die Kraft auf, mich gegen die mir in diesem zweifelhaften Spektakel zugedachte Rolle zu wehren. Es wurde eine umfangreiche Erklärung ausgearbeitet, die ich zu Beginn der Pressekonferenz verlesen sollte. Auch Antworten auf mögliche hinterhältige Fragen von Korrespondenten wurden einstudiert. Dann beauftragte man das Außenministerium, die Presse zu informieren und den Saal für die Konferenz vorzubereiten. Offensichtlich waren keinerlei Überraschungen zu befürchten.

Doch wie so oft kam der Schlag von völlig unerwarteter

Seite. Wenige Tage vor der bereits angesetzten Pressekonferenz wachte ich nachts durch starke Schmerzen in der Lendengegend auf. Mir war speiübel. Dann stellten sich auch die anderen Symptome ein, die mir von früheren Koliken noch aus Deutschland bekannt waren. Ich hatte Nierensteine. Wer das kennt, wird mich verstehen. Ein bewährtes Hausmittel dagegen ist, sich in eine heiße Wanne zu legen, alle zwanzig bis dreißig Minuten starke harntreibende Mittel einzunehmen und ein Gemisch aus Mineralwasser und Milch zu trinken. Auch ein schmerzstillendes Mittel ist angebracht.

Ich weckte Tamara und erklärte ihr meine Situation. Die Wanne, Milch, Mineralwasser und ein schmerzstillendes Mittel fanden sich. Doch das Wichtigste – ein starkes harntreibendes Mittel – fehlte. Gena, der wach geworden war, rief einen Arzt an. Doch die Schmerzen wurden immer stärker. Um sie irgendwie zu betäuben, kippte ich in meiner Verzweiflung ein halbes Wasserglas voll Kognak, der noch von meinen Vorräten aus Berlin übrig war, hinunter und lief in Erwartung des Arztes im Zimmer auf und ab. Doch offensichtlich war der Anfall diesmal so stark, daß ich vor Schmerz für einen Moment das Bewußtsein verlor und stürzte. Ich hatte Glück, daß Gena da war. Er brachte mich schnell wieder zur Besinnung. Alles wäre gut gegangen, wenn ich mich beim Sturz nicht unglücklicherweise am Kopf gestoßen hätte. Die bald darauf eintreffenden Ärzte waren etwas verwundert, als sie mich sahen. Man hatte sie zu einem Kranken mit einer Nierenkolik gerufen, doch sie fanden einen Mann mit einem in voller Schönheit erblühenden Veilchen unter dem linken Auge vor.

Nachdem sich die Ärzte sachkundig gemacht hatten, widmeten sie sich zuerst meinen Nieren. Innerhalb von zwölf Stunden waren die Steine abgegangen. Dafür wuchs aber das Veilchen trotz aller ärztlicher Kunst zusehends und entfaltete sich in allen Farben. Am nächsten Morgen wurde mir bewußt, daß ich mich so nicht auf einer Pressekonferenz präsentieren konnte.

Vielleicht hatte das Schicksal es gut mit mir gemeint und einen Aufschub gewährt?

Ich möchte darauf zurückkommen, daß in einigen westlichen Zeitungen behauptet wurde, der KGB hätte mich entführt und zwinge mich nun unter Folter, den Westen mit Schmutz zu bewerfen. Ja, mein blaues Auge hätte die Version von den „Untaten der Lubjanka" noch untermauern können.

Am Abend versammelte sich die aufgeregte Obrigkeit bei mir in der Wohnung. Es ging darum, was zu tun war. Die „auf höchster Ebene" abgestimmte und abgesegnete Maßnahme des KGB, von der sich ihre Initiatoren einen großen Erfolg versprachen, drohte zu platzen. Tamara bot den Gästen verschüchtert Kaffee an, während ich als Kranker frech griechischen Kognak trank. Ich unternahm sogar den Versuch, ihn auch den anderen anzubieten, doch sie lehnten ausnahmslos ab. Natürlich hätten sie gern etwas getrunken, doch die Furcht voreinander war stärker. Die berüchtigte Antialkoholkampagne kam damals gerade so richtig in Gang. So mancher Funktionär hatte schon wegen seines Hangs zum Alkohol das Parteibuch und damit auch seinen Posten verloren.

Erst durch das Eintreffen des „Alten", der etwas später kam, wurde die Situation entspannt. Erstens trank er mutig mit mir einen Kognak und zweitens ordnete er an, daß unverzüglich ein Videorecorder und eine größere Anzahl Videofilme in meine Wohnung zu bringen waren. Danach erörterten die verantwortlichen Leiter in etwas entspannter Atmosphäre die Lage und kamen zu dem Schluß, die Pressekonferenz um zwei Wochen zu verschieben und mich einer Intensivbehandlung zu unterziehen, bis das Veilchen unter dem Auge völlig verschwunden war.

„Bis dahin strenge Bettruhe", verordnete mir der „Alte". „Nur liegen und Filme ansehen. Und keine abrupten Bewegungen!"

„Machen Sie sich keine Sorgen", sagte ich beschwichtigend. „Ein Rückfall ist nicht zu befürchten."

Nachdem mich die Ärzte am 26. April ein zweites Mal untersucht und für absolut gesund befunden hatten, wurde ich erneut in die Vorbereitung der Pressekonferenz einbezogen. Wir fuhren zum Subow-Platz, wo sich das Pressezentrum des Außenministeriums befindet.

Der imposante Saal mit den Kabinen für die Simultanübersetzer, den installierten Fernsehkameras, den amphitheatralisch angeordneten Sitzreihen und der großen Bühne machte mich mutlos. Ich spürte ganz deutlich, wie unwohl ich mich auf dieser Bühne im Blickfeld der vielen Leute fühlen würde. Noch weniger gefiel mir der stellvertretende Chef des Pressezentrums, Juri Gremitskych. Er hatte für den „flüchtigen Seemann" zur Begrüßung lediglich ein Kopfnikken übrig und sprach mit mir von oben herab. Er machte auf mich einen snobistischen und hochmütigen Eindruck. Ich dachte besorgt daran, daß man diesem Mann die Leitung meines inszenierten Auftritts anvertraut hatte und von seiner Klugheit, seinem Können und seinem Fingerspitzengefühl der Erfolg der geplanten Aktion abhängen werde. Auf der Bühne sollten wir zu zweit agieren – er als Leiter der Pressekonferenz und ich als einziger Gesprächspartner. Doch bereits an diesem Tag wußte ich, daß wir kein eingespieltes Team sein würden.

Am 28. April war der Saal des Pressezentrums des Außenministeriums überfüllt. Die Journalisten verstopften sogar die Türen und standen in den Durchgängen. Alle erwarteten eine Sensation. Übrigens waren wir auf der Bühne dann doch zu dritt, weil man noch einen Völkerrechtler hinzugezogen hatte, der nachweisen sollte, daß die Existenz von „Radio Liberty" völkerrechtswidrig sei.

„Heute wird der sowjetische Bürger Tumanow zu uns sprechen, der lange im Westen gelebt hat. Während er im Ausland war, haben ihn die Geheimdienste der USA zu antisowjetischer Tätigkeit verleitet. Tumanow arbeitete seit 1966 bei ‚Radio Liberty' – einem der Hauptzentren der politisch-ideologischen Diversion des Westens. In den vergangenen Jahren hatte Tumanow dort eine leitende Position als Chefredakteur der russischen Redaktion inne, war aufgrund seiner Tätigkeit gut informiert und hatte Zugang zu geheimen Informationen. Im Verlaufe seiner Arbeit erkannte er den subversiven Charakter dieser Institution und ihrer gegen das Sowjetvolk gerichteten feindseligen Tätigkeit. Nachdem er seinen Fehler eingesehen hatte, kehrte er in die Heimat zurück."

Derartiger Unsinn wurde im zweiten Jahr der Perestroika geredet, als Michail Gorbatschow bereits überall die Aufrichtigkeit und Offenheit der neuen sowjetischen Politik beteuerte! Noch primitiver und stümperhafter hätte die Rede nicht sein können. Ich saß daneben und fühlte mich unwohl. Warum zum Teufel mußte man mich zum Hofnarren machen? Was sollten die Phrasen von der „Verleitung durch die Geheimdienste der USA" und der „Einsicht in meine Fehler"? Ich war Kundschafter und hatte in geheimer Mission gehandelt. Ich brauchte mich für nichts zu schämen. Ich hatte niemals getötet, Dokumente entwendet oder Diversionsakte begangen. Ich hatte Moskau, soweit es in meinen Kräften lag, über die gegen mein Land vorbereiteten feindlichen Aktionen in Kenntnis gesetzt. Das hätte ich hier offen und ehrlich bekennen können. Warum also diese ganze Geheimnistuerei? Was sollten diese dummen, noch aus der Stalinzeit stammenden Formulierungen? Warum dieses Lügengeschwätz?

Nach der Vorstellung durch Gremitskych verlas ich den Text einer offiziellen Erklärung, die zuvor ausgearbeitet worden war. Mit der Abfassung dieses Dokuments hatte ich nichts zu tun. Ich zitiere es hier leicht gekürzt lediglich als typisches Beispiel für die „schöpferische Tätigkeit" des KGB:

„Liebe Genossen, werte Damen und Herren!

Zu Beginn bin ich Ihnen offensichtlich eine Erklärung schuldig, warum ich heute hier, im Pressezentrum des Außenministeriums, und nicht in meinem Arbeitszimmer im Hauptquartier von ‚Radio Liberty' und ‚Radio Free Europe' in der Oettingenstraße 67 in München bin.

Während der Pressekonferenz in Moskau, 28. April 1986.

Dazu muß ich weit ausholen.

Ende November 1965 verschwand der Matrose Oleg Tumanow, der 1944 in Moskau geboren wurde, von einem sowjetischen Kriegsschiff im Mittelmeer. Gewisse Zeit hielt man dies für einen Unglücksfall, doch es handelte sich um Flucht.

Um mich kümmerten sich sehr schnell die britischen und amerikanischen Geheimdienste. Schon Anfang Dezember 1965 brachte mich ein amerikanisches Militärflugzeug in die BRD, nach Frankfurt am Main. Ich kam in das bekannte ,Camp King' – das Auffanglager für die Bearbeitung und Überprüfung von Flüchtlingen und Umsiedlern aus den Ländern Osteuropas und der Sowjetunion. Für das Lager ,Camp King' sind die militärische Aufklärung und die CIA der USA zuständig.

Da ich weiß, daß Sie wissen wollen, was mich zur Flucht

und zum Verrat bewegt hat, will ich deshalb gleich darauf eingehen.

Diese Frage ist nicht leicht zu beantworten. Sie wurde mir bereits Dutzende Male gestellt. Ich kann nur sagen, daß ich damals um die zwanzig war, mein Schicksal in die eigenen Hände nehmen wollte und auch ein gewisser Egoismus sowie Unbekümmertheit betreffs der Folgen eine Rolle spielten. Der Dienst auf dem Schiff war nicht belastend und neigte sich dem Ende zu, in Moskau erwarteten mich Mutter und Vater ... Ich möchte noch einmal wiederholen: Es fällt mir wirklich sehr schwer, die Frage nach dem Grund meiner Flucht zu beantworten. Wie bereits gesagt, hoffte ich, mein Schicksal selbst bestimmen zu können. Leider kam es anders. Ich fiel in die Hände des amerikanischen Geheimdiensts.

Im Lager war der Oberst der CIA Alex Limbarski, alias Lane, Logan und Pawlo – unter diesen Namen ist er anderen bekannt –, für mich zuständig. Oberst Limbarski ist zwar heute im Ruhestand, doch er befaßt sich immer noch mit seiner gewohnten Arbeit und sammelt Informationen über die UdSSR und die Länder Osteuropas.

Im ‚Camp King‘ verbrachte ich insgesamt sechs Monate und durchlief alle möglichen Überprüfungen, wobei aus einigen Fragen hervorging, daß auch die amerikanische Botschaft in Moskau an der Überprüfung beteiligt war. Außerdem wurde ich einem Test mit dem Lügendetektor unterzogen.

Im Februar oder März 1966 stellte mich Oberst Limbarski zwei Mitarbeitern von ‚Radio Liberty‘ aus der Sonderabteilung für die Ermittlung der Wirksamkeit der Sendungen auf die sowjetischen Zuhörer vor. Es handelte sich um George Perry, einen aus der UdSSR wegen Spionage ausgewiesenen Diplomaten, und Edward Neimanis, der ebenfalls CIA-Mitarbeiter war. Nach mehreren Gesprächen und Treffen wurde mir angeboten, bei ‚Radio Liberty‘ zu arbeiten.

Im Jahre 1966 bestand der Mitarbeiterstab des Senders hauptsächlich aus ehemaligen Kriegsverbrechern, Wlassow-

Leuten, Übersiedlern und sogar weißgardistischen Emigranten. Es war klar, daß man mit einer solchen Besetzung bald auch noch die letzten Zuhörer verlieren würde und man dringend ‚frisches Blut‘ brauchte. Ich wurde daher eingestellt, obwohl ich weder eine Spezialausbildung noch Erfahrungen in der Rundfunkarbeit hatte.

Nun möchte ich einiges zum Charakter von ‚Radio Liberty‘ sagen. Senator Fulbright bezeichnete die Sender ‚Radio Liberty‘ und ‚Radio Free Europe‘ als ‚Relikte des Kalten Krieges‘. Der Senator rechnete mit einer Verbesserung des internationalen Klimas und hoffte, daß diese Relikte von selbst verschwinden würden.

Doch inzwischen sind gut zehn Jahre vergangen und beide Sender sind geblieben, was sie waren – Bastionen des Kalten Krieges.

‚Radio Liberty‘ und ‚Radio Free Europe‘ sind Zweigstellen der amerikanischen Geheimdienste und ein geeigneter Deckmantel für geheime Operationen gegen die UdSSR und die anderen sozialistischen Länder. Der kleinere, sichtbare Teil des Eisbergs ist die sogenannte Propagandatätigkeit, die darauf gerichtet ist, den sowjetischen Menschen westliches ideologisches Gedankengut einzuimpfen. Der unsichtbare Teil der Tätigkeit, welcher der breiten Öffentlichkeit verborgen ist und die eigentliche Aufgabe der beiden Sender und ihrer einzelnen Dienste darstellt, hat reinen Spionagecharakter. Das ist der Regierung der BRD übrigens bekannt. Die sozialdemokratische Regierung hat seinerzeit die Amerikaner aufgefordert, die Sender vom Territorium Westdeutschlands zu entfernen. Doch wie man sieht, ist das nicht erfolgt. Ein möglicher Grund dafür ist die bestehende Zusammenarbeit zwischen CIA und dem westdeutschen Geheimdienst.

Während meiner zwanzigjährigen Tätigkeit bei ‚Radio Liberty‘ erhielt ich Einsicht in viele Dokumente, habe an Beratungen der leitenden Mitarbeiter teilgenommen und mit Vertretern der Geheimdienste der USA gesprochen. Deshalb kann ich mit Bestimmtheit sagen, daß dem Leitungsgremium der Sender immer Mitarbeiter der CIA oder der militärischen Aufklärung angehören.

Über die CIA erhält ‚Radio Liberty‘ auch Unterstützung durch die amerikanische Botschaft in Moskau. Diese informiert den Sender über die Qualität der Programme für die Sowjetunion, deren Wirksamkeit und Empfangsbedingungen. Alle Informationen werden über das Generalkonsulat der USA in München, wo es eine Sonderabteilung für Verbindungen zu ‚Radio Liberty‘ gibt, an den Sender weitergeleitet.

Ich habe damit die Rolle des Rundfunksenders im System der Geheimdienste wohl ziemlich deutlich aufgezeigt. Man kann sich denken, daß diese Tätigkeit umfangreiche finanzielle Mittel verlangt. Was die Aufstockung seines Budgets betrifft, so rangiert der Sender nach dem Pentagon und der CIA mit an vorderster Stelle, obwohl die Reagan-Administration in letzter Zeit versucht, die Ausgaben für die staatlichen Bediensteten in gewissem Maße zu reduzieren. Den amerikanischen Steuerzahler wird es bestimmt interessieren, welche Gehälter bei ‚Radio Liberty‘ gezahlt werden. Die leitenden Mitarbeiter erhalten das Gehalt von Kongreßabgeordneten. Dazu kommen noch verschiedene Vergünstigungen wie kostenlose Wohnung und ein Dienstwagen. Sie sind materiell weitaus besser abgesichert als die Mitarbeiter des Senders ‚Voice of America‘, obwohl dieser eine föderale Einrichtung ist.

Ich habe mehr als zwanzig Jahre im Westen verbracht und dabei auch Perioden der Entspannung erlebt. Doch die Rolle und die Aufgaben von ‚Radio Liberty‘ haben sich nie verändert. Unabhängig von der internationalen Wetterlage blieb ‚Radio Liberty‘ immer das Sprachrohr jener militanten Gruppierungen von Politikern, auf die das Wort ‚Entspannung‘ wie ein Wespenstich wirkte.

Der Sender war schon immer auf Feindschaft gegenüber der Sowjetunion ausgerichtet, doch gegenwärtig ist dieser Kurs besonders ausgeprägt. Er liegt genau auf der politischen

Linie, die die Regierung der USA gegenüber der UdSSR eingeschlagen hat. Diese Politik zielt darauf ab, die Beziehungen
zwischen den beiden Staaten zu verschärfen, alle Friedensin-
itiativen der sowjetischen Führung zu ignorieren und die internationale Spannung zu schüren.

,Radio Liberty' hebt gern seine aktuelle Berichterstattung
hervor und prahlt damit, daß der Sender manche Information
schon zehn Minuten früher als ,Voice of America' und sogar
zwanzig Minuten vor der ,Deutschen Welle' gebracht hat.
Wie kommt dieser operative Arbeitsstil zustande? Hierzu ein
Beispiel.

In meinem Panzerschrank lag ein vorbereiteter Nachruf
auf Reagan, der nach jedem nennenswerten Ereignis in seinem Leben aktualisiert wurde. Zu gegebener Zeit wird dann
ein solcher Nachruf auf Weisung gesendet. Nachrufe dieser
Art liegen für verschiedene Politiker vor. Mitunter kommt es
zu Pannen. Seinerzeit wurde ein Nachruf für Carter verviel-
fältigt und an alle nationalen Redaktionen versandt. In einer
Redaktion übersah man das Wort ,gesperrt' und ließ Präsident Carter vorzeitig sterben. Gegenwärtig wird derartiges
Material nicht mehr verschickt, sondern zentral verwahrt.

Abschließend noch einige Worte über mich. Mein Weg
zurück in die Heimat war nicht leicht. Ich wünsche keinem,
einen solchen zwanzig Jahre währenden Weg zurücklegen zu
müssen. Nun bin ich wieder zu Hause. Das Einfachste wäre
wohl zu sagen, daß alles, was ich erlebte, nur ein Alptraum
gewesen ist. Doch das war kein Traum, sondern bittere Realität. Wahrscheinlich ist es nicht jedem gegeben, diese Realität
objektiv zu bewerten. Ich habe es geschafft, deshalb war der
Weg in die Heimat für mich eine logische Folge."

... Nachdem ich diesen ungereimten Text verlesen hatte, der
bei vielen Zuhörern auf Unverständnis stieß und einige sogar
zum Lachen reizte, lehnte ich mich erleichtert in den Sessel
zurück und gönnte mir einen Schluck Mineralwasser. Irgendwie hatte ich das Gefühl, daß die Journalisten, nachdem sie

gemerkt hatten, daß man ihnen einen Bären aufbinden wollte, nun auseinandergehen würden und alles vorbei sei. Doch dem war nicht so. Immerhin befanden wir uns im Anfangsstadium von Glasnost, als aktuelle wahrheitsgemäße Informationen aus Moskau noch selten waren. Doch während sich unsere sowjetischen Korrespondenten, abgesehen von wenigen Ausnahmen, nicht wagten, wider den Stachel zu löcken, fühlten sich die Ausländer bereits völlig ungebunden. Und diese Ausländer, die merkten, daß man sie wieder einmal verschaukelt hatte, fielen wütend über mich her.

In meiner Naivität bildete ich mir ein, daß wir alle Antworten auf mögliche heikle Fragen abgesprochen hatten und mich nichts aus der Fassung bringen konnte. Aber es kam anders. Die verärgerten Korrespondenten wollten der Sache auf den Grund gehen und bombardierten mich von allen Seiten mit Fragen. Der Leiter der Pressekonferenz, J. Gremitskych, verlor eindeutig die Übersicht und überließ alles dem Selbstlauf. Sollte doch der „geflüchtete Matrose" selbst diese Suppe auslöffeln.

Für die „Times" war dies ein gefundener Anlaß, in ihrer nächsten Ausgabe schonungslos zu schreiben: „Die Ausführungen des in die Enge getriebenen und in seinen Bart murmelnden Tumanow riefen bei den mehr als hundert Reportern, die zu der gut inszenierten Propagandashow geladen worden waren, nur Unverständnis und Spott hervor."

Die Berichte einiger anderer westlicher Korrespondenten waren im Ton noch sarkastischer. Die meisten sowjetischen Zeitungen, die damals noch vom ZK der KPdSU kontrolliert wurden, veröffentlichten über diese Pressekonferenz nur die offizielle TASS-Erklärung und nicht die Berichte ihrer eigenen Korrespondenten, was ebenfalls zum Ausdruck brachte, daß die Pressekonferenz ein Mißerfolg war.

Drei Stunden lang mußte ich mich den bohrenden Fragen der Journalisten stellen.

„In der Rundfunkstation tauchen regelmäßig eindeutig antisemitische Flugblätter auf. Sind diese ebenfalls auf Ihren

‚geheimen Krieg' zurückzuführen?" wollte ein gut informierter Journalist wissen. „Sie sind doch bei ‚Radio Liberty' als überzeugter Antisemit bekannt?"

„Wenn Sie über die Lage bei ‚Radio Liberty' so gut informiert sind", versuchte ich zu kontern, „dann können Sie ja selbst sagen, wer diese Flugblätter in Umlauf bringt. Was mich betrifft, so war ich nie Antisemit. Meine Freunde beim Sender gehören verschiedenen Nationalitäten an, meine ehemalige Frau ist Jüdin. Und wenn einige Mitarbeiter von ‚Radio Liberty' mit meiner Redakteurstätigkeit nicht einverstanden waren, dann sollten sie die Schuld erst einmal bei sich selbst suchen. Wenn ein Programm schlecht ist, dann ist es eben schlecht, egal ob es ein Jude, ein Russe oder ein Armenier gemacht hat. Ich muß allerdings einräumen, daß prozentual betrachtet der Anteil schlechter Programme, die von Juden gestaltet wurden, stets überwog. Das läßt sich leicht daraus erklären, daß in der russischen Redaktion die Juden in der absoluten Mehrheit waren."

„Seit Ihrem Verschwinden aus dem Sender sind fast zwei Monate vergangen. Wo waren Sie in der Zwischenzeit? Sind Sie auf dem Territorium der UdSSR mit ähnlichen Methoden bearbeitet worden, die nach Angaben der sowjetischen Behörden die Amerikaner bei Jurtschenko angewandt haben?"

... Vitali Jurtschenko, Oberst des KGB, saß vor einem halben Jahr auf dem gleichen Platz wie ich. Er war ebenfalls „Held" einer großaufgemachten Pressekonferenz. Jurtschenko arbeitete zuerst bei der Verwaltung Auslandsabwehr und wechselte dann in die Amerika-Abteilung der Ersten Hauptverwaltung über. Im Sommer 1985 befand er sich auf einer Dienstreise in Rom und verschwand dort spurlos. Erst einen Monat später konnte der KGB in Erfahrung bringen, daß der Oberst unbehelligt in einer Villa der CIA bei Washington lebte und den Amerikanern einen unserer Agenten nach dem anderen präsentierte. Die Verwaltung Auslandsabwehr war übrigens auch für die operative Leitung meines

Einsatzes zuständig, doch zu meinem Glück wurde dort die innere Konspiration eingehalten. Daher wußte Jurtschenko nichts von meinem Einsatz. Wie es sich später herausstellte, hat er den Amerikanern mehrere sehr wertvolle Quellen, die für den KGB arbeiteten, „verkauft". Doch drei Monate später faßte er plötzlich den unerklärlichen Schluß, nach Moskau zurückzukehren. Er täuschte seine Bewacher von der CIA und stellte sich in der sowjetischen Botschaft, obwohl er wußte, daß ihm das Schlimmste (Gefängnis oder sogar Todesstrafe) drohte. Aber die höchste Führung in Moskau traf nach gründlicher Auswertung aller Umstände des Verschwindens und der Rückkehr des Oberst eine für ihn und die ganze Welt unerwartete und wahrhaft „salomonische" Entscheidung, nämlich ihn als „Opfer" hinzustellen. Es wurde öffentlich erklärt, daß Jurtschenko von den amerikanischen Geheimdiensten in Rom entführt und gewaltsam nach Amerika gebracht wurde, wo sie mit Hilfe von Psychopharmaka versucht hätten, den Tschekisten zum Verrat zu bewegen und ihm geheime Informationen zu entlocken. Auf der gleichen Bühne hier im Pressezentrum des Außenministeriums hatte dann der Oberst den Journalisten seine Märchen aufgetischt. Das war auch der Grund für die Anspielung auf Bearbeitungsmethoden.

„Von welchen Methoden sprechen Sie?" fragte ich. „Da müssen Sie nicht hier, nicht in Moskau, sondern bei der CIA nachfragen. Ich kann Ihnen auch eine andere Adresse nennen: München, die Bankfiliale von American Express. Über der Bank, eine Etage höher, befindet sich ein interessantes Büro. Forschen Sie einmal nach, was dort geschieht."

... Von diesem „interessanten" Büro wußte ich, weil meine ehemalige Frau Jetta, als sie vom Russischen Institut der US-Army in Garmisch zu einer Lehrtätigkeit an der Schule der amerikanischen militärischen Aufklärung in München überwechselte, sich dort einem Test mit dem Lügendetektor unterziehen mußte.

„Wie hoch war Ihr Gehalt beim Rundfunksender und wieviel hat Ihnen der KGB gezahlt?"

„Zuletzt erhielt ich 15 000 Mark monatlich. Da ich nie mit dem KGB in Verbindung stand, habe ich von dieser Institution auch kein Geld erhalten."

... Meine Antwort rief Heiterkeit im Saal hervor. Die westlichen Korrespondenten konnten nicht glauben, daß jemand freiwillig ein Monatsgehalt von 15 000 Mark aufgibt und in die UdSSR zurückkehrt, wo er zudem noch wegen Fahnenflucht in Abwesenheit zum Tode verurteilt worden war. Was die Gelder von der Lubjanka betrifft, so war dies nahezu die Wahrheit. Man hatte lediglich manchmal geringe Beträge für die Deckung der Reisekosten gezahlt, wenn sie mit dienstlichen Treffs zusammenhingen. Und in den letzten Jahren war einiges für meine Mutter in Form von finanziellen Beihilfen abgefallen. Das war alles.

„Warum haben Sie sich trotzdem zur Rückkehr entschlossen? Offensichtlich ist es Ihnen im Westen doch nicht schlecht gegangen."

... Ja, warum wohl? Ich konnte ihnen doch nichts von dem Verräter in der Auslandsabwehr sagen, der, wie man in der Ersten Hauptverwaltung mit begründeter Besorgnis vermutete, mich an die Amerikaner „verpfiffen hatte". Ich mußte mich schon an die in meiner Erklärung bereits angeführte Version von der Reue halten.

„Das Leben verstreicht", erklärte ich monoton den Korrespondenten. „Ich möchte es gern im Kreis der mir Nahestehenden und unter meinen Landsleuten beenden. Die russischen Menschen sind keine Zigeuner. Wir haben ein ausgeprägtes Heimatgefühl."

„1981 kam es in dem Sender zu einer Explosion. Die Untersuchungen ergaben, daß ein sozialistisches Land dabei die Hand im Spiel hatte. Hatten Sie etwas damit zu tun?"

„Wenn ich mich an diesem Tag auch nur etwas länger als nötig an meinem Arbeitsplatz aufgehalten hätte, könnte ich heute nicht zu Ihnen sprechen. Nach der Explosion war von meinem Arbeitszimmer, wie übrigens auch von vielen anderen, praktisch nichts übriggeblieben. Es konnte nicht ermittelt werden, wer an der Explosion schuld war. Ich weiß nicht, wer diesen Terrorakt verübt hat. Dafür weiß ich sehr wohl, für wen diese Sache von höchstem Nutzen war. Beide Rundfunksender erhielten vom Kongreß der USA ‚für die Instandsetzung‘ weitere zehn Millionen Dollar und erreichten eine gewisse Aufstockung ihres Budgets. Das steht jedenfalls fest.“

... Dann stellte einer der Journalisten aus einem sozialistischen Land die von den Organisatoren der Pressekonferenz eindeutig lancierte Frage:

„Was können Sie zum internationalen Status von ‚Radio Liberty‘ sagen?“

Wie im Szenarium vorgesehen war, nahm nun der Völkerrechtler das Wort. Zum Entsetzen aller Anwesenden entnahm er einer Mappe einen Stoß maschinengeschriebener Seiten und begann, sie zu verlesen. Er zählte langatmig die ganze Palette unserer Anschuldigungen gegenüber den USA, der CIA und „Radio Liberty“ auf und versuchte in verklausulierter juristischer Sprache, den verbrecherischen Charakter der Tätigkeit des Rundfunksenders nachzuweisen. Dabei bezog er sich auf weithergeholte Rechtsnormen und Präzedenzfälle. Nach etwa zehn Minuten wurde es im Saal unruhig, dann wurde gepfiffen. Die Journalisten waren es nicht gewöhnt, daß man ihnen auf Pressekonferenzen Vorträge hielt und noch dazu derart langweilige.

Erst jetzt kam J. Gremitskych auf den Gedanken, die Sache zum Ende zu bringen. Das hätte schon längst passieren müssen, denn wir hatten fast drei Stunden lang leeres Stroh gedroschen. Es spricht für sich, daß vor Beginn der Presskonferenz Vertreter mehrerer ausländischer Fernsehgesellschaften sich die Möglichkeit eines Exklusivinterviews mit mir gesichert hatten, doch nun bekundete niemand mehr Interesse. Ein Überläufer, dessen Aussagen vom KGB manipuliert worden waren, wurde nicht ernst genommen. Das hatte zur Folge, daß selbst meine durchweg glaubwürdigen und wahrheitsgemäßen Informationen über „Radio Liberty“ weder in den Zeitungen noch im Fernsehen gebracht wurden.

Die ausländischen Korrespondenten zogen es vielmehr vor, neue Einzelheiten über mein Verschwinden aus München mitzuteilen und weitere Vermutungen anzustellen. Die „Washington Times" schrieb beispielsweise: „Niemand bei ‚Radio Liberty' glaubt, daß Tumanow freiwillig zurückgekehrt ist. Er wurde wahrscheinlich von sowjetischen Agenten entführt und unter Androhung der Vollstreckung der Todesstrafe gezwungen, auf der Pressekonferenz zu sprechen." Die „New York Post" behauptete unter Bezug auf geheimdienstliche Informationen, daß man mich geradewegs aus der Haft zur Pressekonferenz gebracht hätte, „doch vorläufig noch kein Grund zu der Befürchtung besteht, daß Tumanow erschossen wird". Die Emigrantenzeitung „Russkaja Mysl" zerriß die Pressekonferenz in Moskau nach allen Regeln der Kunst und konstatierte: „Es ist keineswegs ausgeschlossen, daß Tumanow, nachdem er mehrere Interviews gegeben und einige entlarvende Artikel geschrieben hat, nun den Weg in die Lager gehen wird, den vor ihm schon viele ‚Rückkehrer' beschritten haben."

Übrigens wurde von einigen sowjetischen Zeitungen auf Weisung des ZK sehr bald gemeldet, daß „in Anbetracht der aufrichtigen Reue Tumanows und der Wichtigkeit der von ihm übergebenen Informationen vom Präsidium des Obersten Sowjets der UdSSR geprüft wird, die strafrechtliche Verfolgung einzustellen und ihn zu begnadigen". Bisher galt ich immer noch als ein zum Tode verurteilter Verräter. Jeder Milizionär hätte mich „wegen Fluchtversuchs" auf der Straße erschießen können. Das war bedrückend, denn so hatte ich mir mein neues Leben in der Heimat nicht vorgestellt.

... Noch am gleichen Abend fanden sich die verantwortlichen Leiter aus der Lubjanka in meiner Wohnung ein, um gemeinsam mit mir den Fernsehbericht über die Pressekonferenz zu sehen und weitere Pläne zu besprechen. Die Fernsehsendung dauerte nur etwa 15 Minuten, doch selbst das war noch zu viel. Denn über die Katastrophe, die sich in diesen Tagen im Kernkraftwerk Tschernobyl ereignet hatte, wurden von unserem Fernsehen nur wenige nichtssagende Worte geäußert.

Meine Vorgesetzten verfielen inzwischen auf den glorreichen Gedanken, mich erneut im Fernsehen zu präsentieren. Alles, was bei der Pressekonferenz schiefgelaufen war, wurde der „imperialistischen Presse" angelastet. Nach ihrer Meinung war sie schuld daran, daß nicht alles nach Plan verlaufen war. Deshalb wurde sogleich beschlossen, im Studio ein weiteres Gespräch mit mir zu organisieren, an dem diesmal aber nur sowjetische Korrespondenten teilnehmen sollten, die nur „gute" Fragen stellen und „keine böse Absichten verfolgen". Mit der Vorbereitung der nächsten „Show" wurde die Fünfte Verwaltung des KGB beauftragt, die für die ideologische Arbeit und die Bekämpfung von Dissidenten verantwortlich war. Als Sendetermin wurde Ende Mai – Anfang Juni geplant.

Von nun an konnte ich mich endlich in Moskau frei bewegen (allerdings immer mit Personenschutz). Jetzt durfte ich auch telefonieren, was mir bisher untersagt war.

Der weitere Verlauf ist schnell geschildert, da gab es nichts Besonderes mehr.

Zwei Tage darauf konnte ich mich mit meinem Bruder, dessen Frau und meinem Neffen treffen. Dann sah ich Schulkameraden und Freunde aus der Jugendzeit wieder. Ich fühlte mich nicht besonders wohl in ihrer Mitte, denn sie blickten mich mitunter von der Seite an und sahen in mir trotz aller Reue nach wie vor den Verräter. Die Bürde eines Fahnenflüchtigen und eines Verräters mußte ich noch lange tragen. Wer liebt schon einen Verräter? Ich war vom Schiff geflüchtet, hatte den Fahneneid gebrochen und mir im Westen ein gutes Leben gemacht – dieser Meinung waren viele. Und ich durfte ihnen nicht die Wahrheit sagen.

Mein Leben war nicht beneidenswert.

Doch es gab auch Angenehmes. Bald danach wurde ich Bürger der Sowjetunion mit allen Rechten und Pflichten und erhielt von der Miliz einen nagelneuen Ausweis, in dem Moskau als ständiger Wohnort eingetragen war. Meinen deutschen blauen Paß eines politischen Emigranten übergab ich an das Archiv des KGB. Einige Zeit später erhielt ich eine eigene Wohnung. Von den drei mir zur Auswahl angebotenen entschied ich mich für eine bescheidene Zweizimmerwohnung, die den Vorteil hatte, daß sie im Zentrum, in der Nähe des berühmten Zentralmarkts, liegt. Nun mußte ich Möbel, Kücheninventar und alles übrige besorgen, was für ein seßhaftes Leben gebraucht wird. Ich war mir bewußt, daß es mit Abenteuern und Reisen nun vorbei war.

Mit dem Geld, das ich aus Deutschland mitgebracht hatte, konnte ich in der ersten Zeit meinen Unterhalt durchaus bestreiten. Bei den ermüdenden Einkäufen in den Geschäften und der Suche nach dem Notwendigen halfen mir Verwandte, Freunde und der mich ständig begleitende Personenschutz. Besonders viel habe ich mir allerdings nicht angeschafft, denn ich hatte dieses Herumlaufen schnell satt. Außer einer ansehnlichen Bibliothek, die ich mir hier in Moskau zugelegt habe, gibt es in meiner Wohnung keinen Prunk.

Am 3. Juni 1986 wurde im ersten Kanal des Zentralen Sowjetischen Fernsehens die Aufzeichnung meines neuen Interviews gesendet. Diesmal waren nur zuverlässige sowjetische Journalisten zugegen. Obwohl keine unbequemen Gesprächspartner geladen waren, blieb uns auch diesmal die Blamage nicht erspart. Fast anderthalb Stunden lang unternahmen sechs langweilige Gesprächsteilnehmer den krampfhaften Versuch, nachzuweisen, daß der Sender „Radio Liberty" nichts weiter als ein Nest von Spionen und Schurken sei. Anderhalb Stunden lang reines Geschwätz! Es war zum Einschlafen. Dabei war die Aufzeichnung eigentlich doppelt so lang. Doch gegen Ende war ich so entnervt und gestreßt, daß meine Stimme versagte. „Nehmen wir den Schluß morgen auf", sagte ich und verließ das Studio. Doch am nächsten Tag konnten die Journalisten natürlich nicht wieder zusammengeholt werden. Außerdem war das Studio für andere

Aufnahmen besetzt. Deshalb wurde die Sendung aus dem bereits vorliegenden Material zusammengeschnitten.

Ich weiß noch, daß ich zu meinem Bruder gefahren bin, um mir dort meinen Fernsehauftritt anzusehen. Doch mitten in der Sendung schlief dieser fest ein. Nachdem er wieder aufgewacht war, schätzte er die Sendung kurz und treffend ein:

„Was für ein Unsinn. Wen interessiert denn überhaupt dein Sender und diese Sendung? Das ist alles nur Geschwätz."

Später konnte ich mich davon überzeugen, daß kaum jemand meiner Bekannten in Moskau und in der Provinz diese primitive Sendung bis zum Schluß gesehen hatte. Es gab einfach andere Sorgen.

Dafür waren die Funktionäre im ZK und im KGB voll und ganz zufrieden: Da haben wir es diesen ewig Gestrigen aber wieder einmal gegeben! Die Obrigkeit lebte nun einmal im permanenten Kampf mit dem ideologischen Gegner.

Auch meine ehemaligen Kollegen von „Radio Liberty" reagierten sarkastisch auf die Sendung. Wladimir Matussewitsch stellte in seiner wöchentlichen Auswertung der Programme des sowjetischen Fernsehens völlig zurecht fest, daß diese zweite Pressekonferenz mit mir sehr stümperhaft gemacht und für die Zuschauer einfach unzumutbar war. „Ist es eigentlich der Mühe wert, durch solche ‚Enthüllungen' Tumanows sowie leistungsstarke Störsender das Interesse der sowjetischen Menschen für ‚Radio Liberty' noch besonders zu erwecken? Die sowjetischen Menschen sind doch keine kleinen Kinder oder Dummköpfe. Sollen sie doch selbst entscheiden, welche Sendungen sie interessieren." Mit diesen Worten beendete er seinen Kommentar. Damit brachte er genau das zum Ausdruck, was bereits mein politverdrossener Bruder gesagt hatte.

Von nun an vermied ich die Teilnahme an solchen Propaganda-Shows. Als Experte für „Radio Liberty" wurde ich noch des öfteren zu verschiedenen kleinen und großen Veranstaltungen eingeladen, die der Bekämpfung der „feindlichen Propaganda" gewidmet waren. Ich zog es vor, bei derartigen Anlässen zu schweigen. Das Problem löste sich dann ganz von selbst, als „Radio Liberty" sowie auch einige andere westliche Sender nicht mehr gestört wurden, ihre Korrespondenten in die UdSSR einreisen durften und in den denkwürdigen Tagen des August 1991 Michail Gorbatschow nach seiner Rückkehr aus Foros erklärte, daß er es vorgezogen hatte, sich während des Putschs und seines Hausarrests auf der Krim vorwiegend durch die aktuellen Sendungen von „Radio Liberty" informieren zu lassen.

Das muß man sich einmal überlegen! Dies erklärte ein Mann, der immer noch Generalsekretär des ZK der KPdSU war, der (wie auch seine Mitstreiter) „Radio Liberty" sein Leben lang mit der CIA und den erbittertsten Widersachern gleichgesetzt hatte. War ihm nun plötzlich ein Licht aufgegangen? Hatte er überraschend seine Irrtümer erkannt und Weisheit erlangt?

Ich bin nicht Gorbatschow. Zu einem solchen Sinneswandel bin ich nicht fähig. Für mich bleibt manches unwägbar, über vieles muß ich noch gründlich nachdenken.

Die Zeiten haben sich gründlich geändert. Heute werden Sendungen von „Radio Liberty", für deren Empfang noch bis vor kurzem Gefängnisstrafe drohte, abends vom Moskauer Rundfunk wiederholt. In Moskau gibt es eine offizielle Außenstelle von „Radio Liberty", und Korrespondenten des Senders sind in fast jeder großen Stadt der ehemaligen Sowjetunion akkreditiert.

Doch ich habe den Ereignissen vorgegriffen. Im Jahre 1987, nachdem ich dem KGB rückhaltlos über meine Tätigkeit im Ausland Rechenschaft abgelegt hatte, dachte ich ernsthaft daran, mir eine Arbeit zu suchen. Ich erhielt zwar die hohe Pension eines Oberst, doch war es für mich unbefriedigend, mit 43 Jahren einfach zu Hause zu sitzen und mich in Erinnerungen zu ergehen.

Wo sollte ich arbeiten? Im Prinzip kam für mich nur ein Arbeitsgebiet in Frage – die Redakteurstätigkeit. Da war die Auswahl nicht sehr groß. Ich wurde vom Fernsehen, von Radio Moskau International und von der Presseagentur „Nowosti" zu einem Gespräch gebeten. Beim Fernsehen sagte ich sofort ab. Das war nicht mein Metier, ich hätte noch einmal bei Null anfangen müssen. Am meisten sagte mir der Rundfunk zu. Doch nachdem ich mich dort näher umgesehen hatte, kamen mir erneut Bedenken, ob ich den Rest meines Lebens hier wirklich verbringen sollte.

Radio Moskau International erinnerte, was seine Funktionen anbelangt, sehr an „Radio Liberty". In München hatten wir für Zuhörer in der Sowjetunion gesendet. Moskau machte analoge Sendungen für Menschen in Dutzenden von Ländern, in den jeweiligen Landessprachen und unter Berücksichtigung der sozialen und psychologischen Besonderheiten. In München arbeiteten vorwiegend ehemalige Sowjetbürger. Bei Radio Moskau waren ebenfalls ziemlich viele Ausländer mit doppelter Staatsbürgerschaft beschäftigt, die aus den Ländern stammten, für die die Sendungen bestimmt waren. Doch was die Arbeitsorganisation betraf, so war „Radio Liberty" mit Moskau nicht zu vergleichen.

Eigentlich war das nicht verwunderlich. Für Radio Moskau International galten die gleichen Gesetzte wie für jede andere Institution. Wie überall entfielen dort auf jeden arbeitsamen Mitarbeiter drei Drückeberger und zwei Vorgesetzte. Bürokratie in Reinkultur. Die zu sendenden Nachrichten wurden sorgfältig nach ideologischen Gesichtspunkten ausgewählt. Von operativer Arbeit konnte keine Rede sein. Am meisten entsetzte mich, daß nicht jeder Mitarbeiter freien Zugang zu den aktuellen Informationen hatte. Über Fernschreiber gingen ständig die Meldungen der größten Nachrichtenagenturen ein. Doch die Geräte befanden sich in einem sorgsam abgeschirmten Raum, den nur ein bevollmächtigter Mitarbeiter betreten durfte. Diese Person sah die eingegangenen Informationen durch und legte sie dem verantwortlichen Redakteur vor, der entweder selbst die Entscheidung hinsichtlich der Übersetzung traf oder die Information an die übergeordneten Leiter weitergab. Man hatte den Eindruck, daß es sich um völlig geheime und nicht für eine Veröffentlichung bestimmte Informationen handelte.

Bei „Radio Liberty" galt in bezug auf Informationen nur eine Einschränkung: Wenn Zweifel an der Glaubwürdigkeit bestanden, dann mußte man sich davon überzeugen, daß diese Information zumindest über zwei voneinander unabhängige Kanäle kam. Das war alles! Fünf Minuten später wurde sie übersetzt und zu Beginn der nächsten Stunde gesendet. Eine aktuelle Sondermeldung ging sofort über den Sender.

Natürlich war das nicht immer so. Als ich 1966 bei „Radio Liberty" anfing, wurde nach dem soeben beschriebenen sowjetischen System verfahren. Die Nachrichtenredaktion arbeitete nur als Tagesschicht. Jeder Kommentar mußte vom Autor dem Redakteur und einem halben Dutzend anderer Vorgesetzter vorgelegt werden. Es gab eine sogenannte politische Abteilung, in der nur Amerikaner saßen und die Sendungen nach einem Fünfpunktesystem bewerteten. Doch die Jahre vergingen, und es siegte die Vernunft. Alles Überflüssige, was die Arbeit behinderte und störte, wurde über Bord geworfen. Es wurden neue Dienstanweisungen erlassen, welche die freie Entscheidung, Selbständigkeit und operatives Handeln stimulierten. Als nach dem denkwürdigen Skandal im Kongreß die Einflußnahme der CIA auf „Radio Liberty" beschnitten wurde, ging ein Teil der Kontrollfunktionen des amerikanischen Geheimdienstes an die Redakteure über. Damit erhöhte sich ihre Verantwortung wesentlich. In den letzten Jahren meiner Tätigkeit bei „Radio Liberty" hatte ich das Recht, jede nachrichtenrelevante Frage operativ zu entscheiden. Wenn ich nachts zu einer Sondersendung gerufen wurde, durfte ich das gesamte Programm umstellen. Am Morgen darauf wurden solche Entscheidungen natürlich analysiert und jeder Fehler bestraft. Doch zum

Glück ist mir nie ein Fehler unterlaufen. Ich war sehr darauf bedacht, keinen Anlaß zur Kritik zu liefern, so daß der offizielle Deckmantel für meine Kundschaftertätigkeit stets sauber blieb. Ich bin sogar stolz darauf, daß ich bei „Radio Liberty" eine ganze Reihe neuer Sendungen initiiert habe, als erster live auf Sendung ging und unter meiner Leitung in der Nachrichtenabteilung die aktuelle Berichterstattung eingeführt wurde.

Meine Nachrichtenabteilung bestand aus 12 Mitarbeitern, die in drei Schichten arbeiteten, d. h. ein 24-Stunden-Programm gestalteten. Dabei kam es natürlich auch vor, daß jemand krank wurde oder in Urlaub ging. Hier in Moskau erlebte ich nun einen wesentlich aufgeblähteren Personalbestand mit vielen sich eindeutig langweilenden Sekretärinnen, Boten und anderen Nichtstuern, die den ganzen Tag nur Tee tranken. Meiner Meinung nach hatten sie noch nie richtig gearbeitet, und das hatte auch nie jemand von ihnen verlangt.

Kurzum, es gefiel mir nicht in der Pjatnizki-Straße, in der Radio Moskau seinen Sitz hatte.

Doch wo sollte ich arbeiten? Die Zeit verging, ohne daß ich eine Anstellung fand. Da war mir erneut das Glück hold. Im zentralen Apparat des KGB wurde ein Pressezentrum eingerichtet, das die Bürger über die Tätigkeit der Staatssicherheitsorgane informieren sowie alle Druckerzeugnisse, Filme und Fernsehsendungen zum Theama Geheimdienste zensieren sollte. Das entsprach den Erfordernissen der Zeit.

Damals setzte nämlich in der UdSSR gerade die durchgehende Demokratisierung ein. Wie immer in solchen Fällen wurde viel Schmutz an die Oberfläche gespült, viel schmutzige Wäsche gewaschen und alles Gute und Schlechte in unserer Geschichte in einen Topf geworfen. Einige Leute sahen in allem nur das Negative, verunglimpften alles und bewarfen es mit Schmutz. Und diese Leute hatten verantwortungsvolle Posten in den Massenmedien inne. Neben seriösen Büchern und Publikationen hervorragender russischer Schriftsteller, Philosophen und politischer Emigranten (wie Solshenizyn, Sacharow, Sinowjew, Nekrassow, Maximow und Galitsch) erschienen auch viele durchweg spekulative, lügnerische und provokatorische Publikationen. Die Zeit war ohnehin schwer genug. Jedes unbedachte Wort konnte wie der Zünder einer Granate eine Explosion mit unvorhersehbaren Folgen bewirken. Deshalb wurde ich jetzt als Kenner der Emigrantenszene und Sachkundiger auf dem Gebiet der Emigrantenliteratur gebraucht, um über die Schriftsteller und Publizisten, deren Werke nun unser Land überfluteten, Auskunft zu geben.

Außerdem beauftragte mich das Pressezentrum, vor unterschiedlichem Publikum Vorträge zu halten. Ich fuhr zu solchen Veranstaltungen nach Sibirien, in den Hohen Norden und nach Mittelasien ... Wenn ich vor Tschekisten sprechen sollte, wurde ich wie folgt angekündigt: „Unser Gast ist Oleg Tumanow, Mitarbeiter des KGB der UdSSR." Wenn die Veranstaltung in einem Betrieb, einer Hochschule oder Institution stattfand, wurde ich als ehemaliger Redakteur von „Radio Liberty" angekündigt. In der Provinz fanden derartige Veranstaltungen regen Zuspruch. Interessanterweise wurden mir fast nie Fragen zu „Radio Liberty" selbst gestellt. Den einfachen Menschen war der „subversive Charakter" dieser und anderer westlicher Sender offensichtlich egal. Sie interessierten sich hauptsächlich für solche alltäglichen Dinge wie Einkommen und Preise im Westen ... Auch die Journalisten vor Ort interessierten sich für „Radio Liberty" nur in dem Sinne, daß sie sich nach der technischen Ausstattung des Senders und der Arbeitsorganisation erkundigten.

Bei all diesen Veranstaltungen war ich ehrlich bemüht, den Ruf der Staatssicherheitsorgane zu verteidigen und sie vor unberechtigter Kritik zu schützen. Doch das wurde von Mal zu Mal schwerer. Im Zuge von Offenheit und Glasnost wurde schließlich das dichte Lügengespinst von der sowjetischen Geschichte heruntergerissen. Und was zum Vorschein kam, war wirklich erschreckend. Man wußte bis dahin nichts vom Ausmaß der Repressionen und Erniedrigungen, denen

Millionen unseres Volkes in der Stalin-Zeit ausgesetzt waren. Ein kleines Häuflein Schurken im Kreml, das sich das Recht angemaßt hatte, in einem Sechstel der Erde uneingeschränkt zu herrschen, brachte zielgerichtet die besten Söhne und Töchter des russischen Volkes und der anderen Sowjetrepubliken um und schuf einen besonderen, nirgendwo anders anzutreffenden Menschentyp mit Namen „Homo sovieticus". Charaktermerkmale dieses Menschen waren ein äußerst begrenzter Horizont, Aggressivität, Arbeitsunvermögen, Alkoholismus, Denunziantentum, Schlamperei und andere negative Eigenschaften.

Und die Staatssicherheitsorgane hatten als Schwert und Schild der Revolution den Auftrag, erbarmungslos zu bestrafen, Furcht zu verbreiten, Denunziantentum zu fördern, die Gedankenfreiheit zu unterdrücken, Andersdenkende zu verfolgen, in die Verbannung zu schicken und zu foltern, Provokationen zu inszenieren und die Telefone abzuhören . . .

Natürlich war die Rolle des KGB unter Gorbatschow nicht mit der zu vergleichen, die das NKWD unter Stalin oder das MGB unter Chrustschow gespielt hatten. Die Demokratisierung war auch an der Lubjanka nicht vorübergegangen. Doch sehr tief hatte sich im Bewußtsein der Menschen das verruchte Bild der Henker Stalins eingeprägt, allzu lange hatten in der Gesellschaft Furcht und Haß geherrscht. Um den Gebäudekomplex am Dshershinskiplatz (an der Lubjanka) versammelten sich drohende Volksmassen. Die Protestaktion richtete sich jedoch nicht gegen die Auslandsaufklärung.

Dieser Prozeß wurde vom KGB-Chef Krjutschkow selbst noch beschleunigt, der im August 1991 an der Spitze des Staatsstreichs stand. Doch 90 Prozent der Generäle und Offiziere weigerten sich damals, seinen Befehlen zu folgen. Die Tschekisten wollten nicht erneut zu Mördern ihres eigenen Volkes werden. Nach ihrem Sieg über die Verschwörer beschränkten sich die Volksmassen in Moskau darauf, lediglich das Denkmal Dshershinskis vom Sockel zu stürzen.

Dem monumentalen Gebäude des KGB war nicht das

Oleg Tumanow vor dem Gedenkstein für die Opfer des stalinistischen Terrors auf dem Moskauer Lubjanka-Platz, Januar 1993.

Schicksal der Bastille beschieden. Ich habe von maßgebender Seite erfahren, daß viele damals einen Sturm durch das Volk befürchteten. Ein einflußreicher leitender Mitarbeiter des KGB erzählte mir, daß man am 23. August bereits den gesamten Objektschutz der Gebäude zurückgezogen hatte, weil man Blutvergießen und unnötige Opfer vermeiden wollte. Dieser Leiter, ein mutiger und ehrlicher Mann, blieb damals allein in seinem Arbeitszimmer zurück und hatte seine Pistole bereitgelegt, um sich im Notfall eine Kugel in den Kopf zu schießen. Doch der militante Aufruhr der Bewohner Moskaus beschränkte sich lediglich auf den Denkmalssturz.

Übrigens war dies keine Meisterleistung demokratischen

Aufbegehrens. Denkmäler sind nun einmal dazu da, um an vergangene Zeiten und Ereignisse zu erinnern. Nach der Oktoberrevolution 1917 haben Massen ungebildeter Arbeiter und Bauern (mit Billigung der neuen Machthaber), die eine heroische Tat vollbringen wollten, die Zarendenkmäler im Lande zerstört. Gegenwärtig stürzen gebildete Menschen, die sich in ihrem Eifer wie Vandalen benehmen, die Denkmäler von Revolutionären und marxistischen Führern. Wenn sie wieder zur Besinnung kommen, wird es ihnen leid tun. Die Geschichte kann man nicht verleugnen und umschreiben.

Ich verlasse gegenwärtig nur selten meine Wohnung. Eine Anstellung habe ich nicht. Ich lebe von der Pension, die mir der Staat zahlt. Den Tag verbringe ich mit der Lektüre von Büchern und Zeitschriften. Ich gehe früh zu Bett und stehe morgens spät auf. Obwohl ich erst 48 Jahre alt bin, komme ich mir manchmal wie ein alter Mann vor.

Ich fühle mich als Fremder im eigenen Land.

Der Kreis meiner Freunde und Bekannten hat sich merklich gelichtet, seit der Vorrat an D-Mark in meiner Brieftasche erschöpft ist und in der Hausbar keine Flaschen mit ausländischen Etiketten mehr stehen.

Alles hat sich gewendet und verändert. Aus Schwarz ist Weiß geworden. Die Emigranten, die gegen das kommunistische Regime gearbeitet haben, wurden aus Feinden des Volkes sehr schnell zu nationalen Helden. Die Sendungen von „Radio Liberty", die bisher gestört wurden, werden jetzt durch Relaisstationen der staatlichen Rundfunkgesellschaft Rußlands verstärkt. Die Aufklärung Rußlands und die CIA hofieren einander öffentlich. Der frühere Dissident Bukowski sitzt mit übergeschlagenen Beinen in einem Sessel im Arbeitszimmer des neuen KGB-Chefs in der Lubjanka, raucht eine Zigarette nach der anderen und belehrt ihn, wie der Geheimdienst am schnellsten zu reorganisieren sei.

Vor meinen Augen ist plötzlich alles zusammengebrochen, was noch gestern die unerschütterliche Grundlage der

Bei der Arbeit an diesem Buch.

sowjetischen Lebensweise zu bilden schien – Ideologie, Partei, Symbole, Glaube, Wirtschaft –, praktisch alles ... Schließlich ist auch die Union selbst zusammengebrochen und hat unter ihren Trümmern Tausende Menschen begraben, die den Konflikten zwischen den Nationalitäten zum Opfer fielen. Der früher mächtige Staat, der von allen geachtet wurde, hat sich vom Kommunismus losgesagt. Doch was sind die Konsequenzen? Chaos, bewaffnete Konflikte, Kriminalität, Armut, Inflation, Produktionsrückgang, absolutes Vakuum auf geistigem Gebiet, Korruption, Führungslosigkeit, Zerstörung aller Werte ...

Wenn die Gegner des Kommunismus dies alles erreichen wollten, dann tut es mir nicht leid, daß ich 20 Jahre als Agent der sowjetischen Aufklärung gegen sie gekämpft habe.

Das, was sich heute in den unermeßlichen Weiten der früheren UdSSR ereignet, droht zu einer Katastrophe nicht nur für unsere Völker, sondern für die ganze Welt zu werden. Denn Chaos in einem Land, das mit Nuklearwaffen und

Atomkraftwerken gespickt ist, gleicht dem Brand in einer Pulverkammer. Wenn es zur Explosion kommt, dann geht das ganze Schiff unter.

Sicherlich ist die Rolle, die ich gegenwärtig spiele, nicht rühmlich. Wenn man tagelang im Morgenmantel zu Hause sitzt und die schlechte Stimmung mit Wodka hinunterspült, dann gleicht das schon Flucht oder Kapitulation. Doch mit wem soll ich gemeinsam in einer Reihe marschieren? Mit jenen, die noch gestern lauthals kommunistische Losungen gerufen und die Bilder Lenins vergöttert haben, doch heute mit gleichem Enthusiasmus das kapitalistische Rußland errichten? Nein, ich bin kein Wendehals. Und mich dem Häuflein derjenigen anschließen, die den Idealen des Oktober die Treue wahren? Nein, auch für die tauge ich nicht. Ich habe mich niemals als überzeugter Anhänger irgendeiner Ideologie hervorgetan.

Zerrüttung im Staat, Zerrüttung in den Köpfen, Perspektivlosigkeit, unerbittliches Abgleiten in den Abgrund . . . Ich möchte mit diesem ganzen Prozeß nichts zu tun haben. Laßt mich in Ruhe.

Es ist an der Zeit, zum Schluß zu kommen.

Sie haben die Beichte eines Mannes gelesen, der drei verschiedene Lebensabschnitte hinter sich hat. Die ersten zwanzig Jahre sind der übliche Werdegang eines sowjetischen Bürgers in Kindheit und Jugend, sie enden mit dem Dienst in der Seekriegsflotte. Die zweiten zwanzig Jahre umfassen die formale Arbeit gegen die Sowjetunion in einem amerikanischen Sender und die faktische Arbeit gegen die Amerikaner als sowjetischer Kundschafter. Doch die dritte Etappe, die nun bereits sieben Jahre andauert, unterscheidet sich wesentlich von den beiden vorhergehenden.

In einem in einer westlichen Zeitung veröffentlichten Artikel hat mich ein Journalist „Spion zwischen zwei Welten" genannt.

Vielleicht hat er nicht einmal vermutet, wie genau dieser

Ausdruck das widerspiegelt, was damals mit mir geschah und was jetzt in mir vorgeht.

Es ist eine Tatsache, daß ich irgendwie den Übergang von der Vergangenheit in die Zukunft nicht gemeistert habe. Es geht mir aber nicht allein so. Gegenwärtig gibt es bei uns viele Menschen, die orientierungslos sind, Angst vor der Zukunft haben, sich quälende Gedanken über die vergangenen Jahre machen und das heutige Leben nicht verstehen.

Offensichtlich befinden wir alle uns zwischen zwei Welten.

. . . Bevor ich zum Schluß komme, möchte ich noch auf ein Telefongespräch eingehen. Ich hatte einfach im Büro von „Radio Liberty" in Moskau angerufen und gebeten, mich mit meiner alten Freundin Aljona Koshewnikowa zu verbinden. In der Nachrichtenabteilung des Senders war ich einmal ihr Vorgesetzter gewesen. Wir unterhielten rein freundschaftliche Beziehungen zueinander. Bei der Familie Koshewnikowa, die russischer Herkunft war und nun die australische Staatsbürgerschaft besaß, war ich ein gern gesehener Gast. Ihr Haus war für vorzügliche chinesische Küche und wahre russische Gastfreundschaft berühmt. Außerdem schätzte ich die hier herrschende wohlwollende Atmosphäre und jene Geborgenheit, die nur rechtgläubige russische Menschen, Nachfahren der ersten weißen Emigrantenwelle, schaffen können.

Gegenwärtig leitet Aljona Koshewnikowa das Büro von „Radio Liberty" in Moskau. Ich hatte seit Februar 1986, als ich überstürzt München verließ, ihre Stimme nicht mehr gehört.

Nun rief ich sie in ihrem Büro an. Die Telefonnummer war leicht in Erfahrung zu bringen, denn sie wird in den in Moskau erscheinenden Zeitungen abgedruckt. Auf meinen Anruf meldete sich eine helle Frauenstimme mit Moskauer Tonfall:

„Sender ‚Radio Liberty'. Sie wünschen bitte?"

„Ich hätte gern Aljona Koshewnikowa gesprochen."

317

„Wen soll ich melden?"

„Sagen Sie bitte, daß ihr ehemaliger Chef Oleg Tumanow anruft."

Das Fräulein am anderen Ende der Leitung war etwas verwirrt und bat mich zu warten. Bald darauf nahm Aljona den Hörer auf.

„Nun", hörte ich ihre Stimme, die sich überhaupt nicht verändert hatte, „der KGB-Agent möchte mit der CIA-Agentin sprechen? Worum geht es?"

Ich war verstört, doch der Grund für ihre unfreundliche Reaktion war schnell geklärt. Aljona behauptete, daß ich sie in einer Fernsehsendung als „CIA-Agentin" bezeichnet hätte. War das wirklich der Fall? Offenbar ja. Ich hatte sie als Mitglied von NTS (was der Wirklichkeit entsprach) erwähnt, doch das wurde als amerikanische Spionin interpretiert. Früher wurde bei uns beides automatisch gleichgesetzt.

Ich entschuldigte mich in aller Form, weil ich nicht wollte, daß unser Gespräch hiermit bereits zu Ende war. Dann bat ich sie, Julian Panitsch von „Radio Liberty" zu seiner in unserem Fernsehen gezeigten Fernsehserie über das Leben der Emigranten meine Gratulation zu übermitteln. Weiterhin fragte ich sie, wie es anderen Freunden und Bekannten von mir gehe.

Aljona gehört nicht zu den Menschen, die vor Gesprächen mit einem KGB-Mitarbeiter zurückschrecken. Offenbar hatte sie meiner Stimme etwas entnommen, was sie versöhnlich stimmte und veranlaßte, zum freundschaftlichen Umgang zurückzukehren. Jedenfalls erhielt ich von ihr Informationen über die letzten Ereignisse.

Leonid Pylajew, das Idol der Russischredaktion von „Radio Liberty", ein guter Freund von mir, der sich in den ersten Münchner Jahren für mich eingesetzt und mich gefördert hatte, war gestorben. Er hatte Ende der dreißiger Jahre in Stalins Lagern an der Kolyma eine Strafe verbüßt, wurde dann Soldat und geriet an der Front in Gefangenschaft, trat später in die Wlassow-Armee ein und versteckte sich nach

Oleg Tumanow, Moskau, 31. Januar 1993.

dem Krieg vor allen Behörden. Weder mit den Sowjets, den
Deutschen noch den Amerikanern wollte er etwas zu tun haben. Er war bei der Gründung des Senders „Radio Liberty"
einer der ersten Mitarbeiter. Leonid Pylajew genoß allge-
meine Anerkennung, zechte gern und war ein herzensguter
Mensch . . .

Auch Ariadna Nikolajewna war gestorben. Sie war die
Tochter russischer weißer Emigranten, die frühere Sekretärin
des französischen Filmstars Brigitte Bardot. Dann arbeitete
sie bei „Radio Liberty" und war eine sehr enge Freundin von
mir. Ich hatte das Empfinden, als ob mit ihr ein Teil von mir
selbst gestorben war. (Nachdem ich diese Nachricht vernom-
men hatte, entschuldigte ich mich bei Aljona Koshewnikowa
für eine kurze Unterbrechung unseres Gesprächs. Ich mußte
zur Bar gehen und mir einen Drink eingießen.)

Dann berichtete ich ihr über mein gegenwärtiges Leben, während sie von sich erzählte. Wie es sich herausstellte, wohnen wir nicht weit voneinander entfernt, kaufen in den gleichen Geschäften ein und gehen durch dieselben Straßen. Uns bedrücken die gleichen Alltagsprobleme und Altersbeschwerden.

Ich war ihr für dieses Gespräch sehr dankbar.

Vielleicht werde ich die Zeit noch erleben, in der die beiden feindseligen Welten und die Erinnerungen an sie endgültig der Vergangenheit angehören. Dann wird es nur noch eine Welt geben – eine gemeinsame Welt des Guten, der Vernunft und des Lichts.